The Power of Diverse Thinking

REBEL × IDEAS

Matthew Syed

叛逆者團隊

馬修·席德—著

陳映竹—譯

目次

第一章 集體性盲點……007
第二章 叛逆者vs.複製人……061
第三章 有建設性的異議……117
第四章 創新……177
第五章 同溫層……233
第六章 平均之外……279
第七章 綜觀全局……327
字謎解答……369
謝詞……370

各界讚譽

團隊是集思廣益，並不是孤行一意。我們辦公室有一半是從各部門借調來的公務員，之後也會回去原單位，就像種子一樣帶著文化回去；另一半成員則是外部的專家。

我們的HR就是我，在招聘的時候有兩個原則：一個是他的經歷、看事情的方法必須要跟現有成員不重疊，外交部如果來十個人，每個人的想法都一樣，我們變成外交部的一個科，沒有意義，所以來我們團隊，必須要有自己的看法；第二個是可以看自己部會的事，也從這邊有所學習，並且願意分享工作內容，至少奉獻的跟他吸收回去的一樣多，也就是有來有往，打造願意互相幫忙的文化。

——唐鳳

常應邀去企業講授「建立團隊」（Team building）課程，企業的需求是：打造「同質性高」，快速「建立共識」的團隊。如果是這樣，作者為什麼要寫「叛逆者團隊」？所謂的「叛逆」，不是特立獨行，而是團隊必須有人扮演反派，提出「建設性的異議」，才能正反討論，做出最佳結論。

作者舉出許多實際的案例，包含美國九一一恐攻、聯航一七三航班事故、一九九六年聖母峰山難等，來證明「團隊當中一定要有叛逆者的角色，才能看到盲點，避免重大損失！」書中有許多重點，我簡單地歸納「叛逆者團隊」會有下列七大特色：

(1) 容許多元背景的成員。
(2) 鼓勵提出有建設性的異議。
(3) 跳脱權力意識的「支配序列」。
(4) 標準化處理反而阻礙團隊。
(5) 支持提供多種創新方法。
(6) 避免 HIPPO (Highest Paid Person's Opinion) 意見。
(7) 別陷入單一觀點的同溫層取暖。

七大特色隱含在書中，詳細的內容和精彩案例，就請大家翻開本書好好品嘗領略。

——李河泉／秒殺級領導課講師、商周CEO學院課程教練、世新傳播學院副教授

團隊的多元性需要刻意追求，團隊的共融性需要用心思索，團隊的防腐性需要叛逆的聚合，在這本書中您將會有機會重新思考團隊組成的「新定義」。

——盧世安／「人資小週末」專業社群創辦人

REBEL IDEAS

| 第一章 |

集體性盲點

I.

二〇〇一年八月，一位三十三歲的摩洛哥裔法國人，哈比・撒迦利亞・穆薩維（Habib Zacarias Moussaoui），註冊進了明尼蘇達州伊根市的泛美國際航空學院。這個機構有著高度精密的模擬器，並提供了相當完整且全面的訓練計畫，教導學員駕駛大型商用客機。表面上，穆薩維看起來跟其他所有想要學習駕駛巨無霸客機的人沒什麼兩樣，他求知慾很強、為人和善、也似乎很有錢，但是經過了兩天的時間，他的幾位教練開始起了疑心。八千三百美元的高額學費，他是用百元美鈔來支付的；他對於駕駛艙異常地感興趣，並不停詢問紐約以及附近的飛行路線。

職員起了疑心，以至於在穆薩維註冊的兩天後，他們向明尼蘇達的聯邦調查局舉報，他當下就被逮捕，聯邦調查局對他進行了審問，並申請了搜索票，企圖進一步搜查他的公寓，但是無法提出相應的理由；最重要的是，他們未能把對於穆薩維的了解跟那些自海外造成威脅的伊斯蘭極端主義連結在一起。先前，有個疑似違反移民法的男人，在歷史上最大型的恐怖攻擊事件發生的前幾週，在一所飛行學校註冊入學。九一一事件之後長達數個月的各種調查，想搞懂如此膽大包天的陰謀為何未被美國的情報機構給阻擋下來，這個組織裡有著數以萬計的人員，支配著上百億美元的預算。大多數調查的結論是，中央情報局無力阻止這場攻擊，進而導致災難性的失敗。

中情局因此受到砲火猛烈的批評。這個機構原本就是特地設置來協調情報體系之間的活動，並對抗威脅，尤其是來自海外的威脅。大約在一九九八年底、一九九九年初，奧薩瑪．賓拉登准許了這場攻擊，在這之後，情報機關有長達二十九個月的時間可以阻止這場陰謀，然而他們沒有成功。薩爾茲曼戰爭和平學院的主任，理察．K．貝茲（Richard K. Betts）稱此攻擊為「美國的第二次珍珠港事件」，兩位頂尖的情報專家，米羅．瓊斯（Milo Jones）和菲利浦．席伯贊（Philippe Silberzahn）則是如此描述這起攻擊：「中情局有史以來最嚴重的一次慘敗。」

在九一一事件之前蒐集多年的證據，可能讓人很想要認同這些批評。蓋達組織早在一九九三年就打破了他們的宗教禁忌，進行了自殺炸彈攻擊。賓拉登是在沙烏地阿拉伯出生的富商之子，他的名字常常會出現在與阿拉伯恐怖組織有關的情報中。雷根總統時期，時任國家安全協調員的理查．克拉克（Richard Clarke）表示：「似乎有股勢力正在組織起來，或許就是他；他是我們所知的恐怖分子集團之間，唯一的共同點。」

一九九六年九月二號，賓拉登向美國公開宣戰，他在一段錄音中表示他想要摧毀「壓迫伊斯蘭的人」，在那些手無寸鐵的穆斯林之間，他鏗鏘有力的訊息逐漸扎根、茁壯。恐怖組織當中，有一半持續不到一年，而且其中只有百分之五可以存活超過十年，蓋達組織是個離群值，這個組織相當長壽。

將飛機作為武器的計畫已經流傳了差不多十年之久，一九九四年，有一個阿爾及利亞的集團在當地劫持一架飛機，據悉其意圖是要在艾菲爾鐵塔上方將飛機引爆。同年，湯姆．克蘭西（Tom Clancy）寫了一本驚悚小說，是關於一架波音七四七撞上美國國會大廈的故事，這本書一出版就登上了《紐約時報》暢銷書排行榜的第一名。一九九五年，馬尼拉的警察繳交了一份詳盡的報告，內容是有關利用飛機對中情局進行自殺式攻擊。

一九九七年年，艾曼．查瓦希里（Ayman Al Zawahiri）——賓拉登的副手——為了重申蓋達組織的目標，在埃及煽動並造成了一場針對遊客的大規模屠殺，這場暴行造成了包含孩童在內六十二人死亡。一位瑞士女性親眼目睹父親被斷頭。瑞士聯邦警察得出的結論是，賓拉登資助了這項行動。不同於之前的恐怖組織，蓋達組織似乎相當致力於讓人類承受最大程度的痛苦，無辜的人也不意外。

一九九八年，賓拉登更進一步表示他對美國採取暴力行動的渴望。在一份廣為流傳的伊斯蘭教令中，他說道：「每一個穆斯林都有一個義務，只要有辦法的話，不管身在何處，都應殺掉美國人以及他們的盟友——平民與軍人皆然。」八月七日，蓋達組織同時在奈洛比和三蘭港進行了炸彈攻擊，造成兩百二十四人死亡，並有超過四千人負傷。其中奈洛比案件中使用的爆炸裝置內，含有超過兩千磅的TNT炸藥。

二〇〇一年三月七日，世貿中心攻擊事件的六個月前，俄國提交了一份蓋達組織的報告，內容涵蓋三十一名積極支持賓拉登的巴基斯坦軍方高層的資訊，以及對於位在阿富汗境內五十五個基地的位置描述。不久之後，埃及總統胡斯尼．穆巴拉克（Hosni Mubarak）向華盛頓提出警告，表示恐怖分子計畫用一架載滿爆裂物的飛機攻擊當時身在羅馬的布希總統，阿富汗塔利班政權的外交部長，向駐白夏瓦的美國總領事透露，蓋達組織計畫要對美國進行一場毀滅性的襲擊，他怕美國的報復會摧毀他自己的國家。

二〇〇一年六月，就在穆薩維註冊進入明尼亞波里斯的飛行學校前幾週，一位在亞利桑那州的聯邦調查局分析師，肯尼斯．威廉斯（Kenneth Williams）寄了一封電子郵件給同事，信上說道：「本函意在告知當局以及紐約，關於奧薩瑪．賓拉登之事宜，其所領導的組織可能會企圖派員就讀民航相關的大學或學院。」他向總部建議，有必要登記全國的飛行學校，並對駕駛員們進行訪談，將以飛行訓練作為目的的阿拉伯裔學生之申請簽證編列成冊。之後，這封信將會成為標誌性的「鳳凰備忘錄」，但是當時並未有人採取相應的行動。

有了這麼多的證據，評論家對情報機構的批評尖銳又嚴厲，因為它不但沒有認知到這場陰謀，遑論進一步的滲透。參議院聯合委員會的結論是：「最根本的問題……在於我們情報體系的無能，沒能在二〇〇一年九月十一日以前，將已經取得的線索拼湊出，這些線索顯示著恐怖分子有意攻擊對於美國而言具有象徵意義的目標。」

這項評價絲毫不留情面。中情局則是用抗拒的態度做出回應，這也是人之常情。他們為自己的檔案進行辯護，並表示若是事後諸葛，要察覺恐怖分子的陰謀是很容易的。他們訴諸了心理學家巴魯克．菲施霍夫（Baruch Fishhoff）與露絲．貝斯（Ruth Beyth）的研究。在尼克森總統那次歷史性的訪中之旅前，這兩位心理學家調查受訪者評估這趟訪問的各種可能性。這趟訪中之旅會帶來中美永久的外交關係嗎？尼克森會和毛澤東見面嗎？尼克森會表示這趟訪問之旅很成功嗎？對於尼克森而言，這趟旅程獲得很大的成功，但是更值得注意的是，這些受訪者們是怎麼「記得」他們所做過的評估。例如，當初認為這趟旅程會是一場災難的人，回想自己當初於其成功是相當樂觀的。如同菲施霍夫所說：「受訪者重建記憶後，……對於事件的結果，並不如他們實際上所應表現出來的那麼驚訝。」他將這種現象稱為「潛移形決定論」（creeping determinism）。

把這個現象轉譯到九一一事件上的話，在事件發生之後，整場陰謀看似再明顯不過了，但是在事發之前，果真如此明顯嗎？這難道不是「潛移形決定論」的另一個案例？當時，這場攻擊是否跟其他的潛在威脅混在一起，難以察覺，而中情局卻因此而受到譴責呢？

像美國這樣的國家有著無以數計的威脅，恐怖組織遍布全世界，情報組織的監視活動每分每秒都會偵測到一些線上的訊息，絕大多數的內容都只不過是一些垃圾話和空虛的恫嚇罷了，情報單位可以對所有的恐嚇進行調查，但他們的資源無法負荷。他們可能會過度重視一些問題，但幾乎無助現況。誠如某位反恐單位的長官所言，問題有如「在一片紅色旗海當中，找出那些正紅色的旗子」。

對中情局以及為他們辯護的人來說，九一一事件並不是情報單位的失敗，而是一個複雜的症狀。這場爭辯自此甚囂塵上，一方表示情報單位錯過了一些明顯的警示徵兆；對立的一邊則說中情局做了合理範圍內能做的一切，而在事件之前，要辨識一場陰謀有多難，是眾所皆知的。

還有一種可能性，但鮮少有人會考慮到，那就是有可能兩邊說的都不對。

II.

中央情報局自一九四七年成立以來，僱用政策都相當嚴苛。這個組織要的是菁英中的菁英。有潛力成為中情局分析員的人始終不只是要通過徹底的背景調查、測謊、財務和信用審查，還得經過一連串的心理和醫學測驗，毫無疑問地，不是出類拔萃的人，他們是不會聘用的。

「有兩項主要的測驗是用類似SAT的方式來進行，目的是要測驗候選人的智力，並且取得心理剖繪，用來檢查他們的精神狀態，」退役中情局人員對我說道：「無法在兩個測驗中都取得優秀成績的人就會被過濾掉。我申請的那一年，他們在每兩萬名應徵者中只收一個，當中情局說他們只聘用最好的，他們這句話說得一點都沒錯。」

而且這些新進成員還剛好都看起來很像：白人、男性、盎格魯-撒克遜人、新教徒美國人，這在招募過程當中是很常見的現象，有時候被稱為「同質相吸」（homophily）：人們會傾向於僱用那些跟自己看起來很像、思考方式也很像的人。並且，身邊有一群跟自己有一樣的觀點、假設和信念的人，這會讓你認為自己的想法真的是對的。就像諺語所說：物以類聚、人以群分。米羅・瓊斯與菲利浦・席伯贊對中情局進行了嚴謹的研究，他們在其中寫道：「中情局的認同和文化，從一九四七年到二〇〇一年，談到始終如一的特質，首先就是其人員在種族、性別、文化族群以及階級背景的同質性很高（這是相對於美國其他人口以及全世界而言）。」這是一位監察長對於招募所做的概略性研究：

一九六四年，國家評估辦公室（中情局的其中一個部門）裡面沒有任何黑人、猶太人或是女性的專業人員，天主教徒也只有寥寥數位……一九六七年，中情局將近一萬兩千名的非文書處理僱員中，非裔美國人不到二十位，根據一位前中情局案件承辦官和招募人員所言，一九六〇年代，局裡是不僱用非裔美國人、拉丁美洲人或是其他任何少數族群的。這個習慣持續到一九八〇年代……一九七五年以前，美國情報體系還公開禁止任用同性戀。[1]

1 作者注：這一部分是因為擔心同性戀的職員，尤其是那些尚未出櫃的，會成為黑函勒索的對象。

一九七九年六月，中情局因為未能拔擢女性成為作戰指揮官而被告上法庭，一年之後達成庭外和解。不久之後，中情局花了四十一萬美金好讓一件性別歧視的案件達成和解，提出訴訟的是一位有二十四年資歷的僱員。一九八二年，在一個集體訴訟案中，再度因為同樣的偏見受到指控，並因此花費了一百萬美元；然而中情局依舊未對於人員任用的政策做出顯著的改變。「實際上，一切如舊，」一位分析員如此說道。

有位曾是中情局內部人士的人分享了自己在一九八〇年代待在中情局的經驗，他寫道：「這個祕密情報機構的招募流程，導致新進幹員看起來跟招募他們加入的人員非常相似——白人、大部分是盎格魯-撒克遜人；來自中上階層，……只有少數人不是高加索人種，女性也占少數，民族數量不多，即便是具有近代歐洲背景的也很少，換句話說，內部的多元性甚至不及那群當初協助創立中情局的人。」

一九九九年有一場會議，題目為「美國情報與冷戰落幕」，會議中有三十五位的講者以及發表者，其中有三十四位是白人男性。「那唯一的例外，是一位替晚宴的講者做出場引言的白人女性。」三百位與會者當中，非白人人士則不到五名。

中情局並沒有公開局裡有權決定辦案優先順序的長官之宗教傾向，但是瓊斯與席伯贊表示：「基於蘭里市[2]的高度同質性，我們可以認定他們之中，即使有穆斯林，數量也不多。」這一點被一位中情局的前職員證實，他說道：「實際上，穆斯林幾乎不存在。」

冷戰結束後，多樣性更是被壓縮，榮獲普立茲獎的記者提姆．魏納（Tim Weiner）在其著作《灰燼的遺產》（*Legacy of Ashes*）一書中，引述了一九九〇年代初期中情局局長勞勃．蓋茲（Robert Gates）的話，他說局裡愈來愈不願意僱用「稍有不同的人、行為古怪的人、配不上西裝與領帶的人、無法融入大家的人，我們要大家通過的測驗，無論是在心理上或其他方面，都讓那些有著獨特才能的人很難進到局裡。」

一位前行動指揮官表示，中情局在整個一九九〇年代，有著「蒼白如雪的文化」。在九一一發生前的數個月裡，《國際情報與反情報雜誌》上有一篇文章，裡面有這樣的評語：「情報體系自創立以來，成員就是由白人男性、新教菁英所組成，不只是因為掌權的階級如此，也因為那些菁英認為自己保障了美國的價值和民族性。」

知悉中情局高度同質性的政治人物偶爾會為此煩惱。他們擔心中情局無法代表這個社會，而中情局就是為了保護社會而創立的。他們認為，中情局如果有更多的女性以及少數民族，也可以鼓勵其他人加入，他們想要一個有包容性的團隊。但是中情局的內部

2 譯者注：CIA總部位於維吉尼亞州的蘭里市，故蘭里市常被用來代稱CIA。

人員總是會打出那張看似王牌的說法：任何會稀釋他們對能力的執著之事物，都會造成國安威脅。如果你要僱用一支短距離接力賽跑的隊伍，那麼你會選擇速度最快的跑者，如果他們都是同樣的膚色、同樣的性別，有何不可？舉凡你在招募時有任何其他標準凌駕於速度之上，就是在削弱隊伍的表現。在國家安全的脈絡裡，讓政治正確凌駕於安全之上，並不是一個可接受的選項。

多樣性和卓越之間存在著取捨關係，這個概念的傳統已是源遠流長。美國最高法院的安東寧·史卡利亞（Antonin Scalia）有一個開創性的論點，就是以這種二元取捨為基礎。他主張人可以選擇多樣性，也可以選擇要「傲視群倫」，二者擇一。如果在追求卓越的過程自然產生多元的勞動力，如同學生小組等等的狀況，這是一回事；但若是把多樣性的優先程度擺在卓越之前就不一樣了，這可能會有損你的初衷，並傷害到原本多樣性企望達成的目標。

如果把多樣性擺在卓越之前，並組成大隊接力小隊，結局便是輸掉比賽；如果是在一間公司裡的話，那更糟：你會危及公司的存續。一家破產的公司無法供養任何的勞動力，不管是否具有多樣性都一樣。並且，在國家安全的方面，你得要面對在任務中傷害本應保護的人民之風險。而這怎麼會是個符合道德標準的行動方針呢？就像一位前中情局分析師曾經告訴過我的：「我們有個很強烈的情緒，認為不應該妥協，不管知不知道『拓寬』勞動力是什麼意思，如果這麼做意謂我們可能會失去優勢的話，不妥協就不是食古不化，而是愛國主義。」

即便到了二〇一六年，國安專家們還是傳達了一樣的觀點。《國家評論》雜誌上有篇投書，出自一位後來在川普總統底下擔任國家安全委員會幕僚長的前中情局分析師弗雷·弗萊茨（Fred Fleitz）。他批評了想要增加中情局裡多樣性的這提議。「面對這類的威脅，我們需要極度有才幹與能力的人保護國家，能在深具挑戰性的安全環境和法律條件下，執行情報行動並撰寫分析……中情局任務的重要性，不能夠因為一些在社會工程上的嘗試而分心。」

之所以不情願招募少數民族，有一部分的原因是擔心反滲透，但是這種不情不願不僅止於此，尚有更深一層的原因。有人表示招募來的成員，應該要來自社會各階層，但是這樣的聲音，被那些宣稱如此會削弱卓越性的聲音給壓過去了。中情局應該要是最聰明、最傑出的！國防太重要了，不能夠讓多樣性把能力踩在腳下！就如同一位觀察員所說的：「政治正確永遠不應該上綱到超越國家安全的程度。」

他們沒意識到的事情是，這種對立是錯誤且非常危險的。

III.

這本書的主題，是探討多樣性與把想法各異的大家聚在一起的力量。某種程度上，這或許是個很古怪的目標。當然，我們應該要試圖讓我們的想法變得更正確、更準確而不是更加不同。一個人應該只有在認為別人想法錯誤的時候，才希望自己的想法跟他們不一樣；而當其他人是正確無誤的時候，不同的想法只會讓你成為錯誤的一方。幾乎可以說是常識。

另一個看似常識的說法來自史卡利亞法官，他宣稱，招募時選擇那些與他人不同的對象，就是會損及表現。你應該是因為原本那些人頭腦轉得快、學問淵博或是動作快捷才僱用他們的。你為什麼為了要隊伍裡有不一樣的人，而去僱用其他缺乏智識、行動緩慢的庸才呢？

在接下來的幾頁中，我們會發現這兩種直覺都是錯的，至少在遇到那些我們最在乎的、最具有挑戰性的問題時。如果我們想要找到方法來解決最嚴重的問題：從氣候變遷到貧窮問題、從疾病的治療到新產品的設計都是，那麼我們就不能只和精準思考的對象合作，還必須包括思考方式不同的人。而要做到這一點，我們必須要往後退一步，並且從一個完全不同的制高點來看待工作表現。

我們要把傳統上認定的成功視為恰恰相反的案例。科學界和熱門書籍的焦點，都是放在獨立的個人身上。我們該怎麼增進自己的知識，或是加強對自己、對同事的覺察呢？這方面有很多好書，像是安德斯．艾瑞克森（Anders Ericsson）和羅伯特．普爾（Robert Pool）的《刻意練習》、蓋瑞．克萊恩（Gary Klein）的《力量的來源》以及卡蘿．杜維克（Carol Dweck）《心態致勝》等暢銷書。這些書用各自不同的方式，去檢視我們可以如何逐漸改善個人能力。

同樣的方向，還有很多其他的好書，但是方式稍微有點不同。即便我們已經發展出相當的專業能力，面對一些偏誤與怪事，可能不夠強壯，很容易就被影響，並且可能會削弱我們的能力，無法做出明智的判斷。丹尼爾．康納曼（Daniel Kahneman）的《快思慢想》、丹．艾瑞利（Dan Ariely）的《誰說人是理性的！》以及理查．塞勒（Richard Thaler）的《不當行為》都在找方法，幫助人們該怎麼去理解這些偏誤，並以此讓我們的表現更好，還有面對偏誤，我們該怎麼保護自己。

但是把注意力放在個體上，造成了一種傾向，就是大眾容易忽視所謂「全面性的觀點」。要了解這兩者有何不同，可以從思考如何觀察蟻窩開始。天真的昆蟲學家可能會一隻一隻地觀察窩裡面的螞蟻，嘗試去理解這個蟻窩。畢竟，每隻獨立的螞蟻各司其職，像是收集樹葉、探索等等。牠們是種忙碌又迷人的生物。但是你可能會花上一年、甚至是一輩子的時間觀察螞蟻個體，實際上對蟻窩卻沒有任何進一步的了解。為什麼？因為螞蟻有趣的地方，並不是在於一小部分的個體，而是整個族群。你要做的並不是聚焦在個體的層級、把注意力放在個別的螞蟻上；要了解蟻窩，唯一方法就是把鏡頭拉遠、後退一步，你可以把整個蟻窩理解成一個協調的有機體，能夠解決複雜的問題，像是建造精密複雜的住所以及找到食物來源。蟻窩是個具有創發性的系統，其整體的宏大可不只是每個個體的加總而已。

本書要提出的論點是，這種如同反諷一般恰恰相反的現象，也適用於人類的團體。如今，最有挑戰性的工作幾乎由整個團隊的人一起處理，理由很簡單：問題太複雜了，一個人無法獨力對付。無論在學術界的哪個領域，由單一作者發表的論文數量每年都在減少。科學和工程學領域中，有百分之九十的論文都是由團隊共同撰寫的；而在醫療研究當中，共同研究的論文跟單一作者論文的數量比是三比一。

我們在企業界也看得到同樣的趨勢。凱洛管理學院的心理學家布萊恩．烏齊（Brian Uzzi）帶領小組檢視了自一九七五年以來，全美超過兩百萬件的專利案。他們發現，在三十六個不同的類別中，由團隊取得的專利數量占大多數。市場上也看得見同樣的趨勢。二十五年前，大部分的股票型基金都是由個人管理的；如今大部分由團隊所管理。烏齊寫道：「關於人類的創造力最明顯的趨勢，就是從個人轉向團隊，而團隊和個人之間的落差在漸漸變大。」

這就是為什麼全面性觀點如此迫切。我們不應從個人的角度來看待人類的表現，而應從團體的角度來看待，從這個比較綜合性的觀點出發，就會發現多樣性的關鍵要素，或許可以驅動我們稱為「集體智慧」的東西。

當然，多樣性分成很多種類。性別、種族、年齡以及宗教等方面的不同，有時候會被歸類在「人口多樣性」這個大題目下（或者是「多樣認同」）。我們會專注於人口的多樣性，而不是認知的多樣性；認知的多樣性，指的是在觀點、見解、經驗和思維風格上的不同。這兩種多樣性的概念經常重疊，但也有例外。背景不同、經驗不同的人，常用不同的方式來看待問題。我們接著會在本書分析這兩者之間明確的關係為何。

幾百年前，認知多樣性並非如此重要，因為當時人類所面對的問題經常是線性的、單純的，或是可以分割的問題，也有的是三個特性兼具。一名能夠精準預測月球位置的物理學家，並不需要其他人的意見來完成工作。這位物理學家已經做好工作、正確無誤，其他任何的意見都是錯的。讓我們回到那個常識性的直覺，其他的思考是種分心。可是一旦遇到複雜的問題，這套邏輯就會翻船。團隊若擁有多樣性的觀點，就會有極大的，並且通常是決定性的優勢。

另一個重點是，這些並不是含有推測成分的主張，但其實是來自於一些嚴密的公理[3]，儘管一開始乍看之下可能很令人費解。的確，位於安娜堡的密西根大學有一位複雜性科學專家史考特·佩吉（Scott Page）。他指出，這些公理不僅適用於人類，也同樣適用於電腦。如同我們應該會看到的，如今的人工智慧使用的演算法再複雜，也不會單獨使用一個演算法上陣；而是集合了一整組演算法，各自有著不同的「想法」、不同的檢索方式，並且用不同的方法來將問題轉譯成編碼。

在接下來的內容中，我們可以見到一種新型科學的輪廓。我們的旅程前往一些不尋常的目的地：聖母峰頂的死亡地帶、二〇〇八年美國總統大選後國內的新納粹主義運動，以及我們這個種族最初誕生的非洲撒哈拉以南地區。我們還會看到在一九五〇年代早期，美國空軍為什麼會因為大量的墜機事件而飽受折磨、荷蘭人是如何重新發明了足球；還有為什麼大部分的飲食指南幾乎不適用任何人。我們會去欣賞成功的故事，抽絲剝繭，看看他們是如何成功，並且去檢視背後隱藏著什麼樣的邏輯。我們也會看看一些影響深遠的失敗，看看我們經常出了什麼錯，這麼做通常會提供一些最明確的指標，指出正確的方向。

到本書的結尾時，我們將會具備新的觀點來看待成功是如何發生，這個觀點不僅關乎政府和企業，也會對我們所有的人產生影響。能夠駕馭認知多樣性的力量，將會開始成為取得競爭優勢的關鍵來源，甚至可以說，我們正在進入一個多樣化的時代。

但讓我們從我選出來的一個謎題和一項思想實驗開始，這會有助於釐清認知上的不同是什麼意思，我們接下來會再回頭看九一一的事發經過，以及現代最明確的情報失敗之一的發生。很多時候，真實世界的例子經常是最能引人注意、最發人深省的。

3 譯者注：公理（axiom）亦譯為公設，哲學與數學用詞，意即不證自明之命題基礎。

IV.

二〇〇一年，位於安娜堡的密西根大學有兩位社會心理學家，理查・尼茲彼（Richard Nisbett）與增田貴彥（Takhiko Masuda），從日本與美國分別找了一組研究對象，並且給他們看一段水底景象的影片。當被問到他們看到了些什麼時，美國人提到了魚，在物件方面，他們似乎能夠回想起高程度的細節，他們的形容類似這樣：「好，我看到了三隻大魚向著左邊游去，牠們的肚子是白色，身上有粉色的斑點。」另一方面，日本人，比起物件，會壓倒性地去談論物件所處的背景環境：「我好像看到了一條小溪，水是綠色的，底部有石頭和貝殼，還有植物……對了，有三隻魚往左邊游過去。」

對進行實驗的人員來說，經由文化差異的塑形，兩組人彷彿看到了不同的場景。美國是一個比較個人主義的社會，日本文化相互依賴性比較高；美國人傾向於專注在物件上面，日本人則著重在環境的脈絡上。

在這個實驗的下一個階段，受試者會看到一個新的水底場景，裡面有一些他們已經看過的物件，有一些則否。當原本的物件被放在不同的背景環境裡，日本人就會搞混。他們費了一番工夫才辨認出這些物件，彷彿這個新環境分散了他們的注意力；另一方面，美國人遇到的問題恰好相反，他們看不出環境的改變。

研究人員對於這個意外的結果感到震驚。數十年來，心理學的核心宗旨，就是所有的人類理解世界的方式在根本上是相似的，這叫作「普世主義」。如同尼茲彼所言：「在人類思想的天性方面，我一輩子都相信普世主義……每個人基礎的認知過程都一樣，毛利族的遊牧人、昆族[4]的狩獵採集者以及做網路生意的企業家，都仰賴同樣的工具來進行認知、記憶、因果分析……等等。」

但是這個水底實驗顯示，即便是我們跟世界最直接的互動——也就是用眼睛看這個世界——還是有被文化所塑造出來的、系統性的不同。尼茲彼的論文現在已經被引用了超過一千次，並且啟發了一個正在蓬勃發展的研究計畫。我們可能可以退一步說，美國

4 譯者注：非洲南部原住民薩恩人中的一支。

人和日本人是以不同的「參考框架」在運作。美國人——平均而言，並且要認知到族群中還有著個體差異——用的是比較個人主義的框架；另一方面，日本人用的則是比較脈絡式的框架。兩組框架都提供了有用的資訊；兩組框架都挑出了水底景象的一些重要特徵；但是兩組也都有盲點，兩個印象都是不完整的。

但是現在，請假設你要把一個日本人和一個美國人放在同一個「團隊」裡。如果把他們各自分開的話，他們兩人可能都只會察覺到一部分的情況；但是把兩個人放在一起的話，他們就可以把物件以及背景環境都描述出來。把兩個不完整的框架結合起來，如此一來，整個局面就會在彈指之間到位，而這兩個人則會對於現實有著比較詳盡且全面的掌握。這個實驗是個開端，是一個試驗性的企圖，稍微把之前提過的其中一種直覺拉回來了一點點。你可記得史卡利亞法官的論點：一個組織可以選擇要多樣性，或者選擇要「傲視群倫」。這種說法暗示著多樣性和卓越性之間的取捨關係，而這點在線性的任務中當然沒錯，像是賽跑（或者是預測月球運行的軌道）。

這項水底景觀實驗還暗示了一件事，就是在不同的脈絡之下，上述的那套邏輯很容易就會開始變得不順。如果兩個人有著不同的觀點，那麼把他們合併在一起，可以得到的是更多的見解，而不是更少。可以說他們兩個其實都是錯的，都漏掉了一些東西，但是他們錯的方向不一樣，意思就是，他們兩人相加的畫面是更加豐富也更為準確的。你可以用一個稍微不同的方式來領會這一點：去檢視一個全新的問題，這次是某種稱為「洞察力謎題」的東西，試想下列這個腦筋急轉彎的題目：

假設你是一名醫生，眼前的病患胃裡面有一顆惡性腫瘤。這位病人不能開刀，但若是不破壞這顆腫瘤，病人就會喪命。有一種雷射可以破壞這顆腫瘤，如果使用足夠強度的雷射、對著腫瘤進行一次發射，那麼這顆腫瘤就會被消滅殆盡；不幸的是，在這樣的強度下，雷射在消除腫瘤之前，會穿透身體破壞掉健康。若是降低強度，雷射就不會損及健康組織，但也無法對腫瘤造成影響。該怎麼做，才能用雷射光來破壞腫瘤，卻不會同時傷害到健康的組織呢？

如果你無法解開這道謎題，你並不孤單。超過百分之七十五的人都說這題無解，這個病人必死無疑，但現在，讀讀下列看似毫不相關的故事：

某個國家中部有座堡壘，被農田和村莊所環繞，鄉間有許多條路都可以通往這座堡壘，有位叛變的將軍誓言要攻下這座堡壘，並得知每條路上都安置了地雷，這些地雷是這樣設置的：如果只是一小群人的話，可以安全通過，但是一大群人同時通過的話就會引爆。這位將軍把他的軍隊拆成很多個小組，將各個小組分別派往不同路的入口處，當小組們各就各位的時候，他給出了一個信號，讓每個小組都順著道路向前行進，因此整批大軍會同時抵達堡壘，這位將軍就是用這個方式攻下了這座堡壘。

現在，回頭想想前面的醫療問題。你現在看出解答了嗎？在測驗當中，百分之七十的人在讀了這個關於堡壘的故事之後，就找到了解救這名病患的方法。這個人數是先前的三倍。不知為何，聽了這個堡壘的類比，他們就有辦法意會過來，找出先前沒想到的解決方法。（解答是，在病患身邊設置多把雷射槍，每支槍都發出百分之十的能量，這樣就可以在破壞腫瘤的同時不去傷到健康的組織。）

這個例子，當然只是人為的假設，但儘管如此，還是讓人體悟到，當試圖解決一個具有挑戰性的問題時，不同的觀點可以產生什麼樣的貢獻——在這個案例裡，有軍事背景的人士可能會對腫瘤專科醫生有所幫助。在這些例子當中，並不是一個人對、另一個人錯；而是同一個問題，用不同的眼光來看待，可以如何碰撞出新的想法、新的隱喻——以及新的解決方法。

這個例子還用另一個方法挑戰了我們的直覺。面對一個高難度的醫療問題，我們會很想不停地去招募大量的醫師，畢竟，醫師擁有的醫學知識是最豐富的；但如果這些專家的背景和訓練相互雷同（並且處於類似的參考框架），他們很可能會有著同樣的盲點。有些時候，你會需要用新的方法來審視問題，或許需要的就是外人的眼光。

最關鍵的一點是，要解決那些複雜的問題，通常都得要仰賴許多層次的見解和洞察，因此也需要許多種不同觀點。菲利普．泰特洛克（Philip Tetlock）這位偉大的學者是這樣說的：「觀點愈多元，團隊在試圖解決問題時，能夠找到的可能成功方法也就愈廣。」祕訣在於要找到一群這樣的人：擁有不同的觀點，能夠對手邊問題造成有意義的衝撞。

V.

在回去分析九一一事件之前，讓我們簡短地檢視另外一個研究領域，這個領域會證實本書的核心概念：「觀點盲症」，意即我們對於自己的盲點毫無知覺。我們透過一些參考框架來看待並解釋這個世界，但是卻看不到這些框架本身，這一點也意謂我們常會低估自己可從觀點不同的人身上得知多少的資訊。

觀點盲症是大衛．福斯特．華萊士（David Foster Wallace）二〇〇五年在凱尼恩學院畢業典禮演說的主題，這段演說被《時代》雜誌評為史上最偉大的演說之一。演說開始於一個魚缸：「有兩隻年輕的魚一起向前游，碰巧遇上了一隻年長的魚，正在向著另一個方向游去，這條年長的魚向牠們點了點頭，說道：『早啊，小夥子，今天的水還好嗎？』然後兩條年輕的魚繼續向前游了一會兒。終於，其中一條魚看了看另一條，說道：『水是什麼鬼東西？』」

華萊士的重點在於，我們的思維模式深具習慣性，使得我們幾乎不會注意到這些思維模式如何在我們對世界的感知上加了一層濾鏡。生命中大部分的領域裡，都存在著其他人，而他們用不一樣的方法來看待事情，並且這有可能會讓我們對事情的理解更加深入，就如同我們也可以加深他們的理解那樣，當我們忽視了這個事實，就會出現危險。英國喜劇演員約翰．克里斯（John Cleese）是這麼說的：「每個人都有幾套理論。危險的是那些對自己的理論毫無知覺的人，也就是說，他們對自己賴以行事的理論有很大一部分都是無意識的。」

記者芮妮．艾多羅居（Reni Eddo-Lodge）曾經提供許多觀點盲症的例子，在其中一個例子中，她描述了一段過去，當時她無力負擔上下班全程都搭火車，因此有段路要騎腳踏車。這段經歷替她打開了一扇看往世界的窗戶：

當我在衛星市鎮[5]的火車站拖著腳踏車在樓梯上上下下的同時，發現令人

5 譯者注：大城市邊陲地帶的小市鎮，許多在大城市工作的人都會居住於此，並採通勤的方式上下班。

不舒適的真相：我所搭乘的大眾運輸大部分都沒有無障礙設施：沒有坡道、沒有電梯，那些推著娃娃車的家長、使用輪椅的人，或者是行動不便的人，例如拄拐杖或是使用助行器的人，他們想要使用這些交通工具的話，可說是登天之難。在我必須帶著我這兩顆輪子走動之前，我從來沒注意過這個問題；無障礙設施的缺乏影響了上百人，而我一直以來對這樣的事實視而不見。

這段經歷給了她一個觀點，她先前不只沒有這個觀點，更對自己的觀點欠缺毫無覺察。而這段經歷擴展她的思考，進而發現自己有個盲點：正是無法覺察自己的盲點。這個例子當然並不表示每個通勤車站都必須設有坡道、樓梯或是電梯，但的確顯示出，只有在理解投入與成效的時候，才能進行有意義的成本—效益分析。在解釋和理解某些東西之前，我們得要先知曉它們的存在。因此，知曉本身就要依靠不同的觀點，這得仰賴那些可以幫助我們看到自己盲點的人，而我們也可以反過來協助他們。

當我們試著跨出自己的參考框架，就會發現其難度高到令人驚訝。我們可以用一個很直覺的方式來理解這一點，試著思考所謂的「婚禮清單悖論」。準備要結婚的小倆口，通常都會發布一份禮物清單，在上面列出想要收到的禮物。但要注意的是，婚禮的賓客很常會跳脫那份清單的範圍，去購買獨一無二的禮物，一份他們親自挑選的禮物。

賓客們為何要這麼做呢？二〇一一年，哈佛大學的法蘭切絲卡．吉諾（Francesca Gino）以及史丹佛大學的法蘭克．弗林（Frank Flynn）進行了一項實驗來找出其因。他們招募了九十個人，並把他們分成兩組，一是「送禮方」，另一半則是「收禮方」。實驗人員要求收禮方去逛逛亞馬遜的網站，並且做出一份想要的禮物清單，其中每個物品的價格介於十美元和三十美元之間。與此同時，送禮方分配到的任務則是，要嘛從清單上選一個禮物，不然就是另外找一個獨一無二的禮物，二者擇一。

實驗結果一面倒，送禮方預期收禮方會比較喜歡那些獨一無二的禮物——那些送禮方親自挑選的禮物。他們以為收禮者會很歡迎一些具有個人色彩的禮物，但他們錯了。事實上，收禮的人更喜歡那些清單上的禮物。心理學家亞當．格蘭特（Adam Grant）表示，朋友間在致贈以及收受結婚禮物時也有著同樣的模式：送禮方比較喜歡獨一無二的禮物；而收禮方則偏好那些出自他們禮物清單的禮物。

為什麼呢？這就是出於觀點盲症的關係。送禮方發現，要踏出自己的參考框架是很困難的一件事。他們會想像收到自己所選擇的禮物會有什麼感受。而毫無疑問地，他們自己會對這些東西愛不釋手，這就是他們之所以選擇這些東西的原因。反過來，收禮方並沒有體會到預期中的喜悅，因為他們的偏好不同；否則，他們一開始就會把實際收到的品項放在禮物清單上了。

這有助於解釋為什麼人口方面的多樣性（種族、性別、年齡、社會階級、性向、宗教等的不同）在特定情況下能夠增進集體智慧。團體中，若個人經驗的多樣性較高，較常有更豐富且更細微的理解。他們的觀點分布會更廣——也就是說，盲點會比較少。他們在不同的參考框架之間搭上了橋樑。美國的經濟學家查德．史巴伯（Chad Sparber）教授的研究發現，在法律、健康以及金融服務等方面，增加一個標準差的種族多樣性之後，生產力提高了百分之二十五。麥肯錫有一份針對德國和英國公司的分析發現，在所有的公司當中，高層主管的性別和民族多樣性排名屬於前四分之一的公司，跟多樣性最低的那四分之一兩相比較之下，前者的股東權益報酬率高了百分之六十六；在美國，股東權益報酬率兩者的差距則是百分之一百。6

當然，來自同樣族群的人並不一定都有一模一樣的經驗。例如黑人也不是一個同質的族群。在不同族群之間會有的多樣性，在同樣一個族群的內部也同樣存在，即便如此，把不同經驗的個體湊在一起，仍可以擴大團體的知識更加擴大與深入，尤其是在試圖去理解他人的時候。這也解釋了另外一項發現：同質性高的團體不僅表現較差，這個差誤還是有跡可循的。當你身邊都是類似的人，你們不只是比較可能會有一樣的盲點，這些盲點還會被強化，這個概念叫作「鏡射」，當你身邊的人會反射你對於現實的印象、而他們的印象又會反射回來到你身上，如此一來，就很容易對自己不完整的想法或是徹底的誤判感到信心滿滿，而此時，你的確信程度跟判斷的準確度卻變成是高度的負相關。

舉例來說，哥倫比亞大學商學院教授凱瑟琳・菲利浦斯（Katherine Phillips）有一項研究，有幾個小組的人接到了任務，要破解一場謀殺。他們收到了大量且複雜的材料，包含不在場證明、證人的證詞、嫌疑犯清單等等。有一半解題小組的成員是由四個朋友所組成，另一半的小組則是包含了三個朋友和一個陌生人——一個局外人，某個不在他們社交圈內、擁有不同觀點的人。基於我們到目前為止所了解到的資訊，應該不會訝異那些包含一個局外人的組別表現得較好，而且是好很多。他們得出正確答案的機率是百分之七十五，而那些同質性很高的組別則是百分之五十四，獨立作業的人則是百分之四十四。

6 作者注：這些研究深具啟發性，但尚未具有結論性，也有可能不是多樣性推動了成功，而是反過來，成功的公司負擔得起更高的多樣性。我們之後將會更加鞏固這個論點，強調其中的確是具有因果關係的。

但其中有個問題，兩種小組在任務過程中的體驗相當不同。那些具有多樣性的組別覺得在討論的過程中，要達成共識相當艱鉅，因為一有不同的觀點被表達出來，就會開始辯論並出現意見分歧。他們經常會做出正確的決定，但是無法完全確定這些決定是對的。他們對案件有著完整且坦率的討論，這意謂他們接觸到了其內在的複雜性。

但是那些高同質性的組別呢？他們的體驗則是天差地遠，他們發現過程滿愉快的，因為他們把大部分的時間都花在彼此同意上面。他們鏡射著彼此的觀點，因此，即便他們比較有可能出錯，卻更有信心，認為自己是正確的，他們並沒有在自己的盲點上受到挑戰，所以沒有機會看到這些盲點；他們並未接觸到其他的觀點，因此更加確信自己的觀點，這顯示了高同質性組別潛在的危險性：他們更有可能在結合了過度的信心與嚴重的錯誤後，形成一種判斷。

VI.

一九九六年八月二十三日，奧薩瑪．賓拉登在阿富汗托拉波拉的山洞內向美國宣戰。「全世界的穆斯林兄弟啊，」他說道：「身在兩個聖地與巴勒斯坦的弟兄們正在向你們求援，請求你們一同對抗敵人、對抗對你們來說也是敵人的人：以色列人與美國人。」

畫面上顯示著一個鬍鬚及胸的男人，他身著素簡的衣料，外面套著作戰服。如今，有鑑於我們已經知道縱容這種恐怖主義的結果，因此這份聲明看起來是深具威脅性的。但是美國最頂尖的情治單位中，有一位內部人員描述了中情局當時對於這段聲明的理解：「他們無法相信蹲在營火旁邊、這個高高的、有著大鬍子的沙烏地阿拉伯男人會對美國造成什麼威脅。」

對於不少中情局分析員而言，賓拉登的威脅看起來很原始，因此對於像美國這樣的科技巨擘來說，不具有什麼嚴重的危險性。理查．侯布魯克（Richard Holbrooke）是柯林頓總統底下的高層，他說：「他們就是不認同投入資源蒐集賓拉登和蓋達組織的資訊，因為這個傢伙可是住在山洞裡的啊。對他們來說，他體現了落後這個詞的本質。」

接著，請想想對於伊斯蘭更為熟悉的人會是如何看待同樣的形象。賓拉登身穿簡樸的衣料並不是因為他在智力或是科技方面很原始，而是因為他仿效了先知的模樣。先知齋戒的日子，他也齋戒。他的姿勢儀態在西方觀眾眼裡可能看似落後，但是在伊斯蘭傳統則認為是先知最神聖的樣子。這個形象讓中情局對於賓拉登的危險麻木不察，但恰恰也是這樣的形象，讓他在阿拉伯世界的影響力得以擴大。

勞倫斯．萊特（Lawrence Wright）以九一一事件為主題，寫出《末日巨塔》一書，並因此書榮獲普立茲獎，正如同他在書中敘述的那樣：賓拉登精心策畫了整場行動，方法是「引用了對於許多穆斯林來說深具意義的形象，而不熟悉這個信仰的人，幾乎是看不到這些形象的」。這一點得到一位中情局內部人員的證實，他表示局裡被「賓拉登以及他的部下破破爛爛的外表給誤導了——他們蹲坐在土地上，穿著長袍與頭巾，手持AK-47步槍，蓄著長度及胸的大鬍子——局裡自動認定他們是一群反現代的、未開化的烏合之眾。」

洞穴還有更深一層的象徵意義，穆斯林幾乎都知道，穆罕默德在麥加受到迫害逃離之後，就是在山洞中避難，這段時期稱為希吉拉。[7]這個山洞有神聖力量的介入並且受其守護，其中還有一棵相思樹發芽並遮蔽了洞口，以及神奇的蜘蛛網和鴿子蛋，讓山洞看起來宛如無人占用；穆斯林也知道，穆罕默德就是在山洞得到了可蘭經的啟示。

山洞對穆斯林來說是神聖的，是信仰中十分深層且重要的部分。伊斯蘭美學充斥著鐘乳石的圖像。賓拉登有意將他自身在托拉波拉的流放形塑成他個人的希吉拉，並且把山洞當作他政治宣傳的背景，一位穆斯林學者兼情報專家說：「賓拉登並不原始；他有謀略的本事，他知道該如何掌握可蘭經的意象，以此來煽動那些之後會變成九一一事件烈士的人。」萊特表示：「這是賓拉登利用其公共關係才華生產的產品，他選擇利用托拉波拉的軍火庫，在許多想要淨化伊斯蘭社會、並恢復曾經的主宰權力的穆斯林心中，他被認為是先知一般的存在。」

當時，他訊息中的影響力是清楚可見的，但只有在那些用正確觀點來看待的人眼裡，才看得到這樣的影響力。賓拉登的訊息傳得又遠又廣，傳到了沙烏地阿拉伯、埃

7 譯者注：原意為出走。

及、約旦、黎巴嫩、伊拉克、阿曼、蘇丹，甚至傳到了德國漢堡，那裡有一群尋求庇護的人被煽動而變得激進，他們在一九九九年十一月抵達了阿富汗，就是在這個時機點，用飛機攻擊西方目標的這個密謀，在蓋達組織的領導者心中發展到了最高峰。

這時，這些「反現代的、未開化的烏合之眾」，已經擴張到約莫兩萬人，他們在一九九六年至二〇〇〇年參加了訓練營，其中大部分曾受過大學教育，而且偏向工程學領域，有些人會說五到六種語言。後來為蓋達組織研究炭疽桿菌的亞茲·蘇法（Yazid Sufaat）擁有加州州立大學沙加緬度分校的化學暨實驗科學學位。其中許多人已經準備好為了信仰捐軀。

危險將至的警示訊息在穆斯林世界中已然萌芽，但是中情局內部討論後決定不採信這些警告，中情局的人是最聰明、最優秀的，他們被僱用來對威脅進行分析並決定其輕重緩急，蓋達組織之所以在這份名單上排名很後面，並不是因為分析員沒有全力研究，而是因為他們無法將所見所聞拼湊在一起。

「大鬍子和營火的故事證明了一個非穆斯林美國人更普遍的行事方式——即便是最有經驗、有智識的人也一樣——就是因為文化因素而低估了蓋達組織，」瓊斯和席伯贊在《建立卡珊德拉》[8]一書中如此寫道。一位穆斯林學者暨美國情報專家也做出了同樣的論點：「中情局無法察覺到危險，從一開始，他們的觀點裡就存在一個黑洞。」分析員因為賓拉登的一個傾向而被誤導，賓拉登偏好使用詩文來發表他的聲明，這是瓊斯和席伯贊指出的另一個重點，比方說，在二〇〇〇年的美國科爾號軍艦攻擊事件之後，他吟了一首詩，下列是其中的部分節錄：

航向由傲慢高築起的波濤
航向那些由倨傲、狐假虎威之人激起的海浪
緩慢前行，向著自身的命運
一艘小筏等待著時機
要騎上浪頭
在亞丁，年輕人發起聖戰
摧毀強人也畏懼的戰艦

8 譯者注：卡珊德拉為希臘羅馬神話故事中，特洛伊城的公主，具有預言能力，但無人相信其預言。

對於中產階級的白人分析員來說，這看起來相當怪異，幾乎是不合時宜的，為什麼要用有韻的詩文來發布指令呢？這又跟「一個在山洞過著原始生活的毛拉」[9]這個概念一致；但是對於穆斯林來說，詩文有著不一樣的意義，它是神聖的，塔利班反覆地用詩文來表達他們的觀點，這是波斯文化中相當主要的一個面向，中情局當時正在研究那份聲明，但是採用了有誤差的參考架構，如同瓊斯和席伯贊所說的：「這段詩文不僅僅是用了阿拉伯文這個外文撰寫的；它還是來自一個距離蘭里市好幾光年以外的一個宇宙觀。」

二〇〇〇年科爾號軍艦爆炸事件的幾週內，賓拉登的名字被塗鴉在牆上，還上了雜誌封面。在市場上可以買到他演說的錄音帶。在巴基斯坦，還有販售印有賓拉登照片的T恤，旁邊還放著印上標語的日曆：「美國小心囉，奧薩瑪要來了。」情報單位掌握到許多人叨念著一場大型攻擊，他們使用了「壯觀」、「第二個廣島」等等詞彙；進行九一一事件的戰鼓聲此刻已經鼓噪不休。

托拉波拉營區的結業學員，在這個時候已經通過了三個階段的軍事訓練，並且也接受了劫機、間諜活動與暗殺方面的加強教學。新近吸收的新兵會花上好幾個小時研讀一份一百八十頁的手冊，標題是《對抗暴君之聖戰軍事研究》，這本書在武器使用以及臥底方面有著最為先進的建議，每顆棋子都以前所未有的速度飛快地動作。

中情局當時是可以分配更多資源來處理蓋達組織的，他們可以試著派出臥底，但是他們沒有領悟到其急迫性。並未分配更多的資源，因為他們並未察覺到威脅。他們並未嘗試滲透蓋達組織，因為他們並不知道自己的分析中有漏洞。二〇〇一年秋，問題並不（只）是沒有能力將一個個的單一事件拼湊起來，而是橫跨整個情報圈的失敗。中情局的高度同質性造成了一個大型的集體盲點。

二〇〇〇年七月，兩名有著阿拉伯名字的年輕男性，才從歐洲抵美，就註冊進了位於佛羅里達的霍夫曼飛行訓練學校。穆罕默德·阿塔（Mohamed Atta）與馬爾文·阿勒-海（Marwan al-Shehhi）開從賽斯納一五二號飛機開始了他們的訓練。齊亞德·賈拉（Ziad Jarrah）則在佛羅里達飛行訓練中心開始了他的課程，他的老師描述他是「完美的準飛行員」。哈尼·漢朱爾（Hani Hanjour）則是在亞利桑那州參加了高級模擬器訓練。終局之戰即將來臨。

9 譯者注：伊斯蘭教稱呼用語，用法及指稱的對象相當廣泛。

這時，中情局分析員不認為賓拉登是認真要對美國開戰。他們無法分辨蓋達組織的首領早早埋下的細菌致病性有多強，也無法領略當時賓拉登在整個中東地區竄升壯大的網絡有著怎樣的重要性。為什麼要引發一場他不可能會贏的戰爭呢？在那些西方中產階級出身的分析員眼裡，這麼做根本不合理，這也是另外一個原因，讓他們無法相信這些人會發動一次性的全面總攻擊。

那時，他們的觀念如果能有躍進——若是有人熟悉如何用極端主義的方式解讀可蘭經，就會容易得多——也就是說，聖戰之勝利並非是在世間取得，而是在天堂。在蓋達組織的核心圈子裡，這場陰謀的代號是「盛大的婚禮」，在自殺炸彈客的意識形態中，烈士們死亡的同時也是他們的婚禮，會有處女在天堂的門口迎候他們，這就是他們的獎賞、他們的動力。

一九九八年，美國總統某天聽取的例行簡報中，提到賓拉登企圖劫機，但並未討論到自殺式攻擊的可能性，而是聚焦在賓拉登密謀救出阿布督．巴細（Abdul Basit）[10]這件事。這些事件如同一個接著一個的點，描繪發展趨勢的輪廓，但是得要一個具有多樣性的團隊才能將這些點一一串連起來。

到了二〇〇一年的夏天，陰謀已臻成熟。約旦的情報單位偶然接收到有人提起「盛大的婚禮」這個詞，並且轉達這個傳言給美國，卻無人掌握其重要性。此時，十九名劫機者已經進入美國，對他們來說，賓拉登的話語言猶在耳，之後在漢堡小組一個成員的電腦裡找到了這段話：「無論身在何方，死亡都會找到你，即便你身處高大的堡壘當中亦如是。」這些話在演說中重複出現了三次，「是一個明顯的信號，給正在路上的那十九名劫機者」。

在劫機者部署的同時，資深中情局官員保羅．皮拉（Paul Pillar）（一位大學讀過常春藤名校的中年白人男性）正要排除恐怖主義大型行動的可能性。「把反恐任務重新定義成處理那些『致災性的』、『大型的』、『超級的』恐怖主義，而事實上這些標籤卻不具有代表性，未能代表大部分來說，美國可能會面對到的恐怖主義，以及恐怖主義對美國利益會造成怎麼樣的損失的時候，」他說道：「這麼定義會是個錯誤。」

雖然中情局提出蒐集的訊息與備忘錄為自己辯護，展示其中隱含山雨欲來的前兆，但是沒有任何合理的分析可以證實這個兆頭，中情局裡的問題不是在細節上，而是更全

10 譯者注：又名拉米茲．尤塞夫（Ramzi Yousef），曾參與策畫一九九三年世貿中心爆炸案。

面的局勢，如同一位情報專家在不同脈絡中所言，但仍適用的說法：「這跟特定的情報報告甚或是特定的政策關係不大，而是一個更深入的，對於核心歷史事實的情報誤判。」

根據《末日巨塔》一書，九月十日，賓拉登與他的副手艾曼．查瓦希里一同來到霍斯特的山區，他們的人馬隨身帶著一組衛星天線以及一台電視機，如此他們便能目睹這場暴行一步步地展開。這時，劫機者已各就各位，準備萬全並且意志堅定，期待著那些天堂裡的處女。

瓊斯與席伯贊推測賓拉登「一定」早已知道美國情報的黑洞，因為九月九日，也就是攻擊發生前的四十八個小時，他「肆無忌憚地打電話給位在敘利亞的母親，真的就這麼告訴她：『兩日後，你將會聽到一樁大新聞，而你將有一陣子不會有我的消息。』」中情局分配來應對蓋達組織的資源寥寥無幾，意謂這通電話雖然會被截獲，但是在該地區內截獲資訊、接著解讀再分析的這個週期，會需要長達七十二小時才會完成，等到這些訊息被拿來研究時，已經太遲了。

九月十一日凌晨五點，穆罕默德．阿塔在波特蘭機場的凱富汽車旅館客房醒來。他刮了鬍子，收拾東西，跟他的室友阿卜杜拉齊茲．阿勒-奧馬里（Abdulaziz al-Omari）一起下樓去了旅館櫃檯。五點三十三分，他們將房間鑰匙交給櫃檯，搭上了一台藍色的裕隆 Altima，幾分鐘之後，他們就在機場報到，準備搭上全美航空飛往波士頓的五九三〇號班機，再轉搭美國航空十一號班機，飛往洛杉磯。

同一時間，瓦利德．阿勒－薛里（Waleed al-Shehri）與華伊勒．阿勒－薛里（Wail al-Shehri）從位於波士頓郊區牛頓市的公園旅館四三二號房退房，前往洛根國際機場，準備加入穆罕默德．阿塔的行列。阿赫莫德．阿勒－剛迪（Ahmed al-Ghamdi）與漢札．阿勒－剛迪（Hamza al-Ghamdi）從麻州士兵田野路上的戴斯酒店退房，替他們購買的色情片付了帳，然後就出發前往機場，口袋裡裝著兩張聯合航空一七五號班機的頭等艙機票，心裡銘記著蓋達組織的聖戰指南。一上飛機，你就應該向神祈禱，因為你的所作所為，是為了神，而所有向神祈禱之人，將會獲勝。

沒有任何一位劫機者被安檢給攔下來，因為機場的當局並未接獲警告，不知道他們會造成威脅。規定允許劫機者能夠將小於四英吋的刀子帶進機艙，因為情報分析員並未掌握到一個重點：劫機者正是用這些武器，讓民航機搖身一變，成為致命的飛彈。

前兩班飛機在將近八點的時候起飛，八點十五分，波士頓航空交通管制中心的管制員注意到了異樣：美國航空十一號班機在麻薩諸塞州伍斯特市上方向左偏離，它應該是要向南飛行的。八點二十分，機上的詢答機終止信號的傳送。六分鐘之後，飛機陡然驟轉，彷彿決心要找出哈德遜河谷似的。八點四十三分，飛機掃過了喬治華盛頓大橋上空，並發出了震耳欲聾的聲響。

現在，這架飛機正如一顆子彈般，向著雙子星北座大樓飛奔而去。

最後一件事，要記得真神，而你最後的話語應該是，世上沒有神，惟有阿拉，而穆罕默德是其先知，你會注意到飛機將會停下來，並再度開始飛翔，這就是你將見到神的時刻，天使在呼喚著你的名字。

VII.

九一一攻擊事件是一場可以預防的悲劇，批判者的確可以這樣批評美國的情報組織，但是問題並不在於中情局漏掉了那些明顯的警示徵兆，批評者就是在此處掉入「潛移形決定論」的陷阱，如同那些替情報局辯護的人一直以來所宣稱的那樣，警告的徵兆在當時對於中情局來說並非是顯而易見的，而那些妄自批評中情局的團體，也沒有看出這種徵兆很明顯，這些團體有很多也缺乏多樣性。中情局缺乏穆斯林成員只是一個範例，儘管相當直覺性，卻依然顯示出高度同質性如何扯了全世界最先進的情報單位的後腿，並因此洞悉，一個較多樣化的團體如何從一開始便建立豐富的認知，不僅在面對蓋達組織帶來的威脅，還包括面對全世界的危機時。若能藉由不同的參考框架、不同的觀點，便能在一開始打造出更全面、更細緻以及更有力的綜合意見。

中情局的職員中，許多人都是在中產階級的家庭中成長，鮮少經歷財務困難、家庭疏離、或者是偏激觀點的問題，也鮮少接觸到是那些可能激進行為前兆的訊號、或者是任何可能會在情報活動中增添基礎見解的經驗，這樣子的職員所占比例高得驚人。但是，這對團體來說是種缺陷。若是在一個更多樣化的團隊裡面，上述這些經驗中的任何一項，對整個團體來說都是一種資產。但是他們的參考框架重疊了。指出這樣的「缺陷」，並非是在批評身為白人、新教徒或男性的美國人；而是恰好相反，那些具有白人、新教徒、男性或其他特徵的分析員被放在一個缺乏多樣性的團隊裡，他們便不能充分發揮自己的能力。

其中最難以置信的是，即便九一一事件已經過去許久，但中情局的晉升生態也沒有多大改變。前副局長卡門．梅迪納（Carmen Medina），在蘭里市工作的三十二年間，努力爭取局裡的多樣性，而她本人被任命為副局長的時候，也是當時極少數升到內部上層階級的女性，但她所做的努力大多仍是枉然。二〇一七年，有次她接受密碼專家使用的數位平台「密碼簡報」（Cyber Brief）專訪。即便新聞圈絲毫不重視這段訪談，但她一語中的，直接指出了美國歷史上，情報工作最全面的一場失敗，她表示：

中情局並未達到多樣性目標。而美國的國家安全體系就是這樣組成，那體系裡的人看待世界的觀點都一樣，我們並非處在一個能夠理解對手並預期他們行動的立場，因此我認為，情報體系要去理解並且容納更多種看待世界的觀點、看法，這是很重要的。

她也說：「如果認真考慮到不同的意見與相左的觀點，以及不同的經驗基礎，那麼你在看待世界時，會得到一個更豐富且準確的看法。」

最諷刺的地方大概在於，即便中情局察覺到了這些在阿富汗等地顯露的警示，並且也決定要在蓋達組織的網絡裡（這個組織成員散布在十五個國家以上）進行臥底，但是這麼做實際上依然相當困難。為什麼？因為中情局分析員當中缺乏多樣性的情況，也鏡射到了外部情報員的組成上，後者也同樣缺乏多樣性。

情報專家米羅．瓊斯點出了中情局很少有分析員會使用中文、韓文、印地語、烏爾都語、波斯語或阿拉伯語，使用這些語言的人口加起來超過全世界總人口的三分之一。根據學者艾咪．澤加特（Amy Zegart）的研究，二〇〇一年畢業的祕密案件承辦人員，只有百分之二十的人可以流利地使用非羅馬語系的語言。一直到一九九八年，中情局甚至還未僱用使用普什圖語的案件情報官，而普什圖語正是阿富汗最主要的語言之一。因此導致九一一事件調查委員會的困惑與不解。「珍珠港事件過後的數十年間，美國政府如此夙興夜寐發展出來的方案，以偵測意料之外的攻擊並且發出警告，這些方案從未真正啟用過，因此連失敗的機會都沒有。」全世界成本最高的情報機構，居然從未真正離開起跑線。

值得一提的是，許多以九一一事件為主題的電視劇，都指出了問題的另一個罪魁禍首：情報單位因為彼此競爭，導致彼此溝通不良。當時，的確有許多關鍵時刻，其中之一就是二〇〇一年五月中情局與聯邦調查局在會議中的爭執，前者拒絕揭露關於哈立德．穆罕默德．阿達拉．阿米達（Khalid Muhammad Abdallah al-Mihdhar）的資訊，而這個人之後會成為美國航空七十七號航班劫機的五人之一，有些人會批評說，要是當初中情局分享了他們知道的事情，聯邦調查局就會發現，蓋達組織的特工已經在美國境內了。

雖然低估這些問題以及其他議題的重要性是錯誤的，但若是將這些歸納成這場失敗的根本原因，就是一種誤解。因為最深層的問題還要更加幽微；雖然已經太遲了，然而這個問題數十年來一直都明擺在眼前，也就是卡門．梅迪納她本人指出的部分。二〇一七年，她說道：「〔多樣性的缺乏〕對於情報組織是種諷刺，因為說到需要有效方法來處理不同意見的組織，那麼這個組織一定就是情報系統。」

這當然不只是關乎中情局。認知同質性在現代世界並非特例，而是常態。大部分組織的多樣性都嚴重不足，這讓他們的能力飽受限制，難以做出有智慧的判斷、制定出聰明的策略並偵測到威脅的所在。的確，二戰後絕大部分情報上的失效，也只能從這個特殊的角度來理解。

以美國國防部在古巴關塔那摩灣的審問中心為例，這個在九一一事件之後成立的機構，目的是為了要從雙子星大樓攻擊後被捕的嫌疑恐怖分子身上搜集資訊，這是個相當關鍵（也經常是喪心病狂）的行動，這些由受過高度訓練的探員所領導的任務，是要一點一點地打探出可能有助防範未來暴行的情報。

這個情報單位對於任何疑似恐怖組織的人物都很謹慎，每當有新的囚犯抵達，他們的名字都被輸入資料庫，並且按照他們的姓名和中間名加以分類。大部分的人都熟悉這個系統，你大概可以把它的格式想成訂機票時，用來輸入自己姓名那樣。但是如同學者馬克·維納（Mark S.Weiner）在《氏族的規則》一書中所說明的，這個系統有個致命的缺點，但是直到二〇〇三年一位中東專家，受僱來專門監管囚禁沙烏地阿拉伯囚犯的牢獄之前，都沒有人注意到這個缺點。

關於這位專家，我們給她一個化名「凱倫」。凱倫立刻發現到這個資料庫未能揭露一種規律性。這個系統是設計來追蹤姓氏、名字和中間名的，這樣的系統對於詹姆士．D．史密斯和簡妮．P．瓊斯這些名字來說非常成功，也毫無問題；但是對於像是阿布．馬楊．卡利得．穆罕默德．賓．賽夫．阿-烏塔比這種阿拉伯名字則不那麼有效。凱倫也注意到：阿拉伯字母和拉丁字母天差地遠，前者書寫時要連寫，並且有二十八個字母，而拉丁字母（英語使用的字母）則有二十六個字母。這意謂，即便是最簡單的阿拉伯名字，用拉丁字母來音譯都可以有多種寫法。以利比亞獨裁時期的領袖，穆安瑪爾．格達費（Muammar Gaddafi）為例，根據澳洲廣播公司新聞台，他的名字的音譯有一百一十二種不同的寫法，其變體包括格薩費（Gathafi）、克達費（Kadafi）以及格答非（Gadafy）——而這還只是他的姓而已，他的名字被寫成毛安瑪爾（Moammar）、木安瑪爾（Mu'ammar）還有毛安媽爾（Moamar），而他的全名是穆安瑪爾．穆罕穆德．阿布．格達費．敏雅爾．阿—格達費（Muammar Mohammed Abu Minyar al-Gaddafi）。

當時，聯邦調查局的追蹤系統的問題不只是用西方的樣板把阿拉伯名字收摺起來，更有著音譯過程未被標準化的問題。每個嫌疑人姓名的拼寫方式都是按照收押當時，值班人員當下的決定，那些情報員完全沒有察覺到流程的這個瑕疵，而這並非因為他們失職，而是因為這件事情在他們的參考框架之外；也就是典型的盲點。

等到凱倫修正了這個歸檔系統並將音譯標準化，他們才找出關鍵的模式。她從囚犯的姓名注意到，出身某兩個氏族的人士占了相當驚人的比例，這兩個氏族是卡赫塔尼（Qahtani）與歐泰比（Utaybi），凱倫知道這兩個氏族來自阿拉伯半島上的特定區域，她還知道他們跟沙烏地王室及其盟友有所衝突，這樣的衝突至少持續了三個世紀。舉例來說，一九七九年麥加禁寺圍困事件，是由穆罕默德．賓．阿卜杜拉．卡赫塔尼（Muhammad bin Abdullah al-Qahtani）以及朱海曼．阿－歐泰比（Juhayman al-Utaybi）所策畫。在關塔那摩有一名囚犯叫作穆罕默德．馬那．阿每．阿－卡赫塔尼（Muhammad Mana Ahmed al-Qahtani），他被指控是九一一攻擊事件中第二十名劫機者。

這也解決了另外一件讓人深感困惑的事情。情報圈內曾經壓倒性認為，恐怖分子就是伊斯蘭基本教義派的人——那些因為西方的墮落而憤慨不已的純粹主義人士，但這看起來跟獄中的實況並不相符，有些囚犯向監禁者要啤酒喝，有的要了色情片。這些行為等於承認許多囚犯的犯案動機並非單純來自宗教極端主義；許多人並非是基本教義派人士，他們當初加入蓋達組織是為了要延燒自古以來部族間的世仇。

凱倫對於審訊中心的貢獻影響深遠，但並不是因為她比同事懂得更多，而是因為她帶來不同的觀點，這樣的觀點與同事的觀點放在一起時，讓他們對於沙烏地恐怖分子的犯罪動機有更豐富的理解，以及——最關鍵的——辨認出一個有滲透潛力的網絡，假如沒有她的存在，可能會有深層的組織性盲點久久不能掃除。

或許，情報系統之所以僱用凱倫，正是因為他們遲來的領悟，了解到認知多元性有多麼重要，這樣會讓人感到相當安心；但事實上，凱倫曾在二〇〇〇年應徵調查局，但未被錄取。雖然她精通阿拉伯文，但是情報單位判斷這方面的知識「不重要」，即便她作為分析員被國防部僱用，一開始也是被派到德國地處偏遠、工作枯燥的職位，而她的技能完全派不上用場。一直到有人給她機會負責審問，她便把握了機會，利用專長來分析這個位於關塔那摩的拘留所，帶來了不同的觀點。但她也僅僅處理了眾多大型盲點中的一個。換個方式說，她之所以能夠對美國情報領域做出開創性的貢獻，並非因為受惠於這個系統，而是即便受制於這個系統，她依然盡其所能地一展所長。

而這可能就是最大的悲劇。米羅．瓊斯論述道，有些疏失成為了九一一事件發生的先決條件，而這些疏失在中情局的歷史上反覆地發生，從古巴飛彈危機到伊朗的伊斯蘭革命，乃至未能預測到的蘇聯的崩解。我和米羅在倫敦見面時，他便說：「這裡的每一項失敗，都可以直接溯及核心單位同樣的一個盲點上，而且毫無爭議。」這顯示出，無論是為情報單位辯護的立場，或是指責情報單位的人士，他們在這個纏鬥已久甚至火爆的爭論中，都沒有注意到關鍵的議題。那些大肆批評的人說得沒錯，事後看來，九一一事件的威脅非常明顯；辯護者也沒錯，中情局僱用了極度能幹的人員，但就算是這樣的精英，這個威脅亦非明晰可察。

有一點可以確定的是，這個事件不該責難特定一位分析師。他們面對工作，態度也不懶散、也非麻木，也沒有怠忽職守，任何用來解釋工作表現不佳的貶義詞，都不適用於他們身上。他們並非缺乏見識，或是不夠愛國、缺乏工作倫理。的確，可以說在個人層面上，每一位分析師都具備了應有的資質，他們所缺乏的，要在團體的層級才會浮現出來。

中情局裡每個人都有著相當敏銳的洞察力，但是聚在一起時，就出現了集體性的盲目，而正是這個矛盾點的準心，讓我們得以一窺多元性的迫切與必要。

REBEL IDEAS

| 第二章 |

叛逆者 VS. 複製人

I.

二〇一六年年中，我收到國家足球中心主席大衛．師普商克斯（David Sheepshanks）的一封電子郵件，他來信邀請我加入英格蘭足球總會的技術諮詢委員會，這個團隊成立的目的，是為了提供執行長馬丁．葛倫（Martin Glenn）、英格蘭男女菁英隊技術總監丹．艾許沃斯（Dan Ashworth），以及英格蘭男足總教練蓋雷斯．索斯蓋特（Gareth Southgate）的諮詢。我發現自己加入的團體，成員包含英籍亞裔的科技新創公司創辦人馬諾伊．巴代爾（Manoj Badale）、奧運體育管理主管蘇．坎博（Sue Campbell）、教育家麥可．巴伯（Michael Barber）爵士、前英格蘭橄欖球隊總教練史都華．蘭開斯特（Stuart Lancaster）、自行車教練戴夫．布瑞爾斯佛特（Dave Brailsford）爵士以及稍後加入的露西．賈爾斯（Lucy Giles），她是桑赫斯特皇家軍事學院第一位女性校長。

這個團隊的目標相當明確，數十年來，英國男足在主要賽事表現不佳，最近一次敗戰是在歐洲冠軍聯賽中敗給了冰島。這件事讓大家進行了不少的反省，思考國家花了這麼多力氣在向世界推廣足球，卻已經超過五十年無法在世界盃或是歐洲冠軍聯賽奪得冠軍。有人說這是一種心理障礙；其他人則認為是訓練不足；也有人擔心這是英格蘭足球超級聯賽帶來的影響。大部分的人同意英國隊在ＰＫ賽上難有表現，以致於在一九九〇、一九九八、二〇〇六年的世界盃，以及一九九六、二〇〇四、二〇一二年的歐洲冠軍聯賽中遭到淘汰。的確，在世界盃和歐洲聯賽中，英格蘭隊是ＰＫ賽中敗北次數最多的隊伍。

大家可以想見，英國的足球圈對於這支團隊的成員抱持疑慮，畢竟這個委員會裡有很多人不是足球專家。的確，唯一一個足球圈內人是前國家隊隊員葛瑞姆．勒蘇（Graeme Le Saux）。亨利．溫特（Henry Winter）在《泰晤士報》上寫道：「足總不需要自行車專家、橄欖球專家和桌球專家來提供建議，不需要他們來告訴足總，為什麼這支隊伍在錦標賽中如此倒楣。」說實話，這還是屬於比較溫和有禮的評論了。其中的論點就是，這些人物，像是窮盡畢生精力在橄欖球上的蘭開斯特，以及經驗主要都來自科技界的巴代爾，對於足球的了解遠不及如同哈利．雷德納普（Harry Redknapp）或是東尼．佩利（Tony Pulis）這樣的人，這兩位都管理過許多足球俱樂部。「比起這些理當向足總提供諮詢的人來說，雷德納普對於足球更加了解，」有一位足球記者如是說道：「這很不合理。」

這些評論之所以讓人感到衝擊，是因為他們說的一點也沒錯。關於足球，雷德納普已經忘掉的事情，搞不好都比巴代爾此生所能了解的還要多；而佩利在這個比賽方面所擁有的相關知識，遠遠超過了巴伯和坎博，更別提蘭開斯特和賈爾斯了。的確，溫特的專欄讓我頻頻點頭贊同。這支團隊怎麼可能有辦法襄助索斯蓋特呢？更不用說能否幫助葛倫與艾許沃斯。

而這也是為什麼，作為委員會的成員令我大開眼界。沒有任何一位成員是支薪職。當我們逐漸認識彼此，我們開始期待召開會議，並且認為這些會議具有特殊的教育意義。其中最令人振奮的時刻，就是當會議室裡某個人提到他人聞所未聞的事情時，以及當大家汲取自身經驗、提供自身某方面相當獨特的見解。換句話說，也就是他們提供了我們暫時稱作「叛逆觀點」的時候。

這些獨特的見解，包括蘭開斯特基於他在二〇一五年橄欖球世界盃的經驗，提出他對重大賽事前選拔的看法；賈爾斯也在建立心理強度方面，根據她的軍中知識提供見解；巴代爾也談及新創科技產業用來驅動創新力的技巧；巴伯藉由他在托尼．布萊爾任內帶領首相政策實施小組（Prime Minister's Delivery Unit）的經驗，講述把抽象概念用繪圖實踐的方式。大家貢獻的細節屬於機密，但細節不是重點，重要的是這支團隊內有豐富的認知多樣性。沒錯，我滿確定，如果時不時改變一下委員會的成員組成，這個團隊就會繼續替運動競技的世界提供有用的建議與諮詢。

我發現自己思忖著一件事，就是足總當初如果不是招募這群人，而是找了雷德納普、佩利以及其他對這項運動更有經驗的人，會發生什麼事呢？這支團隊的資歷無疑會更讓人眼睛一亮，房間裡每個人腦中塞滿各種關於足球的實戰知識和經驗，儼然就是一支有智慧的團隊典範。

但這樣的團隊能有效發揮嗎？問題在於，雷德納普和佩利所知曉的東西非常類似，他們的參考框架是相互重疊的，關於足球的技巧、訓練以及其他很多的面向，他們每個人都已經適應了那些最強勢的假說。他們很了解足球，但是這點就是關鍵，這兩位知道的大部分，也是索斯蓋特已經知道的東西。甚至可以說，他們絕對會製造出鏡射的動能，並在無意之間讓那些在英國足球賽事中潛伏已久的假說更加屹立不搖。這是同質相吸的典型範例。我們幾乎可以確定，若是讓這群很有智慧的個體聚在一起，一定會組出一個相當不聰明的委員會。單論個人是沒有問題；但是整體來看時，問題就會浮現。

多樣化的組合展現出了完全不同的資產，一群並非足球專家的人，仍然能夠一針見血地看透一些深層的弱點，無論是在招募或是訓練方式，又或是在媒體公關與ＰＫ賽的準備上帶來了全新的觀點，看著這些發展著實有趣且令人著迷。叛逆觀點通常會遭到否決，在進行意見交流時很費力。但都有可能會帶來發散式的想法，以及更加精鍊的解決方案。

只是我得強調，多樣性不代表團隊在各方面都是完美的。我們的知識有各種落差。而且有些時候，討論一點也不順利。任何團隊在方法和運作上做些改變，都會有所收穫；而集體的智慧本應不停進化。

正是這次的經驗，讓我開始思考以此作為本書主題的想法。我在這之前沒有領悟到，多樣性的力量顯然被低估了。但是我發現自己想要進一步釐清這股力量是如何運作的，以及原因何在。體驗過這種多樣性所帶來的動能是一回事，而了解在不同的脈絡之下、不同的產業之中，這股動能是如何運作、又如何最佳化，則完全是另一回事。

我開始參加一些與多樣性有關的研討會，並與在這個領域從業的人會面。我參加一些給人資專員、執行長甚至是政治領袖參加的會議。但是從這些互動之中，最讓我衝擊的是，儘管多樣性是個熱門的主題，但是大家用著同一個詞，卻常常指的是不同的東西。有些談的是性別多樣性，有些則是在談神經多樣性，[1]或是談論種族的多樣性。大家通常不會去定義他們指的是什麼，也不太會詳細說明為什麼他們的多樣性是一件重要的事情。這些在討論過程中似乎相當失焦。

而這也是為什麼，追求多樣性的科學是重要的。我想要找出一些概念，藉以說明同質性高的機構為何常常失敗，通常甚至沒有發現失敗的原因，並且能夠解釋多樣性高的隊伍，為何能夠產生一加一大於二的成效。以及解釋多樣性在各個學術領域中，皆來到鎂光燈之下，其背後概念是什麼。以及多樣性在那些具有先鋒領導地位的機構、企業、體育隊伍等等，在決策時如何產生壓倒性的影響力。

把這些問題先放在心上，我們會在這個章節用再精確一點的方式，去了解到目前為止談到的東西。我們會去觀察集體性智慧的輪廓，以及有哪些障礙阻擋了各個組織發揮自身的潛力；最重要的是，我們會檢視那些有叛逆精神的團隊是如何打敗那些彷佛由複製人一般的成員所組成的團隊。

1 譯者注：neurodiversity，一種將自閉症、憂鬱症等傳統上的精神疾病視為多元的認知系統，而不將其視為某種須被治療的疾病。

II.

我們可以用視覺上的形式來表達多樣性科學中最基本的概念。假設圖一中的長方形代表一個範圍，裡面都是有用的想法，也就是那些與某個特定問題或是目標有關的見解、觀點、經驗與思維模式，我們可以把這個長方形稱為「問題宇宙」。

如果遇到的是單純的問題，那個人可能會擁有這個方形內全部的「資訊」。而多樣性是非必要的。但如果遇到一個複雜的問題，就沒有任何單一個人擁有問題相關的全部見解和看法。就算是最聰明的個人，所擁有的知識也只會是一個子集的量。

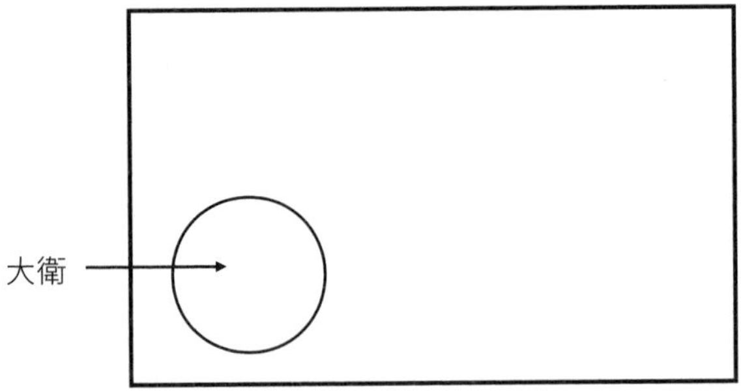

圖一　一個聰明的個體

我們可以用一個圓來代表一個聰明人，就叫他大衛吧。他知識淵博，但並不是什麼都知道。

但是，我們現在看得出來同質相吸的危險性在哪了。在圖二裡，我們可以看到，如果一群想法很接近的人湊到一起會發生什麼事。每個獨立的個人都很聰明，也有令人讚歎的淵博智識，但同時他們也有高度的同質性，他們了解的事物很類似，彼此的觀點相當一致。他們可說是「複製人」，這正是中情局的基本問題。

想想看，環繞在你身邊的人都跟你有相同的想法，他們會對你的觀點做出鏡射、會認同你的偏見，這該有多舒服啊。這讓我們感覺自己更聰明了，並對自己的世界觀做出認證。的確有腦部掃描證據顯示，當別人反饋給我們正面的意見，會刺激腦中的愉悅中樞。同質相吸有點類似某種隱藏的引

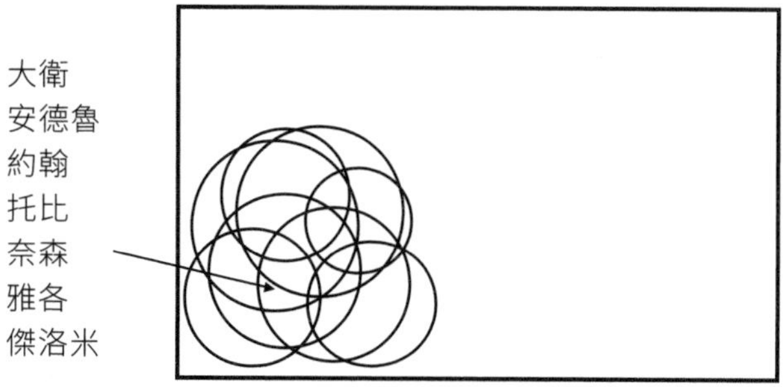

圖二 一支聰明的團隊（一支由複製人組成的團隊）

力，牽引著人們，讓大家聚合到問題宇宙小角落裡。

這種危險性跟人類本身的歷史一樣久遠，而古希臘人也深切地明白這種危險。亞里斯多德在《尼各馬科倫理學》一書中寫到，人們「喜愛那些看起來跟自己很像的人」。柏拉圖在《斐德羅篇》中提到，「從相似性中會誕生出友誼」。「物以類聚」[2]這句話就是從柏拉圖的那部曠世鉅作《理想國》的第一卷最前面幾頁衍生出來的。的確，如果我們看得夠細，希臘人對自身文化中智性上一致特質的憂慮，始終陰魂不散。因此，值得將圖二中的畫面謹記在心，因為圖中呈現了一個在現今世界中隨處可見的問題：團體中的每個人都很聰慧，但是聚在一起的話……是的，很笨。

＊＊＊

自一九八〇年代晚期，英國政府引進人頭稅（社區稅）[3]的制度開始，這套稅制就一直臭名纏身，這項政策的核心改變了地方稅制，從原本對財產徵收稅金，變成按人頭課稅。這套制度有諸多缺點，應該在最初提案就被扼殺。若要執行這項稅務，只能說不切實際。並且稅率還是累退制、讓居住環境較差的普通家庭承擔大部分且不合比例的稅收。在這個稅制實施之後，部分家庭的可支配收入損失了一千五百英鎊；更多的家庭則是損失五百英鎊以上。在一九八九年，這樣子的金額占了家庭年收入相當大的比例。與此同時，有少數人節省的稅金則是在一萬英鎊以上。這種不公平的狀況會引發連鎖反應。無可避免地，會有人走上街頭抗議，讓原本困難重重的徵收作業更是難上加難。這套稅制在構想時期就已經存在不繳納稅金的可能性。付諸實施之時，結果可想而知是一場災難。有消息指出：「收取稅金在執行上的負擔，致使某些城市當局的財政近乎崩潰。」

民眾走上街頭發起和平示威，怒吼著：「付不起，也不付。」有些激進分子混進遊行隊伍，進而發生了騷亂。倫敦有一場參加人數多達二十五萬人的遊行，演變成一場暴亂，有人砸破商家的櫥窗、放火燒車、洗劫店鋪。總計有三百三十九人遭到逮捕，超過一百人受傷。群情激昂的其中幾天，還有人擔心這種暴力是否真的會擴散開來。

安東尼．金（Anthony King）與伊佛爾．克里維（Ivor Crewe）這兩位英國政治專

2 譯者注：Birds of a feather flock together。
3 譯者注：柴契爾夫人認為原本以財產多寡為基礎的課稅有欠公平，因稅收來源主要是富人，而服務卻主要是貧窮人口在使用，故決定改行社區稅（Community Charge），即每位成年人，無論財產多寡，皆須繳納定額的稅金，故又稱人頭稅（Poll Tax），且是以選民登記的資料為本，故不做選民登記，就不必納稅，因此也極易規避。資料來源：《英國政府與政治》雷飛龍著，初版，臺北市，臺灣商務：二〇一〇年。

家寫道：

> 二十多年之後，這一段歷史依然會令人感到詫異和疑惑……對於人頭稅所做出的糟糕預測，或早或晚一一成真。儘管陷阱就擺在眼前，罪魁禍首依然還是踩了進去，顯然他們即使睜著雙眼，卻什麼也看不見，繼續釀成大錯，對於警告無動於衷。最終，就是一場全面且徹底的失敗。

事情怎麼會演變至此？金和克里維的說法是，人頭稅的災難是戰後英國政治史中，普遍存在的深層模式之一部分。他們指稱，那些由政府造成、具有政治性的重大缺失，都有同樣的根本原因：即是缺乏多樣性。他們特別聚焦於政治菁英在社會多樣性上的缺乏。在人頭稅的案例裡，他們注意到執行這項政策的環境大臣尼可拉斯．李德利（Nicholas Ridley），是李德利子爵之子，這位出身貴族的大臣，是在位於諾斯伯蘭區、宏偉華麗的布拉登莊園中長大。他的母親是埃德溫．魯琴斯（Edwin Lutyens）爵士之女、畫家內維爾．李頓（Neville Lytton）的外甥女。在人頭稅制期間還有幾位環境大臣，包括有派翠克．詹金（Patrick Jenkin）（克里夫頓學院與劍橋大學畢業）、肯尼斯．

貝可（Kenneth Baker）（倫敦聖保羅中學與牛津大學畢業）、彭定康（Chris Patten）（聖本篤中學與牛津大學畢業），他們念的都是需要自費的中學，接著都去了牛津和劍橋，至於李德利，則就讀於伊頓公學以及牛津大學。

至於審查小組的領導人威廉・沃德格雷夫（William Waldegrave），其父是第十二代沃德格雷夫伯爵傑弗瑞・諾埃・沃德格雷夫（Geoffrey Noel Waldegrave），獲頒至上嘉德勳章、大十字皇家維多利亞勳章、國防義勇軍獎章，人稱其為楚頓子爵、克倫威爾錫礦總督；其母則是瑪麗・赫敏・格蘭菲爾（Mary Hermione Grenfell），希爾達・利特敦（Hilda Lyttleton）以及亞瑟・莫頓・格蘭菲爾（Arthur Morton Grenfell）之女，是帝國時期商人的其中一脈。他本人是在楚頓大宅中長大，那是薩默塞特郡的大型豪宅之一。

沃德格雷夫在他的回憶錄《另一種天色》中描述了他跟大多數人的生活有多麼脫節，他誠實得令人欽佩：「我從來沒跟當地的孩子一起玩過，」他寫道：「當我們提傲鄰居，指的是住在八英里外的艾美堂宅的喬立夫一家，不然就是在說住在美勒斯莊園的艾斯奎斯一家、果園利莊園的德克沃斯一家、哈德斯朋大宅的哈布豪斯一家，不然就是住在位於韋爾斯的大殿裡的主教。」

沃德格雷夫一家的假期，是跟其他同階級的人在莫達斯湖一起度過的——有琳賽一家、西斯考特—艾默里一家、奧羅夫—大衛奧夫一家、以及席慕爾斯一家——有知名的鋼琴家會在客廳演奏。他們的度假場所還有瑞士尚佩里，在納爾他們會搭著馬拉的雪橇去他們自己的夏雷弗雷納度假木屋。沃德格雷夫小的時候，就有廚師和家庭教師服侍。他和哥哥們會在自宅獵雉，他們的母親在宅邸附近看到黑人的時候，第一個念頭是視他為恐怖分子，隨即抓了一台除草機與他對峙，接著她才意識到這名「恐怖分子」把小威廉帶了回來。他在她視線之外的地方撞壞了腳踏車，而這位黑人則是試著施以援手。

根據金與克里維所說，曾經就讀伊頓公學的沃德格雷夫，身家背景跟一般人比起來，可能大相逕庭，但是跟審查小組中其他成員的背景卻相當類似。小組中並非每個人都跟沃德格雷夫擁有同等程度的特權，但是每個人的家庭背景皆非常富有。他們指出：「沒有任何成員可以代表英國的其他族群，」這個團體可不只是被壓縮到問題宇宙其中四分之一的角落，而是被擠到最小的一個像素裡了，他們很聰明，但同質性也很高，他們基因上不是複製人，但是以族群的角度來看卻是。遇到像是政治等多樣化至關重要的領域，他們會導致災難。至此還是有另一個諷刺之處：這個審查小組熱愛一起工作。共事的經驗再美妙不過了。金與克里維引用了內部人員的說法，說他們是「擁有了不起向心力的團隊」。他們同意彼此的意見、鏡射彼此的觀點、像鸚鵡似地重複著彼此的發言、相互印證、認同、反射。他們在同質相吸所產生的溫暖光芒裡互相取暖。這種社交上的和諧，讓他們誤以為自己正在塑造一個很有智慧的政策，事實上顯然正好相反，他們讓彼此的盲點更加根深蒂固。他們一起打橋牌，也一起參加派對，在熟悉多樣性科學的人聽來，是早已響得震耳欲聾的警鈴。在徵收稅金時會出現的實務面問題、實施政策的重重困難，以及許多家庭在支付這如此稅款的困難，居然沒有讓這樣一個彷彿是複製人所組成的團隊設想到，不奇怪啊？而且，他們並未認清這項政策會造成地方政府很大的壓力，而這種壓力最終也會壓在整個社會結構上，不是嗎？

對於年長者來說，這筆支出特別令人絕望：「一對住在內倫敦的夫婦靠著退休金生活，而他們可能會發現，得要付出淨收入的百分之二十二來繳納人頭稅，而一對住在郊區、生活更寬裕的夫婦只要付出淨收入的百分之一。」但是被質問到這對年長夫婦沒有現金支付稅金的悲慘狀況時，尼可拉斯．李德利卻很難領略到問題何在，他是這麼回應的（且他顯然是認真地）：「嗯，他們總有畫可以賣吧。」

在徵收人頭稅的幾年前，在李德利之前任職環境大臣的派翠克．詹金，也在一九七〇年代能源危機時，做過差不多一樣坦率的發言。他在電視採訪中鼓勵民眾節約用電，其中一個方法是透過「關燈刷牙」。在這之後，詹金卻被人揭露，他本人用的是電動牙刷，而且他位於北倫敦的住家，屋內每間房間都亮著燈。

金與克里維認為，人頭稅的問題，並不在於任何單一政治人物或官員身上，他們很多都是全心全意付出的公僕，之後也會繼續在事業上締造傑出的表現。他們也是令人欽佩的思想家。選舉數據分析學家大衛・巴特勒（David Butler）爵士引用了內部人士的說法，說他們在考慮地方政府改組時，「任用史無前例最聰明的一群人」。金與克里維也指出，特權不應作為阻擋一個人成為高級官員的阻礙，而且有許多成長背景富裕的人，無論他們是因為繼承財富或是自己致富，都對於集體的利益有著顯著的貢獻。

但這就點出了問題的本質：一群來自單一背景的聰明人，被放在同一個決策小組內時，就很可能出現集體盲點，就如同金與克里維所說：「每個人都會將自己的生活方式、喜好和態度投射到他人身上，有些人總是為之，我們大部分的人則是偶爾為之，那些身在白廳和西敏區的官員未經思考就把自己的價值、態度與生活方式投射到了他人身上，而這些被投射的對象的經驗卻與官員有如天壤之別。」4

然而這種狀況不只發生在保守黨身上，金與克里維還引用了許多工黨執政時期的例子。其中一例是二〇〇〇年七月布萊爾的演說，他在演說中呼籲要賦予警察新的權力，來應對和處理那些反社會的行為。他說：「如果一個暴徒認為他可能會被警察逮到、被帶到提款機前，並被要求當場支付一筆金額，比方說一百英鎊的罰金，那麼他可能在踹開你家大門之前、把街上的三角錐亂丟之前，或是在深夜大聲謾罵之前，會先想想還要不要這樣做。」這段話不只是讓人權倡議者快速做出回應，並對於警察權力的擴張表達擔憂，但是倡議者中有少數人，或者可以說是記者們，抓到一個更基礎且明顯的問題，代表著這項政策本身就有缺陷。為什麼呢？因為那些暴徒中，有很大比例的人並不擁有有效的金融卡，帳戶裡也不會有多達一百英鎊的一大筆錢。就如同金與克里維所說：「首相的假設是，其他人過的生活與他自己的相去不遠，而這種假設毫無根據。」5

4 作者注：人頭稅為何沒有在構想階段就被內閣否決掉呢？根據金與克里維所言，是因為制衡的失效：「這項政策從草創到誕生，幾乎都是在白廳裡面那個遮遮掩掩又與世隔絕的房間一隅。」而這項政策最終是在契克斯的一場會議中表決通過，只有不到一半的閣員出席，而出席的閣員中有些人已經事先知道他們在討論些什麼了，而且會議中並未提供任何的文件。

5 作者注：當然有可能可以在歷史上找到案例，是一群來自同一個小範圍族群的人（像是貴族或是農民）想出了很有智慧的政策，但若是因此推斷小範圍族群的人可以組成一個較好的決策團隊，這樣就不對了。問題在於，我們沒看到那個與事實相反的狀況：當初如果是一個更為多樣化的團體的話，會不會能夠做出更好的結論。這也是多樣性科學如此重要的原因。隨機的測試顯示出高多樣性的團隊會持續地做出更好的判斷、更準確的預測、並且想出更有智慧的策略。

III.

同質相吸是很普遍的現象，我們的社交網絡上有許多跟我們有著類似經驗、觀點和信念的人。即使一個團體在一開始是有多樣性的，但是這種多樣性還是可能會被所謂的社會潛移默化給排擠掉，這是指大家向著強力的假設趨近的過程，這個現象也叫作「同化」。作家鉉恩・斯諾（Shane Snow）引用了一段由衷之言，說這段話的人是一家大銀行的高層主管：

她搖著頭，告訴我公司僱用這些從優秀大學畢業的新人——來自不同的背景、腦海中裝滿各式各樣的點子——然後只能看著他們逐漸被重新塑形，為的是要「符合」組織的文化，這件事有多麼痛苦。他們剛來的時候，帶著各種獨特的見解和意見，她聽到這些聲音愈變愈弱，除非其中的聲音和意見是符合公司所「接受」的思考方式。

那時，一小群人擠在問題宇宙的小角落，這是人類心理學可以預料的結果。團體漸漸變成像是一群聚在一起的複製人，人們打從內心就有同質化的趨向。在這種狀況下，中情局和人頭稅政策的審查小組並非特例，而是一種普遍的症狀。的確，看看各國內閣、法律事務所、軍方的領導團隊、高級公務員，甚至是某些科技公司，若說這些團體中有很多的同質性都相當高，並不是在批評任何單一的個人，只是要指出當一群聰明的個人有著重疊的參考框架，他們的共同點有可能就是觀察能力會變得模糊不清。

有智慧的團體會表現出另一種動力，他們不是由像是複製人的成員所組成，不會如鸚鵡一般複誦著同樣的觀點。而是由帶著叛逆精神的人所組成的團隊，但他們不是為反對而反對，而是從問題宇宙裡不同的區域帶來了不同的見解。這樣子的團隊會有這樣的成員：他們提出具有挑戰性的觀點、支持某個原始觀點的想法、他們的觀點會導向不同方向，還會跟其他觀點結合誕生新的觀點。這是此種集體智慧的特點：一加一就是這樣大於二。

在下列的圖示中，每一個人的聰明程度都沒有超過前面圖二中的個人，但是他們的集體智慧卻是高出許多。他們擁有很高的覆蓋率，並且揭開了為什麼只要遇到複雜的問題，跟思考方式不一樣的人合作，會變得相當重要的原因。

那麼，克服艱難挑戰的第一步，就不會是去了解問題本身。第一步並不是要深入探討問題的各個面向，而是要退一步並問道：**我們的集體理解是在哪邊出現了漏洞？我們是否已經在同質相吸的作用下，被拉到了問題宇宙中一個小小的角落裡了？**

若不先面對這個更深層的問題，組織就要面對另一種風險，就是團體深思熟慮後的結果，還是在各方面有一些微小的功能失常。也就是說，大家檢視了問題、並且進行了相當深入的探討，深到不能再深，但實際上卻只是強化原本的盲點。在處理那些最艱難的挑戰之前，我們需要先處理認知多樣性的問題，只有妥善處理這個問題，團隊的思考和討

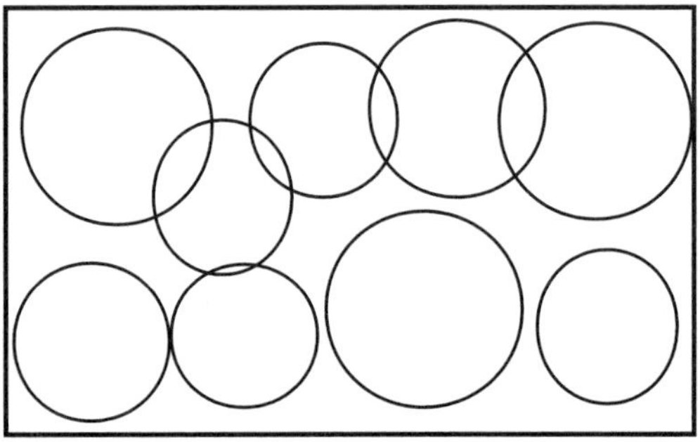

圖三　一支聰明的團隊（由一群叛逆者所組成的團隊）

論才不會產生鏡射，而是會帶來新的領悟。

＊ ＊ ＊

卡爾斯庫加是瑞典北部的美麗小鎮，坐落在莫肯湖北岸，鬱鬱蔥蔥、美麗的屋宇錯落。我年少時住在瑞典，常常去那邊旅遊，並且對那座小鎮深深著迷。

任何在瑞典待過的人都會知道，地方政府要落實的重要政策，就是清理積雪。首都斯德哥爾摩平均一年會有一百七十天在降雪，主要在秋季和冬季。我記得好幾個早晨，我都得幫我的室友剷除車道上的積雪。數十年來，卡爾斯庫加清理積雪的做法，都依循著一套看似很有邏輯的程序。清掃工作先從交通幹道開始，最後再處理人行道和腳踏車道。市議會的議員（以男性為主）想要盡可能提高通勤效率，他們這麼做，是在照顧選民的福利。

但是市議會有了很難得的感悟，這個感悟相當深入且敏銳，認知到他們的同質性太高了。一項政策會影響到的人數很多，並且要記得，在制定政策的時候，族群上的差異會有助於大家在做考量時取得更全面的資訊。卡洛琳．克里亞朵．佩雷茲（Caroline Criado Perez）在她的精采著作《被隱形的女性》中特別強調，被放到決策崗位上的女性愈多，集體智慧就會開始在方向上出現顯著的改變。

有一項新的分析發現，通常性別不同的居民，通勤的方式也不同。那些官員之前並未想到這點。男性一般會開車上班，而女性則比較會搭乘大眾運輸工具，或是走路。舉例來說，在法國，大眾運輸工具的乘客有百分之六十六都是女性，而在費城是百分之六十四、在芝加哥則是百分之六十二。

男性和女性的移動路線也有所不同，男性比較常是一天通勤兩趟，一趟開車出城、一趟開車進城；而負擔世界上百分之七十五無支薪照護工作的女性則是較常「在上班前先帶孩子去上學；下班回家的路上帶年長親戚去看醫生，並且去採買日用品」。——培雷茲如此寫道。有時候這會被稱作行程鏈結。這種差異，在整個歐洲都可以見到，家中如果有年幼孩童，這種差異會特別明顯。

由於出現新的觀點，那些先前被忽略的統計數據也列入了決策考量，這一點尤為重要。因為聰明的人做判斷，不只是根據解讀資料數據的方式，也取決於取得的數據是什麼。瑞典北部的統計資料，顯示因受傷入院的病患主要都是行人。在結冰或是地滑的情況下，行人受傷的頻率是駕駛人的三倍，這在健康照護方面造成額外的成本，並且降低了生產力。數字估計，斯堪尼省一個冬天為此就要付出三千六百萬克朗的成本（約一億六千七百萬台幣），**這大約是冬季道路維修費用的兩倍。**

由於不再受概念上的遮罩隱蔽，卡爾斯庫加決定要改變這項行之有年的政策，在清除積雪上以行人和地面大眾運輸工具為優先考量。這是因為「在將近八公分深的雪中駕駛，比推娃娃車（或者是推輪椅、騎腳踏車）容易」。這項措施不僅僅是對女性比較有利，整個社區也都因此受益——而在財政收支方面，也是更好的安排。培雷茲寫道：「在安排清理積雪的時間時，以行人為優先的這一點，經濟效益相當符合。」

最該注意的一點，是原本清除積雪的行程規劃，並非出自於對女性的惡意。之前的政策並非有意以駕駛人為先、娃娃車為後。不，問題在於觀點上的盲點。如同培雷茲所說：「結果是……觀點的缺失，男性——原本設置這份時間表的那些男性，很清楚自己的交通方式，於是他們根據自己的需求來設計。他們並非一開始就有意要將女性排除在外，他們只是沒想到她們。」

IV.

要強調具有叛逆觀點的團隊和所謂複製人團隊之間的差異，最清楚又生動的方式，大概就是利用科學的預測方法。這主題乍聽之下可能既神祕又晦澀，但是預測是種深植在我們日常生活的活動。任何時候，只要某個團隊決定要進行X而不進行Y，他們就已經做出潛在的預測，認為X會比較好。不論是在工作中還是在日常生活中，我們所做的每個決定的核心，幾乎都是預測。[6]

近年最高明的一份預測相關研究，大概要屬杜克大學的心理學家傑克．索爾（Jack Soll）主導的研究。他和同事分析了由專業經濟學家所做出的兩萬八千項預測，他們一開始的發現沒什麼值得驚訝的地方，有些經濟學家表現得比較好，而最頂尖的經濟學家，準確度比平均值高出了百分之五。

但接下來索爾加入了一個小小的轉折。他不再看個人提出的預測，他看的是頂尖的六位專家所做出的平均預測。細節是，這幾位專家進入同一個團隊，而他們做出的預測，或許可以稱為集體判斷的成果，接著，索爾檢視他們的集體預測，是否比其中最厲害的一位專家的結果更準確。

如果這是一項單純的任務，那麼答案一定是「並沒有」。在賽跑當中，任意六個跑者的平均速度一定會比最快的跑者的速度來得慢。這就是當史卡利亞法官提到多樣性和卓越程度之間要有個取捨時，腦中所想的概念。但是如果從單純的問題轉向複雜的問題時，這種分析就會失準。因此索爾比較六位經濟學家所做的集體判斷，與頂尖經濟學家的判斷之後，前者的確沒有比較不準確，反而是更加準確，而且準確度的差距不是一點點而已，而是整整多了百分之十五，這個差距相當顯著——事實上，差距大到讓研究者頗為驚訝。

這聽起來可能令人困惑，但是卻更加突顯目前為止認知到的事情。回想第一章日本人和美國人看著水底景象的實驗，你就會想起來他們在觀看時，傾向於去注意的是不同

6 作者注：預測活動也創造了多組豐富的資料數據，並相當貼合數學的分析。

的東西。為什麼呢？那是因為平均而言，美國人和日本人的參考框架不一樣。這也就是為什麼把不同觀點的人結合起來，就會打造出一個更全面的認知。

結果發現，這些經濟趨勢專家也有參考框架，這些框架有時候會被稱作模型。模型是理解世界的一種方法：某個觀點與視角，經常是用一些算式來表達，但是沒有任何經濟模型是完整的。每個模型都有盲點，而經濟是個很複雜的領域，不像木星軌道可以被準確預測。舉例來說，工業生產指數的高低，取決於上千個商人各自做出的決定。他們要經營上萬座工廠和公司，還會受到好幾百萬個變數所影響，沒有哪個模型有辦法囊括這種複雜性。沒有任何一位經濟學家是全知的。

但這也就暗示著，如果我們把不同的模型放在一起，就可以掌握更完整的局面。沒有哪個經濟學家掌握了全部的真相；但是一組具備多樣性的經濟學家會比較接近真相，而且常常是接近得多。在進行預測的這項任務中，這叫作集體智慧。多樣性科學在這方面已經有了許多例子。例如，研究員史考特．佩吉（Scott Page）叫他的學生們以英里為單位，估算倫敦地鐵的長度，並把他們猜測的數字寫在紙上時，他們集體做出來的預測結果是兩百四十九英里，而真實的長度是兩百五十英里。

只要資訊散落在不同人的大腦中，團體智慧就會浮現。像是猜測倫敦地鐵長度的學生：可能有人去過倫敦、另一個可能對紐約地鐵很熟。當人們在進行估算時（把菲利普．泰特洛克的話改寫一下的話，就會是這樣的）：他們是在把自己所擁有的資訊翻譯成一個數字，每個猜測都會在這個裝滿資訊的池子中，注入更多的資訊。

當然，每個人也都會把自己的錯誤、迷思以及盲點貢獻出來，這會創造一個幾乎跟資訊池一樣大的錯誤池。但是，理所當然地，資訊都是指向正確答案的。反過來，錯誤則是出處各異、指向不同的方向。有些人的估計值太高，也有人太低，如同泰特洛克所說的那樣：「有效的資訊會堆疊，而錯誤則會自動互相無效化，因此得出的淨產出就會是一份準確度令人驚豔的估計。」有一本在講團體決策的好書，其作者詹姆士．蘇洛維奇（James Surowiecki）則寫道：「或許，每個人的猜測都包含兩個成分：既有資訊也有錯誤，剔除錯誤的部分，那麼剩下來的就是（導向正確方向的）資訊了。」

當然，如果團體內的個體知道得並不多，那把他們的判斷結合起來，也無法獲得太多的成果。如果你要求一群外行人去預測接下來的十年，海平面將會如何上升，那麼你不會獲得太好的成果。**要成就集體智慧，你需要有智慧的個體，但你也需要多樣化的個體，不然他們就會有一樣的盲點。**

接著，請帶著這樣的認知，讓我們來進行一個思想實驗。假設你找到了世界上速度最快的跑者，讓我們把他取名叫作尤塞恩·博爾特好了。同時假設，你有能力可以複製這位跑者。如果你要組一個有六位跑者的接力賽隊伍，那麼六個尤塞恩·博爾特們所組成的隊伍只要傳接順利，就會壓倒性獲勝，因為你的跑者都會比另一隊裡面的任何一位跑者來得快。

這樣的結果，就如同本書開頭便提到的現象。當任務很單純的時候，多樣性會分散注意力，你只會想要僱用最聰明、手腳最快、學問最淵博等等的人。但是，當問題很複雜時，狀況就不只是有所不同而已，還會是另外一個極端。讓我們回到經濟預報上面，假設你可以找到世界上預測得最準的人，並且複製他，如果你要組一個六人預報小組，那麼把這六個複製人放在一起會是合理的嗎？表面上，這個隊伍似乎無懈可擊，每位成員都比對手隊伍中的任何一個預報師更加準確，這難道不是完美的團隊嗎？

我們現在可以理解，這個問題的答案呼之欲出：「不！」他們的思考方式都一樣、用著同樣的模型、也會犯同樣的錯誤。他們的參考架構是重疊的。的確如此，索爾的實驗指出，若將六個預報師編為一組，多樣性高的一組，雖然各個獨立來看都不是非常出色，但是放在一起的話，準確度就會提高百分之十五。

我們先停下來思考，這項結果的潛力可以怎樣改變世界。它揭示了即便使用準確的數學方法，認知多樣性仍有強大的力量。一組思考方式相同、世界級的預報師和一組想法各異的預報師，兩相比較之下，前者的聰明才智就顯得沒那麼突出了。

當然，我們大部分的人無論在工作還是在生活中，都不會坐在一張桌子前面進行經濟學家那種數字型的預報。但我們會試圖去解決一些問題、試著想出一些有創意的點子，決定策略、找出機會，凡此種種。這就是那些以團體為基礎的工作本質，而這種工作即將會主宰我們的世界，可以想見，多樣性在這類型工作中的效果會更有力。

讓我們來採用創意與創新的方法，請自問：假設你要組一個十人的團隊，目的是解決肥胖的問題。再假設這十個人中的每一個人都想出了十個有用的點子，那麼你們總共會有多少有用的點子？

現在把書闔上，找出屬於你的答案。

事實上，這是個陷阱題，你無法藉由每個成員的點子數量來推算出一個團隊會有多少點子。如果這些人是複製人，你總體而言只會有十個點子；但如果這十個人的多樣性很高，提出的點子都不同，你就會擁有一百個有用的點子，這可不是多出百分之五十或百分之百，而是幾乎多了十倍的點子，完全只能歸功於多樣性的巨大效益。

在一個試圖要解決某些問題的團隊中，我們也會看到同樣的模式，我們已經注意到了在預測型的任務中，採用每個獨立預報的平均值是個有效的方法，這麼做讓資訊可以累積。但是要解決問題的時候，平均值經常都會是個糟糕的想法。採用兩個提案的平均值經常會導致不連貫性。這就是「要委員會設計出一匹馬的話，你會得到一隻駱駝」的由來，在大部分的問題中，團隊得要拒絕某些「解決方法」並偏好另外某些解決方法。

這又再次顯露多樣性的重要。在同質性高的團隊中，大家常常會卡在同一個地方；但是反過來，多樣性高的團隊，則會提出嶄新的見解，避免卡在原地。叛逆思考會有效地替集體想像力添把柴火，一如心理學家查蘭．內梅（Charlan Nemeth）所說：「少數人的觀點很重要，不是因為他們常常獲得勝利，而是因為他們激發了發散性的關注和想法，因此，就算他們為了解決問題而找出的新方向不正確，他們還是有所貢獻，整體而言，這些新的方法也具有一定的素質。」

但是多樣性的力量，比在這些例子當中提到的還要更加幽微。同質性高的問題，並不在於那些複製人團隊沒有弄懂資料數據、也不在於他們給了錯誤的解答，或是沒有充分利用機會。不，問題在於他們不曾問過的那些問題、不曾找過的資料數據、以及沒見識到實際存在的機會。

一個領域愈複雜，任何個體——或是觀點——就愈無望好好掌握全局。在進行預測的團隊中，同質性高的大腦會犯同樣的錯誤；在解決問題的團隊中，他們會錯過同樣的機會。

當史卡利亞法官指出在表現和多樣性之間有取捨關係時，他犯了一個很多人都極有可能在概念上犯的錯誤。也是因為這個錯誤，大部分的人在聽到六位預報師的平均值比頂尖預報師的預測還準確時，會顯露驚訝之情；並且這個錯誤也讓大家誤以為，一群有智慧的人，一定會組成一支智慧過人的團隊。事實上，史卡利亞是從個人主義的觀點來看待這個問題，而不是從整體性的觀點來看。他忘了將一個重點納入考慮，就是集體智慧並非僅僅來自於每個人所擁有的知識和智慧，更會從他們之間的差異中浮現出來。讓我們將這個錯誤稱為「複製人謬誤」。

可悲的是，這種謬誤隨處可見。確實，我在替這本書做研究的時候，讓我最震驚的一段對話，是我跟一位知名經濟預報師的談話。我問他比較喜歡跟哪種人一起工作：跟自己思考方式一樣的人，還是跟那些思考方法不一樣的人？他回答：「如果我真心相信我的模型是當下最好的那一個，那麼我就應該要跟思維模式一樣的人共事。」這個邏輯聽起來很有說服力，卻也同時錯得離譜。

V.

大部分的組織都有一套自認為是選賢與能的僱用政策，這種政策的概念是要以技能和潛力作為招募基礎，而不是一些像是人脈、種族和性別等隨機且無關的因素。這種做法除了在道德面上備受稱許之外，也是出於自身利益的考量。各種機構都會去僱用各種才能的人；但是這麼做的同時，也潛藏著危險。我們在這裡作個假設，假設有些大學在軟體開發上特別出名，這些大學可能會吸引軟體領域最聰明的學生。這些學生會帶著最令人眼睛一亮的資歷和能力畢業，現在，假設你正在經營一家頂尖的軟體公司，你會不會想要僱用這些學生？你難道不會想讓你的團隊裡，清一色是最聰明、最優秀的人嗎？

但是受到啟發的我們會回答：「不」。這些畢業生跟著同一群教授學習，吸收了同樣的見解、想法、探索的經驗和模型，可能連世界觀也一樣。這有時候被稱為「知識集群」。一個組織若是採取用人唯才的方式來錄取畢業生，可能會發現自己愈來愈往複製人團隊的方向傾斜。這麼說並不是要排除選賢與能的概念，只是要指出在打造集體智慧時，既需要能力，也需要多樣性。

的確，採用單一一個將個體進行排名的測驗，是打造不出聰明的團隊的。史考特．佩吉指出：「假設你要打造一支具有創新思想的團隊。首先，任何以個體為對象的測試都只能測量出單一個體的想法；其次，若是某個人參加了測驗，無論他在哪個部分取得了最高分，若是用他來做一個複製人，這個複製人能夠帶給團隊的貢獻，絕對不如其他擁有不同想法的受測者，因此，所有測驗都站不住腳。」

現在，讓我們回到認知多樣性（想法、見解、觀點的不同）和族群多樣性（種族、性別、階級等不同）的區分上。我們在第一章中說過，族群多樣性經常會跟認知多樣性有所重疊，這點很符合直覺，因為我們的自我認同會影響到我們的經驗、觀點等等。舉例來說，廣告公司就是依賴族群多樣性來製作宣傳活動，並吸引目標客群。

這一點有助於解釋查德．史巴伯（Chad Sparber）教授的研究（以及其他很多的研究）。研究發現，在法律服務、健康照護以及財金方面，種族多樣性只要增加一個標準差，就會提升百分之二十五的生產力。在任何領域裡，只要有理解不同族群的必要，族群多樣性就有可能是最後的關鍵。

但是在其他脈絡下，族群多樣性跟認知多樣性就不具有那麼大的重疊、甚至可能無交集。史巴伯發現，在生產飛機零件與機械等類型的公司中，種族多樣性的增加，並不會增強效率。這是因為，身為黑人——打個比方——的個人經驗，在引擎零件的設計方面，能帶來的新見解很少，甚至完全沒有。

我們可以用另一個方式來說明這一點，以進行經濟預報的兩名經濟學家為例，一位是白人中年男同志；另一位則是年輕異性戀非裔女性，這兩名經濟學家在族群上並不相同——而且可能還符合所有傳統上的多樣性條件。但假設他們念的是同一所大學，曾跟著同一位教授學習，並且帶著類似的模型離開，在應對問題的時候，他們可能就會很像是複製人。

現在，有兩位戴眼鏡的中年白人經濟學家，家裡有一樣多的小孩，也喜歡同樣的電視節目。乍看之下，他們的同質性似乎很高，並且從族群的觀點來看，也的確如此。但是假設其中一位是貨幣主義者、另一位是凱因斯主義者，這是兩種理解經濟，非常不一樣的模型與方法，他們兩人所做的的集體預測，終究會比任何一方使用單獨的模型得出更好的結果。兩位經濟學家可能在外在條件上相像，但是在思考問題的層面上卻有所不同。

這一點值得謹記在心，因為僱用某個膚色或是性別不同的人，並不保證會增加認知的多樣性。建立集體智慧的過程，不能夠被簡化為在待辦清單上打勾勾的活動。同時還要考慮到，起初很不一樣的人，可能會漸漸向著團體中某個強勢的假說靠攏，這可能會導致一個狀況，就是領導團隊看似多樣性很高，但在認知方面就是缺乏多樣性。他們都在組織裡待得太久，以至於他們的看法、見解以及思考模式彷彿是同一張尋人告示。

成功的團隊是多樣化的，但不是**任意的**多樣化。設計大型強子對撞機的科學家，如果僱用一個滑板高手之類的人員，不可能從中受益。就算這個滑板高手的膚色與性別提供了族群多樣性，卻沒有幫助。或是想想看足總諮詢

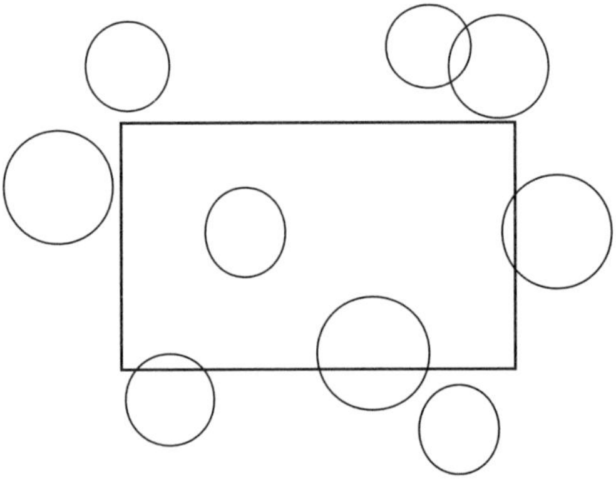

圖四 一個多樣化但是不具有集體智慧的團隊（沒有目標的叛逆）

委員會中的成員：布瑞爾斯佛特、坎博、賈爾斯、蘭開斯特、巴代爾，如果他們沒有受邀作為英國足球發展的顧問，而是要在DNA測序方面提供建議，那麼這支團隊將會有相當多樣化的資訊，但幾乎連問題宇宙的外緣都碰不到。

多樣性要對集體智慧做出貢獻，只有在這些多樣性是跟問題有所相關的時候，因此關鍵是要找出那些**觀點既切題又能增加效率的人。**

對於經濟預報師來說，集體智慧是來自於那些使用了不同模型、並做出準確預測的人；對於情報機構而言，一群具備豐富多元經驗的出色分析師，更能夠理解情報單位所面對的威脅具有怎麼樣的多重性。對於制定政策的人來說，集體智慧則來自於每位優秀的政治人物，而他們應該具有（除了許多其他必要的特質之外，還需要有）不同的背景，並且這些背景要散布在他們所服務的那群選民所屬的族群光譜上。對於在其他不同脈絡下的工作團隊——是的，隨著內容的推展，我們還會看到更進一步的例子。

最重要的一點，大概就是多樣化普遍的重要性。多樣性不只是某種可有可無、選擇性加入的選項，不是蛋糕上的糖霜；多樣性是集體智慧的基本材料。你也可以從一個更宏觀的角度來看待多樣性的力量。多樣性解釋了價格系統為何可以有效運作，以及為什麼那些提供公開資源的創新平台、還有維基百科變得隨處可見。這些都有著同樣的一個潛在特徵：他們把裝在不同大腦裡的分散資訊聚合了起來。7

多樣性甚至還被挪用到了人工智慧的核心部分。幾十年前，機器學習是立基在單一演算法上；今日，則是集合了多樣化的演算法。史考特·佩吉在製作處理問題的電腦模型時，也遇到了同樣的規律性。「我碰巧發現了一件跟直覺相反的事實，」他說：「那些具有多樣化解題模型的組合——比那些有著最聰明、最厲害模型的組合表現得更好，而且是持續性的。」

VI.

要解決在政治以及其他領域中缺乏多樣性的問題，其中一個方案被吹噓得天花亂墜，就是採用焦點小組。據稱，這個受人盛讚的方法既可以提供多樣性的好處、又不會稀釋政治菁英內部權力結構的社交同質性。焦點小組的基本概念是，把具有代表性的各界人士放在同一個房間裡、問他們問題，找出他們喜歡什麼、不喜歡什麼，把任何反對意見以及實質問題記下來，然後再以此為依據，使政策更臻完善。廣告主有時候會用「市場調查」來呈現這個概念，他們會把想法拿到多樣化的受眾間做測試，並獲得一些

7 作者注：這一點是經濟學家佛烈德利赫．海耶克（Friedrich Hayek）說的，他說明了許多人各自根據自己的資訊和偏好行動並做出判斷之後，價格於是浮現。在將四散的資訊整合起來這方面，市場價格經常會有令人驚豔的成效。

看法與意見，測出哪些東西行得通、什麼東西行不通。

但我們要知道，雖然這種方法本身相當合理，卻漏掉了更深入的重點，為什麼呢？因為多樣性不只是關乎焦點小組或是市場調查的答案；也關乎一開始對調查對象提出的問題、哪些數據被用來當作參考的基礎、要將任何議題化為問題時所做的假設。

這一點不只是在政治中為真，在科學領域裡亦然，而科學應該要是最客觀的學門才對。有一份體育科學期刊的調查顯示，有百分之二十七的研究只針對男性，而只針對女性所進行的研究則只有百分之四。大部分的體育科學家都是男性，這點並不意外。這只是一個小小的例子，它顯示出即便是經過審慎地考量，偏差是如何根深蒂固地存在於思考的過程，而偏差還是在科學家真正開始回答問題之前出現；這個例子中，研究者開始深入探討一個問題之前，資料和數據就已經出現偏差了，這顯示了即便族群多樣性和認知多樣性是不同的兩個概念，但經常會有所重疊。

我們還可以透過其他方法來理解這個要素，像是靈長類的研究。在珍．古德活躍之前，這個領域是由男性主導。他們採用了達爾文的演化觀點，聚焦在雄性靈長類爭奪雌性靈長類的活動上。在這個框架下，雌性靈長類是被動的，而雄性的首領則能夠坐擁所有的母靈長類，不然就是雌性靈長類僅僅是選擇了最強而有力的雄性。但這個參考框架裡有個盲點。一直得等到有足夠的女性進入了靈長類研究中，才發現雌性靈長類其實沒那麼被動，而且可能會跟多頭雄性靈長類發生性關係，這類看法創造出了更豐富、更能解釋靈長類行為的理論。

為什麼女性科學家看到男性遺漏的部分呢？人類學家莎拉・布萊弗・赫爾迪（Sarah Blaffer Hrdy）在她那本迷人的著作《從未進化的女人》中寫道：「比如說，當一隻母的狐猴或是母的倭黑猩猩主宰了雄性的時候；又或者是母的長尾葉猴離開牠的群體，去尋求陌生的雄性時，女性的田野調查員比較有可能會去追蹤、去觀察並感到好奇，而不是就此略過，僅僅認為這些行為是場美好的意外。」

我們在第一章中提到，日本人跟美國人比起來，較傾向聚焦於環境的脈絡，而非個人身上。值得注意的是，靈長學界也因為這個作用而有所收益，就如同道格拉斯・梅登（Douglas Medin）、卡蘿・D・李（Carol D. Lee）和梅根・班格（Megan Bang）等學者們在《科學人》當期的專題文章中所指出的：

> 一九三〇、四〇年代的美國靈長學界……經常會把注意力集中在雄性的主導權以及相應的求偶之上。幾乎不會有人去追蹤任何個體或族群。相反地，

日本研究員將更多的注意力放在地位和社會關係上，這些價值在日本社會中的重要性相對較高。不同的價值導向帶來了截然不同的見解。日本靈長類學家發現，雄性排名只是決定社會關係和群體組成的一個因素，他們發現雌性也有個排名，而且族群的核心家系傳承是由雌性親族所組成，而非雄性。

我們回顧一下約翰．克里斯的警告：「每個人都有著幾套理論。危險的是那些對自己的理論毫無知覺的人，也就是說，他們對自己賴以行事的理論很大一部分都是無意識的。」我們現在可以看到，這一點除了適用科學以外的地方，也適用於科學本身。科學哲學家中首屈一指的卡爾．波普爾（**Karl Popper**）有一部細緻又美妙的著作《猜想與反駁》（*Conjectures and Refutations*），其中述及的許多論點裡，也包含了這一點，他的文字是我最喜歡的行文風格之一，不只是對於科學家，對我們全部的人來說，都有如當頭棒喝：

二十五年前，我試圖教導維也納的一群物理系學生一個重點，於是在課堂的一開始，我請他們跟著指示做：「拿出鉛筆和紙張；仔細觀察，然後把你觀察到的東西寫下來。」他們當然問了，我要他們觀察些什麼。顯然光只有「觀察！」這樣的指示很荒謬……觀察永遠都是選擇性的，需要選定一個對象、一個確定的任務、一種偏好、一個觀點、一個問題……對於科學家來說「觀點」是來自於他的研究興趣、研究的特定問題、他的猜測、預期**以及他所採納作為背景的理論：他的參考架構，他「期望的視野」**。（容我自行用黑體強調）

VII.

請看看下兩頁的填字遊戲，總共有三十五條線索，十八個橫向、十七個縱向，有些線索是常識、有些是謎語、有些是變位字。如果你想要挑戰看看，書的後面有答案，這份填字遊戲發表在一九四二年一月十三日的《每日電訊報》，當時，讀者抱怨報上每天的填字遊戲變得太簡單了。的確，有些人宣稱他們只消幾分鐘就能做完，有些地區對這件事抱有懷疑，這使得紳士俱樂部的主席，一位叫作W. A. J.加爾文（W. A. J. Garvin）的人，提供了一百英鎊的懸賞金，如果有人在十二分鐘內完成填字遊戲，就捐一百英鎊給慈善機構。

《每日電訊報》的編輯亞瑟．華森（Arthur Watson）對此做出了回應，他舉辦了一場比賽，凡是自認有辦法完成加爾文挑戰的人都可以參加。一月十二日當天，超過三十個人來到了位於弗利特街的新聞室，他們將在受制條件下，解出這道填字遊戲，而同一份填字遊戲會出現在隔天的報紙上。

那天下午，有位叫作史丹利．賽吉微克（Stanley Sedgewick）的參賽者，他是一家會計事務所的職員。在每天搭火車上班的途中，他幾乎成了填字遊戲大師。「我變得很會解《每日電訊報》上面的填字遊戲，」他在後來說道：「我去參加比賽，想了解一下另外三十個可能也解得很快的人是誰。我們各自坐在一張桌子前面，面前是一個平台，上面有監賽人員，其組成包含編輯、加爾文先生，還有計時人員。」

在這場活動中，有四位參賽者順利在時間內解完，賽吉微克在鈴響時還差了一個字，但是他讓觀賽者對他的獨創性和橫向思考能力印象相當深刻，之後《每日電訊報》好好地招待了參賽者：「他們在主席的用餐室招待我們喝茶，我們分享彼此的回憶，聊著有哪些好方法，可以好好享受星期六的午後時光。」賽吉微克如此說道。

幾週之後，他收到了一封信，信封上標示著「機密文件」，那個時代正上演一齣千瘡百孔的歷史劇。在這件事的前一年，希特勒展開巴巴羅薩行動入侵蘇聯；英國則是處在一個相當危險的狀態。賽吉微克收到這封公文時，好奇心立刻被引發，信裡會寫些什麼呢？

「你想想看我有多驚訝，」他說道：「我收到了一封信……因為我參加了《每日電

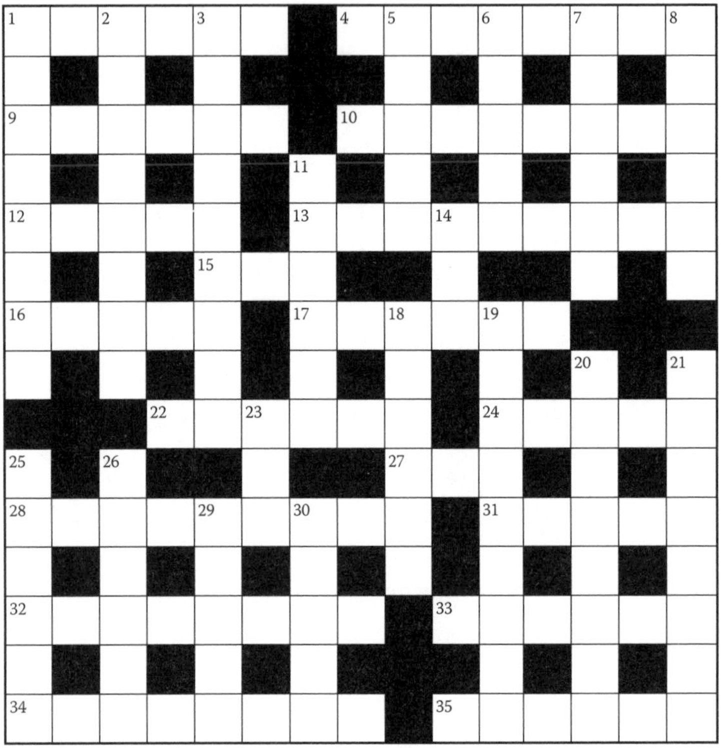

填字遊戲 5,062
《每日電訊報》1942 年 1 月 13 日
@Telegraph Media Group Limited 2020

橫向	縱向
1. 表演藝術團體（6）	1. 一種正式的指示，叫你不要忘記服務人員（8）
4. 圓顱黨偏好的那種直接路徑（5,3）	2. 據說可以治療燒傷（5,3）
9. 常綠灌木的一種（6）	3. 某種假名（9）
10. 有香味的（8）	5. 令人生厭的一夥人（5）
12. 有著適切結局的路程（5）	6. 債務人可能會需要這筆錢做這件事，除非，債權人對債務做了這件事（5）
13. 能從木材商人手上拿到的可能就這麼多（5,4）	7. 應該要對任何人來說都很合適的船（6）
15. 我們一無所有並且負債（3）	8. 裝備（6）
16. 假裝（5）	11. 看得到結尾的事項（6）
17. 這個小鎮準備好要面對洪水了嗎？（6）	14. 要辦一所婦女學校，正好可以找的那種女性（3）
22. 有個小傢伙喝了些啤酒，這讓我失了血色，我會說？（6）	18. 「戰爭」（The War）（變位字）（6）
24. 一個著名法國家庭的風尚（5）	19. 當你用鐵鎚的時候，要小心不要打到這個（5,4）
27. 樹（3）	20. 發出鈴鐺的聲音（8）
28. 理所當然會用這個工具挖除蘋果核（6,3）	21. 十四個夜晚的一半長度（8）
31. 曾經被用作非官方的貨幣（5）	23. 鳥、盤子或硬幣（3）
32. 有教養的人，會幫助這些人爬上欄杆的踏階（4,4）	25. 一個跟魚無關的星座（6）
33. 一種急促的運動（6）	26. 牙齒的防腐劑（6）
34. 製作引擎這部分零件的廠房，還是寂靜的嗎？（8）	29. 知名雕塑家（5）
35. 照明的運作（6）	30. 火車引擎的零件，有在打高爾夫球的人聽起來會覺得很耳熟（5）

訊報》的填字遊戲計時挑戰賽，所以獲邀跟參謀長尼寇斯（Nicholls）上校約時間會晤，他『因為某件關乎國家的重大事項，很想見見我。』」

距離倫敦西北方八十公里處的白金漢郡郊區有一空宅邸，名叫布萊切利園。這裡曾經聚集了一群人，有男有女，他們當時執行的是最機密的任務。他們的標的是恩尼格瑪密碼機（the Enigma machine），那是納粹德國的一款加密裝置，用於聯絡各地的武力。這些裝置很小，跟裝在木箱裡的打字機長得一樣，但是這個加密科技是由一組電力轉子機械所構成，這種機械會把二十六個字母打散。操作員會在鍵盤上輸入內容，另一個人則會在前者按下每個鍵時，看著二十六個燈之中哪一個亮起，並將其記錄下來。

布萊切利園中的團隊是英國祕密情報單位招募來的，這麼做的目的有很多，其中之一就是要試圖破解恩尼格瑪機。這個地點是一處別墅，根據麥可．史密斯（Michael Smith）在他精采絕倫的著作《X站的祕密》中所述，這棟建築「混合了很醜的假都鐸式和哥德式風格。是紅磚砌成的建築，在一側有個相當搶眼的銅質圓頂，因為暴露在各種物質之中，已經鏽成了綠色。」而許多的工作都是在這棟別墅旁臨時建造的木屋中完成的。

儘管這些木屋相當簡陋，此處接下來將會成為第二次世界大戰期間一些重要（也最迷人的）活動的基地。布萊切利園的團隊破解了恩尼格瑪，並如寶庫般提供了大量的情報，這些資訊最終會在整體戰爭中扮演極為重要的角色。有人表示此團隊的聰明才智，讓戰爭縮短了三年之多；其他有些人則表示它完全翻轉了結果，溫斯頓．邱吉爾是這樣描述布萊切利園的：「下了金蛋的母鵝。」

如果你要招募一支解碼團隊，我猜你會想要僱用世界頂級的數學家團隊，這正是那位小個兒的蘇格蘭人阿拉斯泰爾．丹尼斯頓（Alistair Denniston）被派來領導布萊切利園時，所採取的做法。一九三九年，他僱用了艾倫．圖靈，當時這個二十七歲的小夥子，還在劍橋國王學院任教，圖靈被視為是二十世紀最偉大的數學家之一，他還招募了彼得．特溫（Peter Twinn），二十三歲，來自牛津大學布雷奇諾斯學院。接著有愈來愈多的數學家和邏輯學家加入這支團隊。

但是丹尼斯頓——他的同事都叫他 A. G. D.——有一個很重要的看法，他發現要解決一個複雜、多面向的問題，就必須要有認知多樣性。他需要一支叛逆思考的團隊，而不是一支充滿複製人的團隊。一支由一群艾倫．圖靈所組成的團隊，即便真的存在，也是無法完成任務的。這也就是為什麼他把網張得更大，比許多人認知中的合理範圍或是理想程度都還要更大。丹尼斯頓發現，他需要在問題宇宙裡面擁有高度的覆蓋率。

如同史密斯在《X 站的祕密》中所提到的，丹尼斯頓招募的人員包括一位研究德文和文藝復興的學者李奧納多．弗斯特（Leonard Foster）、語言文獻學教授諾曼．布魯克．喬普森（Norman Brooke Jopson）、歷史學家休伊．拉斯特（Hugh Last），以及法律哲學家 A. H. 坎伯（A. H. Campbell）。他也找過 J. R. R. 托爾金，雖然托爾金在政府通信總部暨密碼學校上過一門教學性的課程，他最終還是決定要留在牛津。密碼學的損失成了文學界的收穫：戰爭期間那幾年，托爾金將會寫出那部鉅作：《魔戒》。

布萊切利園的團隊擁有很高的多樣性，並且分布在多個不同的面向。他們各自的知識背景不同，族群背景也不同。在那個年代，同性戀是違法的，而圖靈是個同志。大部分的職員都是女性，雖然她們經常負責行政角色（布萊切利園在各個方面都未倖免於廣泛存在於社會中的性別歧視）。那裡有好幾位猶太人擔任高階密碼分析師，還有信仰各異、分屬不同社會階層的人。

為什麼多樣性在解碼時很重要呢？解碼不就是邏輯思考與大量的運算嗎？事實上，就像所有複雜的任務一樣，這項挑戰得仰賴一層又一層的洞察力。就舉那個之後大家稱為「Cillies」的高難度謎題來說，這是一套由三個字母所組成的序列，德軍會將這套序列發送給探員，好讓他們知道那些設定在機器上的訊息；而德軍常常會使用女友的名字來決定這組字母，或者也可能是髒話的前三個字母。這套字母之所以被稱作「Cillies」是因為第一組被找出來的字母是 CIL，那是德國女生名字 Cillie 的縮寫，這些「資訊」都會幫助團隊在進行解密碼任務時能更加聚焦。

解碼並不只是與理解數字有關，也跟理解人心有關。「我一直都在思考人們在戰時的心理狀態：你身處戰火，要替你的將軍加密一段訊息，你得要在這個小小的視窗中放下三個或四個字母。在炮火猛烈的戰場上，你會輸入的是女朋友的名字，不然就是簡短的德文髒話，」一位年輕的女性解碼員說道：「說到德文的髒話，我可是世界級的專家。」

會想要招募那些對填字遊戲充滿熱忱的人，也是出自於試圖橫跨問題宇宙中的各種見解的這趟旅程。布萊切利園的招募人員一直密切觀察《每日電訊報》的填字遊戲比賽。乍聽之下或許很奇怪，在戰時，填字遊戲比賽看起來幾乎是件不值一提的瑣碎事。但當他們從全面性的觀點來看時，在想像力上做到了關鍵性的躍進，想到了填字遊戲跟密碼學有著關鍵性的共通點。

「不管是簡單的密碼，還是跟布萊切利園中的解碼員試圖破解的恩尼格瑪密碼一樣複雜，祕訣都是要找出字母和單詞之間的連結，」史密斯說道：「填字遊戲也是這類橫向思維的練習。」

馬維斯．巴蒂（Mavis Batey）曾協助解開義大利的恩尼格瑪，這項成果成為英國在馬塔潘角海戰中取得勝利的關鍵，二〇一三年去世的她曾接受一次採訪，展現了她橫向思考的能力。「我的女兒在博德利圖書館工作，」她說道：「有一天，她提到了她最近在忙『J』的那層，『J啊，』我說道，『往下十層。』然後她用奇怪的眼神看著我，問我怎麼能夠馬上就知曉這件事。」

這其中也有人性的元素，這一點是由科學作家湯姆．崔弗（Tom Chivers）所提出的：

填字遊戲就是要試著進入對手的腦袋；同樣地，解開密碼就是要進入敵人的腦袋裡，解碼員發現這些人是各自用各自的風格對訊息進行加密。就像是解開填字遊戲的人，最後會對出謎題的人有所了解一樣，馬維斯．巴蒂成功找出了恩尼格瑪機有兩名操作員的女友都叫作羅莎（Rosa）。

那封送到史丹利．賽吉微克門前的信並不是隨意的押寶，也不是為了多樣性而多樣性。不，這種多樣性，是經過精準安排的，目的是要讓集體的智慧達到最大值。「要把這麼多不同的大腦帶到一起，來解決一個極其困難的問題，這需要很大的想像力。」史密斯如此告訴我。他在成為記者和作家之前，曾經是名情報官。

換句話說，要解開恩尼格瑪密碼，得要先解開一個更前面的密碼。若只是僱用一群聰明的人，他們屬於類似的類型、有著類似的背景，該有多容易啊！單單僱用一群非常善於分析恩尼格瑪機傳來的數據的數學家，這麼做多簡單啊！但是他們可能不會想到要稍微暫停一下，去想想那些身為人類的操作員是怎樣想的。布萊切利園的團隊往後退一步、從各個角度來思考盲點、並且具備天才般的創意，由那些充滿有用思考的問題宇宙中，搜尋各式各樣的見解，他們最後展現出了難得一見、相當了不起的集體智慧。

哲學家和評論家喬治．史坦納（George Steiner）把布萊切利園描述成「一九三九年至四五年間，英國最偉大的成就，或許也稱得上是整個二十世紀最偉大的成就。」比爾．邦迪（Bill Bundy）是在布萊切利園工作過的美籍解碼員，並在之後成為美國政府的助理國務卿，他說，他在此之前從未跟這類型的團隊一起工作，成員「全面性地投入和付出，大家所擁有的技巧、見解和想像所分布的幅員是如此廣闊」。

賽吉微克收到信後，決定接受這份邀請，並且拜訪了參謀部的尼寇斯上校，他剛好也是英國情報部門M18的總長。「我約好了時間，去到了位於皮卡迪利圓環的柏克立廳，那裡是M18的總部，然後發現自己身邊還有許多因為同樣狀況收到聯繫的人，」他說道：「就這樣，我開始了隸屬位於貝爾福德郡的間諜學校的生活。」

賽吉微克一抵達布萊切利園，就被分派到十號木屋工作，這邊的火力集中在攔截天氣密碼。這些密碼對於英國皇家空軍轟炸機司令部極其重要，能幫助他們在行動時做出更全面的決策，另外還有一個附加目的：這些密碼被用作德國海軍所使用的恩尼格瑪機的母碼。[89]

結果證明，破解這個密碼至關重要，並成為大西洋海戰的關鍵，讓美國的護衛艦隊得以避開德方守株待兔的U型潛艇，並且在美國和歐洲之間建立了如臍帶般可靠的航線，因此讓英國得以採購與補給，這對於持續戰鬥尤為重要。據悉，光是在一九四二年十二月和一九四三年年一月間，免受攻擊而成功運送的貨物總計就高達七十五萬噸。

史密斯告訴我：「我在賽吉微克過世幾年前跟他談過，當時最讓我震驚的事情是他的謙卑以及責任感，他在開戰以前的工作相當平凡且普通，被招募進布萊切利園形同一項迷人的挑戰。而我的印象是，他那段日子過得很精采，與一支了不起的團隊進行了一些最重要的任務。」

一個說話輕聲細語的小職員，就是這樣在每日的通勤中學會了怎麼解開填字遊戲，並且在擊敗納粹德國中貢獻了一己之力。史丹利．賽吉微克曾是有史以來最棒的叛逆者團隊中的一員。

8 譯者注：原文 cribs 意為嬰兒搖籃，布萊切利園團隊用這個詞來指在一段加密訊息中，任何已知明文（加密前之訊息內容）、或是疑似的明文內容，作為破譯密碼的基礎。

9 作者注：海軍的恩尼格瑪機的安全性在一九四二年初經過強化，以至於特別難以破解。

REBEL
IDEAS

| 第三章 |

有建設性的異議

I.

一九九六年五月十日午夜剛過不久，羅伯特·哈爾（Rob Hall）帶著小隊進入了死亡地帶，從南坡出發，一整片無情的冰結得跟石頭一樣硬，大風掃過一塊塊的巨石，也就是昨晚紮營的地方。在陣陣的強風之中，這裡離世界最高峰聖母峰的垂直距離是九百多公尺。如果一切都按照計畫進行的話，他們會在十二小時後登頂，上面有佛教的五色旗，以及各式各樣的紀念物。

留著鬍子的哈爾當時三十五歲，是這支探險隊的隊長。除了他以外，還有另外兩名領隊——安迪·哈里斯（Andy Harris）與麥可·格魯姆（Mike Groom），以及幾個夏爾巴人和八位接受領隊帶領的登山客戶。這些登山客戶也都是經驗老到的登山者，但並未取得世界級的技術資格，讓他們得以在沒有領隊的狀況下獨立攀登聖母峰。一行人中，尚有一位名叫強·克拉庫爾（Jon Krakauer）的作家，同時也是冒險家，正在替《戶外》

雜誌撰寫文章；此外，一位來自德州的病理學家貝克．威瑟斯（Beck Weathers），參與登山運動十年；以及難波康子（Yasuko Namba），一位四十七歲的東京商人，她已經攀登過世界七大洲最高峰中的六座。成功登頂聖母峰的話，會讓她成為史上征服七大高峰的人當中，年紀最大的女性。

哈爾對於隊伍和自己所做的準備信心滿滿，在這之前，他已經四度成功登頂聖母峰，他技術卓越，活動靈敏，也有足夠的力量。一九九〇年，他在嘗試攀登聖母峰的途中結識了他的妻子，珍。他的妻子當時是基地營下方診所的醫生，兩人墜入愛河。他事後回憶道：「一從聖母峰下來，我就立刻跟珍約會。」他們的第一次約會是去攀登阿拉斯加的麥肯尼峰，兩年之後，他們結婚了。到了一九九三年，他們一起登上了聖母峰，是第三對成功登頂的已婚夫婦。

一般來說，在哈爾攀登聖母峰的期間，珍都會在基地營外工作，但這次她婉拒了。她已懷有七個月的身孕，而這讓哈爾對於這次的攀登之旅，更是充滿盼望之情，等他回到位於紐西蘭的家中時，他將體驗到初為人父的興奮和激動。他說：「我已經等不及了。」

但是經驗豐富的哈爾知道，每向上踏出一步，整支隊伍就會陷入更高的險境。南坡的高度超過海拔八千公尺，空氣極度稀薄，登山者會蜷曲著身體，抵抗著對流層惡劣的條件，將面罩緊緊綁在臉上，使用起罐裝氧氣。「停留在這種海拔高度的每一分鐘，你的身體和精神都在一點一滴枯竭，」哈爾如此告訴整支登山團隊。克拉庫爾事後寫道：「當時腦細胞不斷地在死去，我們的血液開始有凝血的危險，像是泥漿一般濃稠。視網膜上的微血管會自然而然地出血。即便是在休息的時候，我們的心臟都還是以一種發瘋似的速度在狂跳。」

這支團隊抬頭看到了山峰的三角壁。[1] 聖母峰在當地被稱為珠穆朗瑪峰，意思是「世界之聖母」。此時此刻，他們也知道最後的攻頂要面對相當艱鉅的技術性挑戰。首先，得要耐心地爬到俗稱「陽台」[2]的地點，得用頭燈照出路徑，以繩索橫切攀登過陡坡。這段過程隨時都有可能因為落石而喪命，這樣的恐懼無法消散；接下來，攀登到南峰的那段陡峭並且連綿不斷的路程，日出將洛子峰的南面浸淫在鬼魅一般的晨曦中。

接著，位在頂峰下方的是希拉蕊台階，此處是以第一位登頂的人，艾德蒙．希拉蕊（Edmund Hillary）爵士來命名。希拉蕊爵士是跟一位夏爾巴人丹增（Tenzing）一起登頂，這個台階就是所有登山活動中，最有名的一塊垂直壁面。「脊線上看起來最令人心生畏懼的一個難關是：一座高約十二公尺左右的石階。」希拉蕊爵士寫道：「那塊石頭本身很平滑，幾乎抓不住。對一群身在英格蘭湖區的登山專家來說，這座石階可能是一道有趣的題目，可以在週日午後試著攀攀看；但在這裡，它是一個遠超過我們的微弱力量，難以征服的一道障礙。」

雖然圈內人表示，聖母峰並非是世界高峰中最美麗的。跟許多山脈高聳的輪廓比起來，她既笨重又單調。但在美學方面所缺少的吸引力，她用神祕感來補足了。「我盯著那座山峰，看了大概三十分鐘吧。我試圖去領會，站在那個大風肆虐的頂端時會是什麼樣的感覺。」這是克拉庫爾在從盧克拉機場跋涉到基地營的時候，看著那塊山巖時所寫的。「雖然我登上過數百座的山頭，但是聖母峰跟我之前爬過的所有山完全不同，而我的想像力不足以讓我意會到在那上面會有什麼感覺。看起來冷酷的山頂，是不可思議地遙遠。」

然而神祕之外，聖母峰仍具有致命危險。自從一九二一年開始，一支英國探險隊首度企圖攀登這座山算起，總共有一百三十位登山者死亡，每四位成功登頂者背後，就有

1　譯者注：一塊平整的岩壁，也是登頂前的一條路徑。
2　譯者注：三角壁上方一段路，海拔高度約八千三百八十二公尺。

一名登山者喪生。最著名的死亡案例大概非初期發生的幾起山難莫屬：一九二四年，英國人喬治．里．馬洛里（George Leigh Mallory）死於登山途中。他在當年六月八日帶著初階且簡易的裝備，以及令人驚歎的勇氣，竟膽敢跟同伴安德魯．「山迪」．歐文（Andrew 'Sandy' Irvine）一起進行登頂。3

那一天，薄霧籠罩著山頂，阻擋了支援隊伍的視線，無法觀測到他們進展到哪了。但是中午十二點五十分的時候，雲層稍微散開了一下，他的隊友諾爾．奧德爾（Noel Odell）看到了他們在東北方的山脊上，那已經落後五個小時了，但馬洛里依然「謹慎而快速地」向山頂走去。在這之後，再也沒有人看到過馬洛里或歐文了。一直到一九九九年，才有人在北壁海拔約七千九百五十二公尺處發現馬洛里的屍體。歷史學家們得出的共識是，兩人都未成功攻頂。

對哈爾隊伍裡的成員們來說，危險就在他們眼前。他們都親眼目睹過散落在山邊的屍首，也被嚴正地警告過，務必要攜帶備用的氧氣。在抵達海拔約五千三百六十四公尺的基地營之後，他們做過三次的試爬，為的是讓身體適應高山的情況，第一次上到了昆布冰瀑——充滿了冰隙、浮冰還有雪崩的威脅——這讓他們來到了大約五千九百四十三公尺高的地方；第二和第三次先後帶他們到達六千四百公尺，以及七千一百六十三公尺的高度，在高海拔地帶所待的每一個小時，都在強迫他們的身心更加適應當地稀薄的空氣。在頂峰，空氣中的含氧量只有海平面的三分之一。

但是此刻，他們已經進入海拔七千九百二十四公尺以上，亦即所謂的死亡地帶裡了，他們身處登山運動中最禁忌的區域。哈爾已經決定好，大家必須要在下午一點開始回頭，最晚兩點。如果到那個時候還沒登頂，他們就得下山。這並非技術面的判斷，反倒比較像是經過數學計算後，所做出的判斷。每個人各有三罐氧氣，每罐氧氣可以提供六至七小時的氧氣量，超過這段時間的話，就是在玩火了。就像哈爾說的：「有足夠的決心的話，隨便哪個該死的傻瓜都爬得上去，困難的是活著下山。」

當天還有另一個因素，使得情況變得很複雜，就是還有其他隊伍也試圖要登頂。畢竟全世界都對喜馬拉雅山深深著迷，這也是常有的事。這些隊伍包括名為山嶽狂熱隊的隊伍，隊長是史考特．費雪（Scott Fischer），他是位和善的美國人，也是世界上最厲

3 作者注：有名記者一直糾纏馬洛里，要他回答他之所以要冒著生命危險攀登聖母峰的理由，正是他說出了這句傳世名言：「因為它就在那兒！」

害的高海拔登山家之一。他的領隊們也是這一行的佼佼者，其中包括安納托利．波克里夫（Anatoli Boukreev），他攀登過兩次聖母峰。登山客當中，有一位美國登山家珊蒂．皮特曼（Sandy Pitman），跟難波一樣，也是完成了七大洲最高峰其中六座的女性。她那時在幫美國國家廣播公司錄製每日次的影片記錄；除此之外，雖然規模小得多，但那天在山坡上還有另外一支來自台灣的隊伍。

凌晨五點十五分，太陽剛從地平線升起。哈爾的隊員克拉庫爾已經抵達東南脊的頂端。「世界五大高峰中的其中三座，就在破曉的柔和中，粗獷而醒目，」他事後寫道：「我的高度計顯示的是海拔兩萬七千六百英尺。」那裡的視野極其壯麗，然而與此同時，在另一邊的山坡上，一些小小的問題已經開始累積。

登山路線在海拔約八千三百五十七公尺以上，就沒有事先架設好的繩索了，因此為了在這裡固定繩索，攀登的進度就有所停滯。波克里夫、尼爾．貝德曼（Neal Beidleman）——山嶽狂熱隊中的一個領隊，以及幾位夏爾巴人努力盡心地暴露在風雨中架繩索，此時，史考特．費雪還遠遠地落後，他還在下方山坡上，三天前他耗費了不少精力在協助他生病的朋友戴爾．克魯澤（Dale Kruse），回到基地營後，自己也出現了高山肺水腫，意即肺部開始出現液體堆積。

一直到下午一點過後，領先其他隊友的克拉庫爾才登上了頂峰，他對於自己完成了畢生的抱負而興奮不已，但是他也察覺到，還在移動中的登山隊已經漸漸開始失序。哈爾距離頂峰還很遠，皮特曼以及其他隊員開始露出疲態，安全回頭的時限正在迅速地迫近，一縷縷的雲正逐步填滿南面的山谷。

但是，就算到了這個時候，可能都還沒有任何一位登山者猜得到，在接下來的幾個小時內，他們之中將有八個人會命喪於此，而這天將會成為這座世界最有名的山，最惡名昭彰的日子之一。一九九六年的聖母峰慘案已經揭開了序幕。

多年以後，一九九六年的生還者都提出了自己的說詞。克拉庫爾寫出了暢銷書《聖母峰之死》，哈爾的另一名登山客戶貝克．威瑟斯則是寫出了《為死者而離開》。IMAX 拍了一部紀錄片《聖母峰》，而國家地理頻道則是拍了另一部紀錄片《聖母峰的陰暗面》。二〇一五年，這場災難被製作成一部好萊塢鉅片，由傑森．克拉克、喬許．布洛林以及綺拉．奈特莉主演，這部《聖母峰》的總票房超過兩億美元。

儘管眾說紛紜，對於到底是哪裡出了錯，還有我們應該要從中學到什麼樣的教訓，直到今日都尚未達成共識。克拉庫爾對於安納托利．波克里夫多有批評。波克里夫是山嶽狂熱隊中的領隊之一，克拉庫爾認為他領先了客戶太多。波克里夫用他自己的書做出反擊，書名是《攀登》，也有許多登山權威出聲替他辯護。至於皮特曼，好幾年之後仍活在這事件的陰影之下，控訴各式各樣的說法扼殺了她在事件中的角色。至於克拉庫爾則說，在《聖母峰》裡對他的描述（他的角色是由演員麥可・凱利飾演）完全是鬼扯。

他們很可能無法避免各執其詞，特別是其中有想要究責的意圖時。有人死了，有人家庭破碎，還有許多人非常困惑，不知道事情到底是怎麼發生的，竟出現這麼嚴重的後果。災難結束之後，第一人稱的記述有所分歧是很常見的事，有時候這種分歧還會讓記述有天差地遠之別。但是在這個章節中，我們將會看到一種可能性，就是這些說法全部都是錯的，我們會去檢視一個概念：問題並不是出在任何單一個人的行動上，而是出在他們的溝通方式上。

在前面的兩個章節中，我們檢視了不同的觀點是如何擴大集體智慧，而且經常是以相當獨特的方式。但是，有些時候，多樣性的好處會比較平淡無奇，在山路上，不同的登山者都在山坡上不同的位置、看到不同的東西。有時登山者會觀察到附近其他登山者的體力狀況、附近環境有些什麼問題、雲是否正從西邊翻湧而來。這些是其他登山者看不到的。一個人只有一雙眼睛，一支隊伍則有很多雙眼睛，因此我們要問的問題是：有用的資訊和觀點如何相互結合？要讓多樣性施展出它的魔法，就必須要有不同的觀點和判斷被表達出來。如果大家各自擁有一些有用的訊息，但是從未表達出來，那麼這些資訊並沒有用。

在各式各樣的觀點被表達出來之後，還有一個問題：誰是負責做出最後決定的人？如果在觀點上有衝突，誰的觀點會勝出？如果有不同的見解，我們應該要把它們結合在一起？還是有所取捨？在這個章節裡，我們將會從多樣性的概念進展到實際的執行上。

聖母峰在很多方面都會是一個適切的載體，正好適合我們所要進行的探索。天氣的條件本來就是無法確定的。無論你做了多少的計畫和準備，總是會有些意料之外的轉折發展。當條件開始變化，有很多東西都在改變，這不只在身體上需要高度的忍受力，還有許多認知上的負擔。這樣看來的話，登山運動就是理論家所謂的「VUCA」的環境：易變的（volatile）、不定的（uncertain）、複雜的（complex）、曖昧的（ambiguous）。

II.

心理學家和人類學家並不常同意彼此的意見，但是有一件事是他們兩方都認同的，就是支配序列（dominance hierarchies）的重要性。人類和其他靈長類一樣，存有階級制度，根據心理學家喬丹．彼得森（Jordan Peterson）的說法，連龍蝦都有這種制度。「階級的存在，可以回溯到好幾萬個世代以前，在智人剛出現時即是。若是將其他靈長類也算進去的話，階級出現的世代確實還要往前推得更久。」佛羅里達州立大學心理學教授強恩．梅納（Jon Maner）則表示：「人類大腦存在的目的，真的只是為了讓我們在按階級排列的團體中活下去。」

與支配序列相關的情緒和行為，被深深地寫入我們的大腦之中，以至於我們幾乎不會注意到它們的存在。身為主宰者，會用誇張的動作表明威脅，並用威嚇去驅動下屬。具有主宰權的社群首領尤其會提高音量、展現肢體動作並露出牙齒。這不只發生在黑猩猩的社群首領身上，很多金融領域裡的老闆，也是如此。身處較低位階的人，則經常會用低頭、駝背、避免眼神接觸等來表達服從——喬治．歐威爾將此行為稱為「畏首畏尾」。

的確，我們在社會地位的心理上相當敏銳，甚至你可以把五個陌生人放在同一個房間裡，賦予他們一項任務，然後就可以看到支配序列在短短幾秒內發展出來。更值得一提的是，有一個外部的觀察者，就算聽不到房間裡面的人說了些什麼，僅僅是觀察他們的姿勢和表情，還是能夠精準正確地把這群人一一放在階級序列中不同的位置上。

階級序列不只是我們後天的所作所為，也是我們與生俱來的天性。

支配序列的無所不在，暗示著它們在演化上有著重要的功能。當一個部落，或者是一個團體面對的即便只是簡單的選擇，讓領導者來做決定、其他人只要按部就班地行動，這麼做相當合理，而且會讓速度加快、行動更加協調。在演化史上，那些有著支配型領袖的部落通常都發展得比較好。

但是在複雜的情況下，支配型的動能可能會帶來相當負面的後果。如同我們前面所提到的，集體智慧得仰賴眾人將不同的觀點和見解表達出來——也就是我們所謂的叛逆思考。而這在階級序列中，可能會導致停止運作。因為在階級序列中，表達異議會被社群首領視為對其地位的威脅。在這個層面上，支配代表的是一個悖論：人類天生就是要按照支配序列生活的，但舉凡與此相關的行為可能會阻撓有效溝通的進行。

有一場意外，便讓溝通受阻的諷刺狀況見了光，就是聯合航空一七三號航班的事故，[4]一九七八年十二月二十八日，飛機從丹佛起飛，航向俄勒岡州的波特蘭。航行一切都很順利，直到機長拉起操縱桿，打算放下起落架，但輪子並沒有順利降下，並發出了巨大的碰一聲。原本放置起落架時，應該有一顆燈要亮起來，代表起落架已經放下、並且已經固定好了。但是這顆燈沒有亮起來。而機組員因為無法確認輪子的狀態，所以他們試著要排除故障，同時機長讓飛機保持盤旋待降的模式，直到迫降開始。

他們看不到飛機的底部，無法檢查輪子是否降下，所以他們進行了代理檢查。首先，技師進到機艙。確認機翼尖端是否有兩個插銷翹起，那代表起落架下滑到正確的位置。而這兩個插銷的確翹起來了。他們接著聯絡聯合航空位於舊金山的控制中心，跟他們說明狀況，他們收到的建議是，輪子可能已經降下來了。但是機長不敢確定，到底是什麼東西發出碰的一聲呢？為什麼儀表板上的燈沒亮起呢？一般而言，就算輪子沒在定位，還是可以在不出人命的前提下降落，但這麼做還是有風險。而機長是個盡職且頗有經驗的人，他不想要置乘客於非必要的危險之中。於是他開始思索，燈沒亮的原因會不會是因為線路問題，不然可能是因為燈泡故障了。

但是當他在細細思忖的時候，飛機仍處於盤旋的狀態，並且出現新的危機：飛機的燃油快要耗盡了。技師知道油量所剩無幾：他可以看見眼前的油量表正持續下降。他有很強的動機去對飛行員提出警告；他自己與飛機上的所有人都處於命懸一線的狀態下。

但在一九七〇年代，支配序列是航空文化的一大特色。大家會以「長官」來稱呼機長。至於其他機組員則是被期待去順從機長的判斷，並按照機長的命令來行動。社會學家將此稱為「權力梯度高度陡峭」。如果技師將他對於燃油量的顧慮說出來的話，可能在暗示機長並未掌握所有的重要資訊，這或許會被認為是在威脅機長的地位。而機長的確沒有掌握全局。

當地時間十七點四十六分的時候，油表上的油量指數已經降到五了，狀態已經相當緊急，將近兩百條人命，其中也包括技師自己的性命，都岌岌可危。而機長卻依然把焦點放在燈泡上面，這讓他感知的範圍變窄了，進而忽視了油量正在減少的事實。你可能

4 作者注：我在我的書《失敗的力量：Google、皮克斯、F1車隊從失敗中淬煉出的成功祕密》中，在談到安全性調查的脈絡下，曾經提及這起事故。

會以為，技師會這麼說：「我們現在就必須要降落！燃油不夠了！」但他沒有。我們從駕駛艙的錄音中得知，他只是稍微點到為止，他說：「我們的油量十五分鐘後會降到很低。」

技師太怕去挑戰機長了，因此弱化了自己的用語，而機長是這樣解讀他所給出的訊息：他們再繞一圈的話，油量就會變得很低，但不至於用完。這樣子的理解並不正確，而技師也知道。時間已經來到了十八點〇一分，此時可能也已經為時已晚，而就算已經到了這個時候，機長當時還是專注在飛機的防滑系統上，技師和副機長也還在掙扎著要不要明確點出問題所在。

一直等到十八點〇六分，引擎起火那刻，他們才明確地傳達出這項訊息，但已經來不及了。他們已經無法回頭，這並非因為這支團隊無法取得完整的資訊，而是因為這些資訊沒被分享出來，幾分鐘後，飛機墜毀，掉在一片樹木錯落的郊外，撞毀了一棟民宅，並直直向著更多的屋舍衝去。左側的機身已經完全崩離。那是個晴朗的傍晚，飛機開始盤旋的時候，機場已經位於可見的位置，結果死亡人數超過二十人，其中也包括那位技師。

在今天看來，這可能是一個相當詭異的事件，但是這樣的心態卻很普世性。根據國家運輸安全委員會的紀錄，在副駕駛沒有成功表達意見的狀況下，曾經造成超過三十起墜機。另外，有一份全面性的分析，包含了二十六份關於健康照護的研究，這份分析發現，無法成功表達意見是「造成溝通錯誤的一個重大因素」。

這一點不只關乎那些攸關性命的產業，也跟人類的心智息息相關。「大眾常常認為自己的產業很不一樣，」亞伯丁大學應用心理學的榮譽教授羅娜．弗林（Rhona Flin）這麼說過：「事實上，如果你是個心理學家，並且在不同的產業背景下工作過，就會發現各產業都差不多……他們都是在科技環境中工作的人類。他們會受到同樣的情緒和同樣的社會因素所影響。」

波特蘭墜機事件過後不久，有一項實驗在航空模擬器中觀察了機組員的互動，並且發現，同樣的問題會重複出現。「實驗中，機長們會事先收到一些指示，要他們做出一些糟糕的決定或是裝得很無能——目的在於計時，看看副機長要花多久時間才會出聲表達意見。」弗林說道：「有一位負責監測他們的反應的研究員評價道：『副駕駛寧願死，都不想要頂撞機長。』」

表面上看來，寧願冒死都不要挑戰社群首領這一點可能很怪，我們絕對不會認同這樣的選擇。但是無法成功表達意見這件事可能是在潛意識中發生的，我們自然而然就會這樣。試想看看在任何的職場上，身為部屬，會試著去討好老闆，複誦老闆的想法，甚至模仿他的行止。這麼做只會削弱見解的多樣性，而且並不是因為這些想法不存在，卻是因為沒被表達出來。

鹿特丹管理學院進行了一項十分精明的研究，分析了從一九七二年開始、超過三百項真實發生的專案，並且發現，在那些具有高複雜度的專案中，比起由更資深的人所領導的專案，由初階主管所領導的專案成功率會比較高。表面上看來，頗為令人震驚，當團隊在失去那個懂得最多的成員時，怎麼還會表現得比較好呢？

原因在於，當這樣的領導跟支配動能連結在一起時，會產生社會學上的代價。當資深主管被抽出團隊時，團隊所失去的知識量，與這位主管不在時，團隊所表達出來的知識量兩相比較之下，後者遠大於前者。這項研究論文的第一作者巴拉茲．札馬栗（Ballazs Szatmari）是這麼說的：「在我們的發現中，令人驚訝的是，位階較高的專案領導人比較常會失敗。我認為這不能解釋為：雖然他們已經受到無條件的支持了，卻依然失敗；而是應該說，正因為大家無條件的支持他們，才導致了他們的失敗。」

印度科技企業家阿維納什．高什克（Avinash Kaushik）有句頗能引發共鳴，用以描述支配動能是如何對多個組織造成影響的話。他用一組縮寫字來表示：HIPPO，最高薪人士的意見（Highest Paid Person’s Opinion）。他說道：「HIPPO主宰了全世界，他們的權威會大於你的數據，他們會把他們的意見強加在你和你公司的客戶身上，他們認為自己最了解（有些時候的確是），他們僅僅只是在會議裡現身，就會讓點子出不來。」

我們可以在圖五中看到支配動能的影響。圖中團隊的多樣化程度已經表現得很出色；他們在問題宇宙裡擁有相當高的覆蓋率，但是當他們被帶到一個支配型的領導者（深色的圈圈）下面的時候，部屬們就不會說出他們真正的想法，而是會說出那些他們認為領導者想聽的話，他們會附和領導者的想法並且預期他的感受，因而缺乏叛逆思考。

事實上，他們會開始向社群領袖移動，鸚鵡學舌般，複誦著他的想法，過程中會讓他們覆蓋的寬度愈縮愈小。實際上，團隊的認知能力就會崩塌，一直到覆蓋率只剩下一個人的大小，如圖六。一個叛逆思考團隊——在支配動能發生的過程中——在社會意義上，變成跟一個充斥著複製人的團隊一模一樣。

在醫療方面的相關研究顯示，手術團隊中較資淺的成員會因為對於主刀醫師的畏懼，無法成功表達自己的意見。而主刀醫生愈是專橫，這個效果就愈強。要記得，領導者經常不只會被定位成最有權力的，還會被視為是最聰明的。資淺的成員通常很輕易就

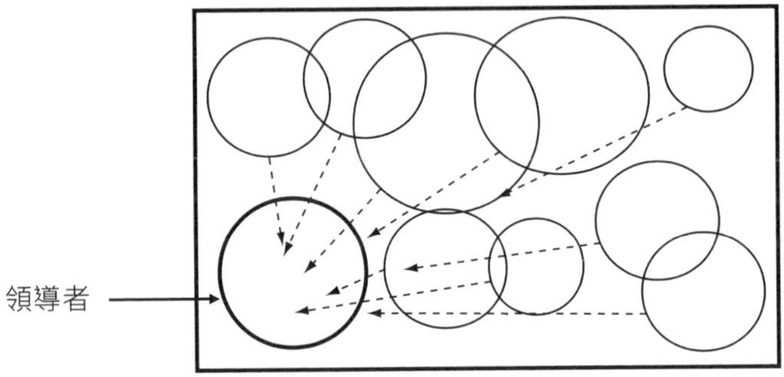

圖五　一個支配動能下的高度多樣化團隊

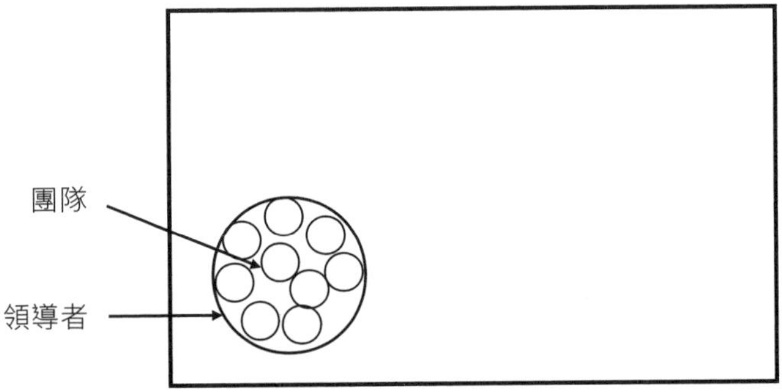

圖六　團隊開始像鸚鵡般，重複著支配型領導者的意見

會用這種想法來安慰自己——認為自己不需要把意見說出來，因為不管自己要說什麼，領導者想必都已經知道了。

從這個觀點來看，聯合航空一七三航班上的技師之所以那樣做，是不是開始顯得合理些了？我們幾乎可以感受到，技師在燃油量下降當時的思考過程。他迫切地想要讓大家知道自己的憂慮，卻又受到隱形的支配力量所影響，讓他難以行事。而他瘋狂地企圖合理化自己的沉默，努力將那顆焦灼的心，導向機長已經知道燃油狀態，且已經想到解決方法的這個可能性上。

當技師終於直言說出他的憂慮時，已是為時已晚。這個團隊擁有所有必須的資訊，但這些資訊並沒有交流——在這個案例裡，在這個快速變化的狀況下，兩個人分別專注在不同的面向，這個平淡到不行的資訊——就這樣被浪費掉了。因而造成了一場煞也煞不住的災難。

III.

羅伯特・哈爾在下午兩點二十分攻上了聖母峰之巔，這裡的視野極為壯觀，喜馬拉雅山的其他山峰看起來宛如腳下的山麓小丘一般，聖母峰高聳入雲，幾乎連地球的曲度都能看出來。

哈爾與高采烈。幾分鐘前，他正要通過希拉蕊石階時，遇到了隊上的一位成員，強・克拉庫爾。那時，克拉庫爾已經登頂，正準備要下山。他們互相擁抱，克拉庫爾向哈爾致謝，謝謝他策劃了這次的登山行，讓他得以完成畢生的抱負。「對，這次的攀登結果很不錯，」哈爾回答道。這將會是克拉庫爾最後一次看到哈爾活著的樣子。

羅伯特・哈爾是世界上最厲害的登山家之一。在這之前，他曾經四次征服了聖母峰。作為隊長，他深諳團隊凝聚力的重要性，他確保了各個成員能夠認識彼此，分享自己的故事，說出攻頂對自己以及所愛之人的意義。大家從很早的時候就很清楚這一點：這支隊伍從登山者到支援的人員，彼此都要互相幫助。誠如基地營的經理海倫．威爾頓（Helen Wilton）所言：

我覺得自己參與了某個偉大的事件，我真心認為，跟一群擁有共同目標的人共事是很美好的，能幫助大家完成自己的夢想，也是吸引我的地方。這短短六週的生活是很緊湊的，有許多的情緒、經驗和要求都會在這段很短的時間內、在這個小小的地方發生。

這種參與感與登山者的勇氣，在災難開始時，會讓人展現英雄一般的的驚人行動。但是注定發生災難的那天，問題並不在於那些被反覆提及的凝聚力，而且憾事發生之後，雖然相互的指責接踵而至，卻也不是任何單一個人的錯。問題還更加幽微：支配動能。

山嶽狂熱隊有位較資淺的領隊尼爾．貝德曼，後來被證明是關鍵性的角色。下午兩點三十分當他站在聖母峰的頂點，開始變得焦慮。隊長費雪訂下的調頭時間已經過了，這對他們所攜帶的氧氣供給量造成相當大的壓力。或許費雪生病了，所以沒有顧全；又或許是因為他太想看到客戶登頂，因此判斷力受到影響。但有一點是很清楚的，就是資深領隊波克里夫決定隻身下山，這麼做讓領隊和客戶數量的比例陷入險境，而這點讓貝德曼更加焦慮。但他還是沒有對那個已經溜走的調頭時間產生質疑，也沒有挑戰波克里夫下山的決定。

為何不？表面看來很奇怪，在這個時間點，他的介入對於團隊的安全至關重要。也只有當你把地位考慮進去的時候，他的無所作為才顯得合理。「貝德曼在高海拔山區的經驗相對來說較為有限，他在山嶽狂熱隊裡的位置是在費雪和波克里夫之下的，」克拉庫爾寫道：「而且，他的薪水也反映在他的地位較低這一點上。」在山難過後的幾個月裡，貝德曼由衷坦承了一件事，暗示了那天的階級梯度很陡：「我絕對是被當成第三個領隊，」他說道：「因此我試著不要太咄咄逼人。而結果就是，我在可能應該要挺身表達意見的時候沉默不語，而現在我也為了這件事責怪自己。」

倘若支配動能的作用在資深和資淺的領隊中已經如此嚴重，那麼在領隊和客戶之間就更加嚴重了。客戶們的經驗並沒有像領隊們一樣豐富，但他們身上也都還是揣著多年的高海拔登山經驗。不僅如此，隨著攀登的開展，他們同時也在收集一些關鍵的資訊，這些資訊與不斷變化的情況息息相關，例如同伴們的身體狀態等。每個領隊都只有一雙眼睛，而一支隊伍則有許多雙可以觀察。

而且他們要向上攀登的前一天，哈爾還堅定地說了一段話，不是關於挺身表達意見的重要性，而是關於安靜地服從。「他對我們上了一堂課，關於登頂那天服從他的指令的重要性，」克拉庫爾寫道：「『在上頭的時候，我不會容忍任何的異議，』他告誡著，直直地盯著我：『我說的話不只是在請求你們照著做，而是絕對的法律。如果我做了哪個決定你不喜歡，我很樂意事後跟你討論，但不是在山上的時候。』」

哈爾之所以發表這段演說，是出於他所認為的、最好的理由。在聖母峰這方面，他有比較多的經驗，但他疏忽了一件事，就是他能否做出有智慧的判斷，不只要依靠他自己的觀點，也得仰賴他隊上其他人的觀點。他強調了聽從他最終判斷的重要性，這點非常正確，但他並未覺察，在無法取得團隊集體智慧的狀況下，他作出的妥協可能致命。

兩個團隊中的階級關係都相當陡峭，而這會在壓力逐漸累積下，反覆地展現出來。當時山嶽狂熱隊中，有一名客戶緩緩地朝山峰靠近，他是馬丁・亞當斯（Martin Adams），他的每一步都讓他跟頂峰史無前例地近。他注意到了一件事情，使得他的心跳加速：下方看似是一縷縷的雲朵，被他發現其實是帶著雷電的烏雲。亞當斯是民航機飛行員，在解讀雲的形態方面有著長年老到的經驗。「你要是在飛機裡看到這種雷雨雲，第一個反應就是：他媽的趕快飛出來，」他事後表示。

但他並未出聲說出自己的觀察，而他的領隊和同伴也沒人領悟到這些雲代表的是什麼意思。他們並沒有亞當斯那樣的經驗，認識直展雲微妙的形狀變化，如同克拉庫爾所說：「我並不習慣從兩萬九千英尺以上的高度往下端詳積雨雲，因此儘管風暴當時已經在逼近，我卻忽略了這一點。」而亞當斯並未告知領隊這項重要的資訊。

亞當斯的沉默或許看似奇怪，登山活動的賭注是這麼地大，為何保持沉默。但是如果對心理學有所了解，就可以預測得到他的做法。領隊被定位成領導人，名義上，他們是擁有主導權的一方，他們的客戶收到的指示是，只要服從領隊的決定就好，而不是對這些決定做出貢獻。因此亞當斯可能連想都沒想過要提出意見。領隊們當時就應該要放棄登頂的企圖，並且讓所有人安全下山，但是他們卻沒這麼做。

幾分鐘之後，少數開始下山的人當中，有一位抵達了南峰。他是克拉庫爾，他非常想要取得存放在那裡的氧氣瓶。他看到另一支隊伍的領隊安迪．哈里斯，他正在整理一堆罐子，克拉庫爾表示自己鬆了一口氣，他們現在可以好好地利用這批新鮮的供給了。但是哈里斯的回答卻很奇怪：「這裡沒有氧氣瓶了，這些罐子都空了。」但他說的是錯的，那裡有六瓶滿滿的氧氣。有可能是他的調節器被冰塞住了，讓他在測試的時候，顯示出這些瓶子是空的。

無論如何，克拉庫爾知道哈里斯弄錯了。因為克拉庫爾現在手裡已經抓著一罐新鮮的、他的身體極度渴望的氧氣在使用。但他幾乎沒有去挑戰哈里斯的說法。他知道哈里斯弄錯了，也知道氧氣對哈里斯以及團隊的生命安全來說相當關鍵，但他並未多說，就繼續下山，而與此同時，哈里斯繼續等在南峰，要協助下山的人。

克拉庫爾為什麼不說出來呢？難道他不在乎嗎？難道他毫不在意隊員們的安危嗎？回想一下弗林教授的證言：「副機長寧願死，都不想要頂撞機長。」再回頭看看聯合航空一七三航班的技師。人類對於階級是極度敏銳的，即便賭注是生命的時候也是一樣。自我消音是在潛意識中發生的。

克拉庫爾的書中有一段話，這可能是整本書後勁最強的一個段落：

> 那些事情顯而易見，但我卻並未察覺到，這個情況因為領隊與客戶之間的禮節又更為加劇。在身體狀況和技術專業方面，安迪和我很像；我們之前曾經在沒有領隊的狀況下，作為地位平等的夥伴一起登山過。我竟然會輕忽了他的

困境，這對我來說相當難以置信。但是在這次的登山隊中，他擔任了那個無懈可擊的領隊角色，他要照顧我和其他客户；我們被明確地灌輸了不要質疑領隊判斷的觀念。「安迪事實上可能身陷艱鉅的困境之中」的這種想法，我連想都沒想過；我也從未想過，領隊會急需我的幫助。

還有另外一次互動也造成了嚴重後果。下午四點四十一分，哈爾已經登頂，而根據無線電傳來的訊息，他跟他的客戶，道格．韓森（Doug Hansen）在希拉蕊石階上有狀況，急需氧氣。假如他知道南峰有新鮮的氧氣，他就可以在再次往上前進之前，先爬下來拿。但是哈里斯打斷了他的發話，並表示那邊的氧氣瓶都空了（這是錯誤的訊息）。就在不久之前，克拉庫爾未能成功發言指出消息的錯誤，事實上就意謂哈爾將會跟韓森一起停留在希拉蕊石階上。他拚了命地試著把韓森從稜線上拉下來，身上完全沒有任何氧氣，幾分鐘後，風暴就要來臨。

資訊再次未被分享，因此重要決策並未反映出整支團隊所擁有的資訊。但讀著這些針對這次災難的回顧時，令人震驚的是，當事人對於自己沉默不語的原因感到相當的困惑：我那時為什麼不把我知道的告訴大家？為什麼我不把我的疑慮說出來？如同克拉庫爾在描述他並未成功質疑哈里斯當時的處境時所說的：「回顧其後幾個小時之間的發展，我當時真的是輕易地就揚棄了自己的責任——我徹底的失敗了，沒考慮到安迪可能陷入困境——而我可能終其一生都無法忘懷這個失誤。」

這個錯誤——從外人的眼光看的話——可能會讓人做出如此的推測：當事人不夠在乎狀況，在協助隊員時，也表現得不夠積極。但是要記得：那些在溝通上失敗的人，乃是置他們自身於險境之中。問題不在積極性或是動機，而是階級序列，他們在尚未取得完整的團體智慧的情況下，就在決策的岔路中做出了選擇，而每走上一條新的岔路，那些登山者——也就是山徑上的三十餘人，便一步步被帶往災難的方向，無法回頭。

當風暴終於來襲時，錯誤的判斷會一個一個累積起來，並且放大成為一場悲劇。「前一分鐘我們還能低頭看到下方的基地營，但下一分鐘，就看不見了。」事後有人如此說道。在能見度愈來愈差的同時，山上還開始下雪了。兩位領隊，貝德曼和格魯姆在摸索著前往第四營地的路徑時，跟一小隊人合流，那支隊伍中有七位客戶和兩名夏爾巴人。風聲震耳欲聾，他們的眼皮被小冰柱黏在一起，他們得保持極度的謹慎，不能往東偏離太多，因為這條路會讓他們遭遇山難、掉下康雄壁。

「你愈走，就愈迷失方向，而當你在做這件事的時候，風暴襲來、強風咆哮、大雪紛飛、天寒地凍，一切都在不停地移動著、不停地增強。」貝克．威瑟斯事後說道：「這時候，周圍的噪音已經大到難以承受的地步，你必須用吼的，別人才聽得見你在說什麼，我們有種感覺，我們不過是一群被領著走的羊」，迷路的他們被風雨吞噬，大家圍成圈，步履維艱，而這時候，大家的備用氧氣都用完了。「就像是插頭被拔掉了一樣、失去電力的感覺，」有人如此回憶道。

繼續閱讀他們身處困境的紀錄，便會因為他們愈來愈加劇的絕望感，以及驚人的勇氣而感到衝擊。有人說著要放棄，但是隊友們拉住了這些人，說服他們要堅持下去。他們一起蜷縮在一塊石頭邊，希望著雲層可以散開，此際，幾乎全部人都要一起陷入致命的沉睡中了。貝德曼說道：「我們知道不能睡著，可是要睡著太容易了，只要把自己縮起來，盡可能把自己埋進連身衣的帽子裡，然後只要閉上眼睛，吸幾口氣，然後……把一切都放下。」

接著，雲層稍稍散開了片刻，給了他們決心，決定要返回營地。這時有五個人動彈不得，他們的身體極度僵硬，那些還走得動的人，步履蹣跚地走回帳篷，大部分的人都直接筋疲力盡地倒在睡袋堆上，昏睡不醒。接著輪到波克里夫了。他超前了隊伍的進度提前下山，也因此避開了風暴，他獨自一人就把三個人拖回了營地，但是還有最後兩個留在坳口。但是此刻的他已全身凍僵，任何再登上去救援的企圖都會讓他喪命。

還在高處的哈爾，相當英勇地，想要把道格．韓森救下來，後者已是筋疲力竭、幾乎處於昏迷的狀態。風雪在他們身邊呼嘯而過，稜線如刀鋒般銳利，哈爾努力想將道格．韓森從上面拖下來。而這兩個人都極需氧氣。基地營建議哈爾把他的同伴留在原地，並向他解釋道，這是他唯一可能自救的機會時，哈爾拒絕了。安迪．哈里斯得知他朋友在上面的困境，於是他進行了令人震驚的一次嘗試，試著登上希拉蕊石階，從此，就再也沒人見到他的身影。

可能已經生病的費雪，耗盡精力死在東南稜線上，難波康子死在南坳，她是暴露在前一晚受風雨吹襲的兩人之一，她在紀錄中依然是第二位征服七大洲高峰的日本女性。那晚，貝克．威瑟斯活了下來，這至今仍被視為登山史上最大的奇蹟。他在隔天早上蹣跚地走進營區，嚴重凍傷，之後被直升機送下山。他的右手臂從手肘到手腕處必須截肢，他還失去了左手的手指頭，以及雙腳部分的腳趾頭，他的鼻子需要用耳朵和前額的組織進行重建，在同類型的所有故事中，他的故事所具的啟發性是數一數二的高。

此時的哈爾，依舊在希拉蕊階梯那座山巔上，持續他孤獨的奮鬥，以及拯救道格．韓森。山難發生時，電影製作人大衛．布萊亞席斯（David Breashears）正好在基地營。

他後來以此次攀登為主題，拍攝了一部讓人觀影之後難以忘懷的紀錄片。他在影片中不斷地回想當時到底發生什麼事：「他試著想要沿著稜線拖著道格移動的時候，一定是不顧一切地掙扎。他一次可能只能移動個一公尺左右，安全的營區依舊如此遙遠……還有道格是發生了什麼事？他是否還保有一口氣，讓他可以向羅伯特求救，說：『不要丟下我』？又或者他是否曾經對著羅伯特說：『走吧，救救你自己。』」

我們永遠不會知道問題的答案，唯一能夠確信的是，一直到最後，哈爾都在奮力地搶救韓森，企圖把兩人雙雙從世界之頂上帶下來，就如同哈里斯在聽到他的隊友們的求救之後，會重新登上希拉蕊階梯，要重回稜線上，卻喪了命一樣。

讀到他們當時的行動，我們的敬畏之情油然而生，並且因為他們的英勇舉止而激動不已。這些人都試著要拉住彼此的手、準備為了彼此犧牲、為彼此冒了生命危險。即便是波克里夫，他因為走在隊伍之前，所以先下到第四營地而受到克拉庫爾最猛烈的批評（其中許多批評並不公允）——甚至是他，也不只一次、兩次，而是三度冒著生命危險，在兇猛殘暴的風雪中，將身受重傷的夥伴帶回帳篷裡。

但是這個例子之所以如此地發人深省，是因為它顯示出一種團隊精神，這種團隊感雖然彌足珍貴卻不夠。只要多樣性的觀點受到壓抑、關鍵資訊無法在團體之間流通，那麼不管你付出了多少的努力，都無法在具有高度複雜性的狀況中，驅動有效的決策過程。由於那些無意之間被製造出來的支配動能，哈爾讓自己在壓力愈來愈大，且需要進行生死攸關的決策時，無法取得他所需要的關鍵資訊。

代價就是，他付出了自己的生命。

IV.

讓我們先把主題從聖母峰轉到現實生活中的決策。對於我們當中很多人來說，有許多重要的決定都在會議中形成。有專案啟動會議（kick-off meeting）、全員大會、工作會議、董事會、管理會議、職員會議、早餐會議、移地會議以及視訊會議，世界上每天都有成千上萬場的會議在進行。

召開會議完全合乎邏輯。集思廣益會比閉門造車更好——但這是預設集中在一起思考的大腦具有多樣性的前提下。過去二十年來，管理階層和員工花在協作型活動上的時間增加超過百分之五十，但是在此，我們必須面對一個鮮少提起，一旦提起聽起來就如當頭棒喝的事實。一項項的研究同時發現了一個基本現象：會議的效率簡直與災難無異。如同凱洛管理學院的學者蕾伊・湯普森（Leigh Thompson）告訴我的：「會議之於糟糕的成果，強度比起吸菸之於癌症的指標還要更高。」

湯普森是研究糾紛排解與組織學的教授，她窮盡畢生精力在研究團體判斷上。青少年時期的她，目睹了父母痛苦的離婚過程，於是發展出她對人際關係的興趣。她一度考慮過成為婚姻諮商師，但最後決定對人類的互動有更廣泛的理解。

她在主持研究時，很快就注意到了支配動能。當事情是由一到兩個人所主宰的時候，團隊中其他人的見解就會被壓制，其中內向的人尤甚。如果主宰者的角色正是領導人，事情就會變得更糟糕。大家會附和主宰者的意見。團體中原本存在的叛逆思考就不會被表達出來。她說：「證據顯示，在一個典型的四人小組中，有百分之六十二的發言會是由其中兩個人講出來，而在六人小組當中，百分之七十的發言是由三個人所講出來，隨著團體變得愈來愈大，狀況也會變得愈來愈糟。」事實上，這種情況發生的頻率太高了，以至於出現了一個名稱：「溝通不對等問題」。她又說：「其中特別要注意的一件事，可能是滔滔不絕的人並不會意識到自己說個不停，」湯普森說道：「他們堅信每個人的發言都很平均，而這些會議也是秉持人人平等的精神，原因在於，他們經常缺乏自我意識，因此，如果你向他們指出這一點的話，他們就會生氣，通常會因此被捲入不斷高漲的衝突當中。」

因此，在大部分的會議中，溝通的效用是會失常的。許多人保持沉默。由於地位的高低決定了對話。大家不會說出自己的想法，而是會表述他們認為領導者想要聽到的內容。他們之所以無法成功地將重要的資訊分享出來，是因為他們並未意識到，其他人缺乏這些資訊。在一場實驗當中，有一支團隊接獲了一項任務，要從三位候選人當中，僱用一名經理。研究人員們在候選人的特質上做了些手腳，確保其中有一位比另外兩位好得多，資格更符合、個人特質也更優秀、更適合這份工作。研究人員將候選人的資訊提供給了僱用小組的成員——他們正是在這裡動了手腳。每位成員都會拿到一組資訊，但是每個人都只能拿到三位候選人中的部分資訊，整支團隊必須要綜合個別的資訊才能完整。這代表只有每個人都將自己所知道的事情分享出來，才有可能做出正確的決定。在這項任務上，這些團隊敗得一塌糊塗，幾乎沒有一組做出了正確的選擇。

這一點至關重要，因為這樣子的描述也符合大部分團隊所面臨的情形。每個人都有一些有用的資訊可以貢獻（否則最初為何會被帶進團隊裡？），但這些資訊並沒有被好好利用、成為團體做決定時的一部分。然後會有一名成員，依照少數並且片面的資訊做出行動。他會表達出自己的偏好，使團隊的動向偏離。大家會開始分享一些與該觀點相符的資訊，並且會在無意之間，對那些可能會讓該觀點顯得有問題的資訊，有所保留。於是，多樣化的思維消失了，這個情形叫作資訊瀑布（information cascade）。

而在對照組中，每位成員都有辦法取得完整的資訊而非一小部分，他們也的確立刻做出正確的決定。如同心理學家查蘭．內梅所言：「大體來說，團體會成為一個共犯結構，讓那些我們所追尋的多樣化觀點受到壓抑。」

這裡我們回顧上一章其中一個概念。記得在預測型的任務中，把個別預測的結果拿來取平均值，可以讓我們獲得準確得驚人的判斷，這是「群眾智慧」。從經濟預報，到學生估算倫敦地鐵長度的實驗，群眾智慧已經多次出現在研究中。

但是，若要假設這些學生並不是各自猜測地鐵的長度（各自寫在一張紙上），而是按照順序一個一個猜。第一個人先宣布自己的預測值，接著是坐在她身旁的人，以此類推。第一個人猜的數字，就不僅僅只是一個估計值而已了，對其他所有人來說，還是一種訊號。下一個人可能會模仿他的答案，或是提出接近的答案，因此就會影響到第三個人，錯誤跟錯誤不會相互抵銷，而是相互關聯。

這是資訊瀑布的一個例子，在解釋了這個概念之後，就可以說明其中很大一部分的作用力。當有兩個以上的人給出的答案方向一致時，我們很容易會認定他們是分別得出來自此特定區域的答案，而這會放大這個答案的說服力，導致其他人也都偏向這個答案。潮流、股市泡沫化和其他從眾效應就是從這裡來的。群眾並非總是睿智。他們可能會變得很像複製人，這可能相當危險。

這些瀑布也可能會發生在一個純粹社會性的層面。心理學家所羅門．阿許（Solomon Asch）已經向我們說明了，人們經常會傾向採納他人的答案，不是因為覺得他們是對的，而是因為不想要因為提出不同的意見，顯得很沒禮貌或是引起混亂。而這一點再度將我們直接帶回到支配性上的概念了，因為這個概念可以被理解成一種社會動能，大幅放大資訊瀑布和社會瀑布的危險性。畢竟，如果我們覺得跟陌生人發生意見衝突是很困難的一件事的話，那麼，要提出跟領導人有所牴觸的意見，該有多麼的困難啊？

在預測型的任務上，獨立估算的確可以避免瀑布的產生；但是對於其他大部分的決策，不可能做得到。在解決問題、制定政策等方面，通常會為了要聽取並且測試不同的觀點，而開始辯論與討論。我們無法避免會議的發生——這也正是為什麼我們必須了解會議的缺失。

團隊的成員把彼此的錯誤結合在一起，而不是互相修正，那麼這個團隊可能會對一些從客觀上看來很糟糕的判斷感到信心滿滿。如同團體決策方面的兩位專家，凱斯．桑斯坦（Cass Sunstein）與雷德．海斯蒂（Reid Hastie）所說的：「大部分的時候，一個團隊之所以會大翻船，並不是即便在進行了團隊的討論和考量之後，卻依然釀成大錯，而是應該解釋為，正是因為這些討論和考量，才會出錯。公司、工會、宗教組織經常會在仔細考量之後，做出災難性的決策。對政府來說，也是一樣。」

這是個奇怪的反諷。我們花了大把的光陰用來培養個人的專業。我們在學校待了許多年，然後去念大學、去實習，或是職業訓練，並發展出專業，逐漸取得知識、見解，進而有所領悟。結果我們集體在論壇上所做出的、最重大的那些決定，讓我們集體變成一群蠢蛋。

V.

在Google創立之初就決定要廢除經理的職位，他們想要的是一個完全平行的組織。他們已然注意到階級制度的缺點，並想要有所行動。但是他們失敗了。就像心理學家亞當・賈林斯基（Adam Galinsky）和莫里斯・史威瑟（Maurice Schweitzer）在他們共同撰寫的那本書《朋友與敵人》（*Friend and Foe*）中所寫到的那樣：

早前，創辦人賴利・佩吉（Larry Page）和謝爾蓋・布林（Sergey Brin）進行了一個他們認為相當具有革命精神的實驗：他們拿掉了經理的職位，打造了一個完全平行的組織。這個實驗的確令人眼睛為之一亮，但卻是以失敗作收。階級序列的缺乏造成了很多的混亂和困惑，因此佩吉和布林很快就發現Google還是需要經理來設定方向並促成合作，因為他們學到了，就算是Google也需要一些階級。

其他的研究也發現了類似的結果，哥倫比亞大學的艾瑞克．艾尼西（Eric Anicich）所做的研究，檢視並且評估了時尚品牌在二〇〇〇年到二〇一〇年間的表現。他用的是業界的標準：法國的貿易雜誌《織品誌》（*Journal du Textile*），研究結果中，有一個很明確的重點：雙總監的時尚品牌，跟單總監比起來，前者比較缺乏創意。就像賈林斯基和史威瑟所說：「共同領導制可能會把點子扼殺掉，因為會製造出一種不安感，不確定誰才是主導者。」

一般來說，團體會需要領導人，不然會有產生衝突和舉棋不定的風險，然而領導人又只有在能夠取得團隊中的不同看法時，才有辦法做出有智慧的選擇。那麼，一個組織要怎麼同時擁有階級序列以及資訊分享、決斷力和多樣性呢？數十年來，這個問題持續地充斥在管理學相關書籍裡，而解決方法經常是把階級和多樣性放在一個固有的衝突關係中，概念就是把階級梯度轉換一下，這樣你就會同時有一點點支配力，還有一點點多樣性。

但是這樣子的分析忽視了一個關鍵：事實上，階級是人類團體中一個無可避免的面向，我們無法忽視它，但是我們的種族有一點很獨特，就是我們不只有一種形式的階級，而是有兩種。

一九〇六年至一九〇八年間，偉大的英國人類學家A. R.芮克里夫-布朗（A. R. Radcliffe-Brown）去了安達曼群島，跟那裡的狩獵採集者住在一起。他當時注意到了一個不合常規的狀況，就是有些個體會在社群中獲得影響力，並且看似相當獲得敬重，但是他並未從事支配型的行為，這些個體的地位似乎是建立在其他別的事物之上，他寫道：

> 社會生活的規範當中，還有另一個重要的因素，就是對於某些個人特質的敬意，這些特質包含狩獵技巧……慷慨、仁慈、和善，有這些特質的人就會無可避免地在社群中獲得一個有影響力的位置。其他……都焦急地想要討好這個人，會幫他做一些像是切割獨木舟的工作，或是在出海獵海龜時，加入他的狩獵隊。

因此，這些人會發現自己在領導的位置上，他們並沒有對於屬下發出威脅或是恫嚇，而是藉由贏得屬下的尊敬。階級自然而然發展出來，不是透過支配，而是透過某種看起來很特殊的機制。對於A. R.芮克里夫－布朗來說，這個機制很穩定，也有一貫性，並且有一套自己的肢體姿勢、行為以及表情。當布朗發表這個論點的時候，這種特殊性被視為只發生在特定部落的怪癖，但是其他的人類學家發現到，他們在其他團隊中，也曾經找到類似的動能，只是並未注意到這種動能的重要性。這樣的表現，在許多地方的原住民身上都曾被觀察到，包括玻利維亞境內的亞馬遜雨林中的奇美內人、馬來西亞的閃邁人等民族。

住在西方的人類學家也注意到了他們。人類學家們曾經看過一些無論是正式或非正式的領導人，並未要求部屬的尊敬，而是自己去贏得敬重；他的地位不是透過攻擊他人而來，而是透過智慧取得；他們的行動不是為了要恫嚇他人，而是為了要讓他人能夠獲得解放。

當心理學家開始在實驗室的陌生人之中，尋找同樣的動能時，他們當然也找到了除了支配型以外，另一種不同的社會階級。這種社會階級不只是可以在大家的行為舉止中觀察得到，外部人士也可以一眼就看出來。而這種新型態的社會地位，在不同文化、部落以及國家中都曾出現。為了要分辨這種社會地位跟支配型的差別，他們給了它一個名字：聲望。哈佛大學的人類學家約瑟夫·亨里奇（Joseph Henrich）跟其他學者共同發表了一篇論文，這篇論文是在聲望這個議題上，最常被引用的研究之一。亨里奇表示：「支配和聲望都是可被輕易察覺到的，兩者都有著可預期的行為模式、姿勢和情緒，而兩者各自提供了獲得地位的不同途徑。」

在左列的表格中，我們可以看到兩者不同的特徵，這張表格是從亨里奇與心理學家強恩·梅納的著作中節錄下來的。

地位特徵	支配型	聲望型
歷史	古老，至少能夠回溯到人類的祖先，以及其他非人類的靈長類種族	人類獨有；源自於人類組成相對小的狩獵採集社群之時
服從的基礎	具有支配權力的人要求他人對其服從，並且這樣的服從是屬於他的特質	他人自由選擇是否服從，並且服從的行為是願意服從之人自己的特質
發揮影響力的機制	壓迫、恫嚇、攻擊、操縱、獎賞和懲罰	真心說服、尊敬、喜愛、塑造社會模範
社會連結中的角色	機會主義，會暫時使用聯盟作為取得社會地位的方式	跟團體中其他成員打造真實且長久的關係

地位特徵	支配型	聲望型
性格	自戀的；傲慢式的自豪	真正的自豪
低位階者對其的關注	注意高位階者的動向，避免眼神交會，不會直視著高位階者	把注意力放在高位階者身上、以沒有階級差異的方式與高位階者交流
距離管理	避開高位階者；保持距離以免受到攻擊	接近高位階者；待在他的身邊
低位階者呈現出來的樣貌	身體蜷縮，肩膀下垂、採取蹲伏的姿勢，對於直視感到反感	注意有聲望的那個人，姿態開放
高位階者呈現出來的樣貌	延展性的姿勢、挺胸、步伐很大、手臂延展開來	跟支配型類似，但較為溫和，身體活動的空間範圍沒那麼大
社交行為	攻擊、自我膨脹、自我中心	合群的、大方的、合作的

為什麼人類會演化出聲望呢？為什麼一個有聲望的人，在一開始的時候會跟別人分享自己的智慧？自己獨享不是比較好嗎？當中有很多不同面向的原因，但其中的要素很簡單。一群人會模仿支配型個體的狀況，是出於對他的恐懼；另一方面，大眾之所以會跟隨有聲望的人，則是出於自由給予的敬重，他們是大眾的模範。

反過來說，這也意謂，大眾很可能仿效這種角色的慷慨和大方，讓整個團隊更往合作的方向發展。有聲望的個體可能會將某些優勢贈與他人，但是自己則會得益於整個團體中更為普遍的仿效。這一點尤其重要，在這裡，互相幫助會讓整體成效放大——這是一個所謂的「正和」環境，而這正是聲望發展出來的歷史背景。

支配型階級的內在動能則有所不同。如果有人往更高的階級移動，就意謂有人必須移動到更低的階級。這種動能強調的，通常是零和式的行為。例如拉攏選票、暗地中傷、酬庸等等，同時對內部競爭者保持常態性的警覺。舉例來說，黑猩猩就是用策略聯盟來阻撓內部對手的大師，因為「在排名競爭勝出的，經常是那些有自信可以進行潛在暴力互動的人，還有那些受社會支持往上爬的人」。

這解釋了為什麼擁有聲望的人類領導人，會避免露出牙齒或是揮舞手臂；反之，他們把自我貶抑當作一種修辭技巧，來示意另外一種動能。他們會全面性地解釋自己的想法，因為他們知道那些能夠理解並且支持這些想法的人，比較有可能藉由判斷將其付諸執行，並且同時保有彈性。這些有聲望的人會去聆聽他人，因為他們知道自己的不足，因此能從他人身上學習到新的事物。

梅納表示，擁有支配或聲望的特質，都不應該被當作是特殊的人格類型，反而比較像是一些手法。做為一種手法，支配型人格在今日依然有其存在的邏輯。當決策已定，並且無法回頭時，由人支配和主宰就很合理。領導者必須刺激他的團隊，讓他們有所行動、完成任務。在這種狀況下，四散又多樣的意見會導致分心。但若是在評估過後，結果跟最終執行的決策有所出入，或是有新的想法出現，支配型階級經常會在自我矛盾的重量下崩塌。這時，聲望的動能就相當關鍵，大家要能夠表達意見，提出叛逆思考的想法，與此同時領導者不會把這樣的貢獻當成一種威脅，大家也不會因此受到來自領導者的懲罰。

這份分析跟另一個在現代組織研究中最有影響力的概念吻合：「心理安全感」。當大家感覺自己能夠提出建議並且承擔合理的風險，而且不會遭到報復時，就是一個有心理安全感的環境。聲望導向的領導以及心理安全感之間的關聯性應該相當明顯，且讓我們聚焦在同理心所扮演的角色上。

支配型的領導人，理所當然會祭出懲罰，他們就是用這種方法來贏得並維持他們的力量。他們也比較沒有同理心，他們不覺得自己需要別人，因此不常去聽取別人的觀點，或是研讀別人的情緒。另一方面，聲望導向的領導人會認知到明智的決定得要仰賴團隊的投入，因此會高度配合別人的想法和說法，這會加強信任。「聲望跟高度同理心以及資訊分享相關。」梅納說道：「這會提高集體智慧。」

Google 進行過一項大型的研究，目的是要找出為什麼有些團隊表現得比其他好，並發現了心理安全感是驅動成功最重要的因素，這個實驗的成果也已經被廣泛地複製出來。「心理安全感是我們找到的最重要的動能，其重要性遠遠超過其他因素」，他們的報告表明：「它對於每個我們在尋找員工時重視的面向幾乎都會產生影響。當一個人處在心理安全感較高的團隊當中時，就比較不會離開 Google，也比較有機會駕馭隊友所提供的多樣性想法的力量。他們也能帶來較高的收益，而且被高層評為相當能幹的比率是一般狀況的兩倍。」

諷刺的點在於，大部分的環境都缺乏心理安全感，在一份以零售業和製造業為對象的研究中，較常提出新的想法並表示對自己感到憂慮的員工，就比較難獲得加薪或升遷。對於女性來說，懲罰還要再更重，若是少數民族的女性，事情可能還會更嚴重，心理學家們稱其為「雙重危險」。心理學家查蘭・內梅寫道：「我們怕的是，提出異議很可能會招致嘲諷或是否決。我們很猶豫，因此就會低下頭，保持沉默，不把想法說出來，然而這麼做是有後果的。」

這就是為什麼新一代的領導者改變了方向，轉而從聲望的角度切入。這樣的人包括史坦利・麥克里斯特爾（Stanley McChrystal）將軍，他在入侵伊拉克之後，翻轉對抗蓋達組織的局勢；薩蒂亞・納德拉（Satya Nadella）幫助微軟重建資產聲望。紐西蘭總理傑辛達・阿爾登上位之後也表示：「要建立同理心，需要有權力和力量。」尊敬不是這些領導人去向別人要求來的，而是那些他們所領導的對象自願給予的。

「領導人經常會對於邀請別人說出他們的想法感到憂心，特別是其中那些跟自己的意見有所出入的想法，可能會有損自己的權威性，」納德拉告訴我：「他們錯了。當一個人獲得機會，可以做出貢獻時，大部分的人都會因此更加盡忠職守。這會提高他們的動力、讓他們更有創意，並且增加整個組織的潛力。」梅納則是說：「在有些時空下，要用聲望；在別的時空下，則要使用支配。一個有智慧的領導人能夠在這兩者之間做出轉換，當要執行一項計畫時，支配可能就相當關鍵。但是當要制定一個新的策略，或是對未來進行預測，亦或找出新的創意時，你就需要聽取多樣化的觀點，在這裡支配就可能會是相當災難性的。」

除了要創造一個有心理安全感的文化，那些具有先驅地位的組織也開始引進特殊的機制，好確保內部能夠有效溝通。其中最有名的是亞馬遜的「黃金沉默」，超過十年以來，這個科技巨擘的內部會議都不是用一份 PowerPoint 的簡報開始的，也不是以互相說笑作為開場，而是完全的靜默。團隊成員會用三十分鐘閱讀一份六頁的備忘錄，內容是以敘述的方式，總結了議程中的主要事項。

這麼做有幾個成效，首先，代表提案人需要對自己提的案進行深入的思考，如同亞馬遜的執行長傑夫．貝佐斯所說的：「寫作之所以很『好』……寫下備忘比『寫』一份二十頁的 PowerPoint 還難，因為一份好的筆記，其敘事的結構會逼出更好的想法，也會比較深入理解重要部分。」以及：「備忘錄裡面有真正的句子、主題句、動詞、名詞——不只是一項一項清單式的列表。」

這個技巧之所以這麼有效，還有一個更深層的原因：大家在聽到別人的意見之前，先付出心力確定自己在想些什麼。他們擁有空間能夠將不同的想法帶進來，並且在討論之前，對於提案中的長處和弱點進行思辨。這麼做就降低了多樣性思考被淹沒的風險。而且即便在討論真的開始進行的時候，最資深的人也是最後發言，這是另一個技巧，可以保護多樣性思考。

亞馬遜的一位副總布萊德．波特（Brad Porter），在領英發布的文章表示，這些簡單的機制，就是他們這家世界上最成功的公司之一能獲得關鍵性策略優勢的一部分原因。「我不認為自己描述這樣的過程，會有透露亞馬遜商業機密的風險，」他說道：「我可能會揭露太多的地方在於，告訴你亞馬遜能營運得更好、做出更好的決策、衡量得更準確，都是因為這項創新。」

另一個技巧是腦力寫作，跟腦力激盪一樣，這也是一個方法，可以激發出有創意的想法，但是團隊成員們並不會把想法大聲說出來，而是被要求先把想法寫在小卡上，接下來這些小卡會被貼到牆上，讓其他成員們都可以投票表決。「這代表每個人都有做出貢獻的機會，」凱洛管理學院的蕾伊．湯普森告訴我：「它代表你可以看到每顆大腦輸出的成果，而不只是一兩個人的結果。」

湯普森指出，腦力寫作應該只有一個規則：不可以有人出來指認自己寫下的內容是哪些。行銷總監不應該透過在卡片上寫下跟自己有關聯的那個客戶的名稱，藉此給出「暗示」。「這一點很關鍵，」湯普森說道：「讓每一項貢獻都要保持匿名，如此就可以讓這些想法，跟想法主人的地位脱鉤，這會在想法的層級上，創造出一個唯才是用的制度。大家按照提案的品質進行投票，而不是去看提議者的資深程度來阿諛奉承。這樣的匿名性會改變其中的動能。」

在對這些想法進行投票表決之後，團隊通常會被分成四人一組，以便「把這些想法帶到更上一個層次，」把想法相互結合，或是擦出新的火花、迸出新的見解。「運用這個互動技巧，腦力寫作可以用一種讓大家都可以參與的方式，被編進團隊會議裡面，」湯普森說道：「把腦力激盪與腦力寫作放在一起比較時，腦力寫作可以生產出兩倍的點子，並且根據獨立第三方的評估，這些想法的品質也更好。原因很簡單，腦力寫作把多樣性從支配動能的限制中解放了出來。」

雷．達利歐（Ray Dalio）用類似的方法建立了最成功的避險基金之一。橋水[5]是根據超過兩百條行為「原則」在運作的，但是主旨可以用一句話來總括：叛逆想法的表達。他將這個做法稱為：「極端的透明。」公司的文化是大家不會害怕表達出自己的想法，並且這是他們的義務。如同達利歐接受心理學家亞當．格蘭特的訪談所說的：「人類最大的悲劇，源自於大家沒有能力在思慮周密的狀況下讓意見互相碰撞，並以此找出何者為真。」

在另外一家公司裡，每個受邀參與會議的人都會被要求繳交一頁自己的看法，你可以把這個稱為出席的代價。這一頁頁的想法接著就會被打亂，在會議桌上被傳閱，按照隨機的順序被讀出來。這是另外一個方法，可以將想法與想法主人的地位切割開。

這些技巧可能看似各有不同，但他們都有著同樣的潛在規則，就是都保護了認知的多樣性，不會為支配性的危險所傷。

5 譯者注：雷．達利歐創立的避險基金公司。

VI.

二〇一四年，南加大的心理學家艾瑞克．M．艾尼西（Eric M. Anicich）搜集了三萬六百二十五位攀登過喜馬拉雅山登山者的數據，他們分別來自五十六個不同的國家，總計參加過超過五千一百次不同的登山行動。這是高海拔登山史上最大規模的一次分析。在眾多的議題當中，研究人員對於其中一項特別感興趣：「支配型的階級序列真的會讓災難發生的可能性提高嗎？」

由於這些登山者散布在世界各地，加上許多的登山行動都是發生在多年之前，導致他們無法直接測量這些團隊的階級關係，但是他們做了第二好的選項。他們檢視了這些登山者是從哪些國家來的。有些文化會用不同的方式對待權威角色，而這些國家的人平均而言，比較不會向那些具有領導地位的人提出意見。

這些微小的國籍差異會出現在數據裡嗎？會在死亡人數中顯現出來嗎？艾尼西探尋

了證據，而答案相當清楚：支配型階級序列愈顯著的團隊，「死亡的可能性高出許多。」這項發現並不適用於單人的登山行動，只有那些來自階級分明的國家的團隊才有這個問題，而且它也顯示了這跟登山者個別的技巧無關，而是跟他們互動的方式有關。身為共同作者之一的亞當．賈林斯基寫道：

「在階級分明的文化中，決策的流程通常是由上至下，而來自這些國家的人有比較高的機率會死在高難度的登山活動上，因為他們比較不會把意見表達出來，也比較不會對領導者做出警告，告訴他們情況有所改變，或是有迫在眉睫的問題。這些登山者因為不把話說出來，而有了秩序和階級，但是也置他們自己的生命於險境。更重要的是，較高的死亡率只發生在團隊身上，而不會出現在個別登山者的身上，我們藉此把團隊決策過程在其中扮演的角色給區分出來了。只有當團隊必須要進行有效溝通的時候，階級分明的文化才會釀成災難。」

這項發表在《美國國家科學院院刊》的發現本身已經舉足輕重。但是在它被

Google、人類學數據、實驗室控制下的研究等證實的時候，再拿來解釋聖母峰的災難，就更有壓倒性的說服力。「喜馬拉雅的脈絡突顯了一個關鍵的特徵，就是一個變化多端的環境，而這個特徵會造成決策上的複雜性。當環境產生劇烈而且突然的變化，人們必須要適應並且想出新的計畫，在這些狀況下，我們需要每個人貢獻自己的觀點，而階級的序列可能會因為對這些見解的壓抑，進而造成一些傷害。」

值得再次重申的是，這些並沒有讓階級的概念完全無效化。大部分的團隊都是在有一系列指令的狀況下運作得最好。階級可以創造出分工，領導著們可專注在大局上，而其他人可以去對付細節。階級也確保團隊的行動是協調的。如果沒有階級，那麼團隊成員可能會經常爭執接下來要做什麼。這可能會是相當混亂且危險的。

但是真正的抉擇並不是發生在階級和多元性之間，而是如何從兩者當中各取所長。

就像賈林斯基所說的：

> 從開飛機到進行手術，再到決定發動戰爭，這些複雜的任務中，人們都需要去處理並且整合大量的資訊，同時還得想像未來無數種可能的情境……要做出最佳的複雜型決策，我們需要接觸到分布在階級梯度上每一階層的想法，並

且從那些可以分享相關知識的人身上學習。

讓我們用一個極為諷刺的點，來替這些對於階級的分析總結，心理學研究中，有一項很明確的發現，就是人類不喜歡不確定性，我們通常會企圖重新取得控制感，方法是透過把信心放在有具有支配型的角色身上，而這個角色是可以重新建立秩序的。這種做法有時候會被稱為「補償性控制」。

看看那些在經濟動盪時崛起的極權國家，例如在第一次世界大戰的混亂中崛起的德國和義大利。由馬里蘭大學的蜜雪兒．葛爾凡（Michele Gelfand）帶領的一項研究，對超過三十個國家進行分析，然後發現這些國家面對那些會威脅到安定性或安全的外在力量，會利用找尋更陡峭的政治階級序列來回應。

這種傾向也有著宗教上的暗示。有一項研究分析了美國兩個時期的教會成員，一個時期是就業具有保障的（一九二〇年代），另一個時期則是高度的不安定（一九三〇年代）。接著研究人員把教會分成兩類：一類是具階級性的教會，有一層一層的權力結構（羅馬天主教教會、耶穌基督後期聖徒教會），一類是非階級性，也沒有分那麼多層級的教會（美國聖公會、長老會等等）。

當然，當經濟的前景一片美好，大家加入非階級性教會的可能性就高出很多。另一方面，當工作缺乏保障，而且人們感覺無法掌控自己的生活時，他們就會轉投到具有階級性的教會。他們把對於神學的信仰寄託在具有較高程度的神性力量和控制的地方，藉此來彌補他們的不安全感。

如果看起來有點抽象的話，那麼想想看你最近一次在飛機上遇到亂流的經驗，你是否有暗自祈禱？這是補償性控制另一個經典的表現。要抵抗缺乏確定性的事件，你透過把力量歸給神、命運或是其他某種全能的力量來重獲確定感。這可能不會真的讓飛機變得比較安全（它取決於你的宗教觀），但會讓你**感覺**比較安全。

同樣的情形也會發生在組織裡。當公司面對外在的威脅，或是經濟上的不安定時，股東們指定一位支配型的領導者的可能性就會高出非常多。在組織內部也是，在局面比較不安定的時候，支配型的個體通常會爬升得比較快。強大的聲音、權威型的個性會替集體感到失控的我們，提供一些安慰。

這會造成危險的悖論，當環境太過於複雜並且不安定時，也正是單一個人的大腦——即便是支配型的大腦也一樣——不足以解決問題的時候。正是在這些時候，我們會需要多樣化的聲音，好讓我們的集體智慧最大化。但也就是在這種時候，我們會無意識地默默接受支配型領導者所帶來的那種可疑的舒適感。支配不只跟領導者有關，而是常常跟那些組成團隊、組織或國家的人隱而不宣的祈願有關。的確，有些人可能會自然而然地偏好聲望型的領導模式，但是在團隊開始失去對一些事件的掌控權時，這些人就可能會發現自己馬上轉向支配型的領導模式——而這會帶來災難性的後果。

羅伯特・哈爾是個令人敬佩的人。你愈是去閱讀那些跟他有關的資訊，就愈能夠理解為何大家都帶著如此的敬意來看待他。在聖母峰慘案過後不久，有一份訃聞提到他的英雄氣概：「霜凍使他重傷、氧氣耗盡、身陷困境，沒有食物、沒有飲水，也沒有避難之處，他……於當晚身亡……他在試圖拯救一位筋疲力盡的客戶時身亡，這一點足以證明他是世界上最受尊敬的喜馬拉雅商業登山領隊。」

哈爾並非生來就是支配型的領導人。他是個心胸寬大並且善於包容的人，幾乎所有認識他的人都很喜愛他。問題在於，他相信在他事業生涯中、最具挑戰性的攀登中，支配型的領導會是一項資產，並且因為團隊對死亡地帶的變幻無常而深深感到焦慮，這樣的團隊也鼓勵著他那樣的觀點。這些無意識的動能會在各種組織、慈善團體、聯盟、學校以及政府以成千上萬種不同的方式出現，每一天、全世界到處都是，但是在攀登喜馬拉雅這種賭注極大的情況下，這種動能可能會讓人喪失性命。

在東南稜線上的風雪之中，他發給基地營最後一則無線電通話。他的同伴們告訴他，會幫他跟位在紐西蘭的太太，珍，接上線。珍當時已經懷孕七個月，那是他們的第一個孩子。哈爾要求他們給他一點時間，讓他穩住自己。此刻他知道他已存活無望，但是他不想要他的摯愛因為他每況愈下的境遇而感到悲傷。「等我一下，」他說：「我的嘴巴好乾，我先含一口雪再跟她說話。」

最後，哈爾潤了潤嘴巴說道：「嗨，我的甜心，」他說：「我希望你已經好好地躺在溫暖的床上了……」

「我不知道如何告訴你，我有多想你，」珍回覆道：「我很期待等你回家，讓你好好休息……不要覺得自己是孤身一人，我正在把所有的正能量都送往你的方向。」

南峰之上，垂直距離一百二十五公尺處，他的朋友道格．韓森和安迪．哈里斯皆已喪命，而颶風依然在他身邊呼嘯，哈爾說出了最後的一句話：

「我愛你，好好睡，我的甜心，千萬不要太擔心。」

REBEL IDEAS

| 第四章 |

創新

I.

大衛．杜德利．布倫（David Dudley Bloom）從各方面來說，都是個了不起的傢伙，一九二二年九月二十日，出生於賓州。二戰期間他在海軍服役，根據一些說法，成為所有艦隊中最年輕的指揮官，在一九四四年的紐幾內亞戰役中，負責美國海軍自由號，當時他才二十二歲。

一九四五年退役之後，他做過不同的工作——包括在法律事務所擔任法律助理、百貨公司的採購——之後在美國金屬專門公司（American Metals Specialties Corporation, AMSCO）擔任產品研究總監，那是一家小型的玩具製造商。他根據沙場上的經驗，設法想要讓公司轉型，不要再生產軍事主題的玩具——像是手槍、步槍和士兵等。如同他在一九五〇年代某次受訪中表示：「如果我們教導孩子的是戰爭和犯罪，那麼我們也沒什麼未來好期待的。」

他大力改革的第一個想法，是一支「魔法牛奶瓶」，當把瓶子上下顛倒時，牛奶看起來彷彿是從瓶子中消失一樣。他也想到可以做一些商品的小模型，像是廚房餐具等等，這樣孩子們就可以扮演廚師。

但是一直要到一九五八年，布倫才又想到一個本來應該讓他的人生天翻地覆，甚至改變全世界的點子。當時，他已經從AMSCO離職數個月，因為他要去位於賓州，艾爾伍德市的大西洋行李公司任職，他在這裡獲得一個職位，是旅行用行李箱生產線的產品開發總監，這支產品相當熱門。

就是在這裡，他靈機一動想到了一件事：行李箱又重又難攜帶——這也是造成他本人背痛的原因之一——為什麼行李箱就沒有輪子呢？這樣不就更方便移動？這不就省去昂貴的門房小費嗎？當你在旅途中步履蹣跚地穿過一個又一個的地方，然後不停換手提著行李箱，如果不是一隻手持續性疼痛，就是另一隻手瞬間的疼痛，還得要在這兩者之間做出抉擇。若是行李箱有輪子的話，不就能解決這種困擾嗎？而且一般來說，有輪子的行李箱對於這個交通愈來愈繁忙的世界，不正是一個完美的解決方案？

他帶著這個想法的原型——將行李箱安裝在設置小輪子和把手的平台——去見了大西洋行李公司的董事長。布倫滿心期待，幾乎可以說是興高采烈。產品的製作成本很便宜，對公司原有的設計和分銷管道而言，都是相關的產品，而且看起來就像是會在業界史上，可以穩穩地大獲成功的一件產品，這將會讓他們在一個好幾十億美元的全球市場上稱霸。

董事長的反應如何呢？他將這個東西形容成「不切實際的」且「笨重的」，「誰會想要買有輪子的行李箱啊？」他如此譏笑著。

二〇一〇年，英國考古暨歷史學家伊恩．莫里斯（Ian Morris）完成了一項關於革新的歷史研究，他在這份開拓性的研究中，周全而縝密地檢視了自西元前一萬四千年到現在的創新發展，仔仔細細地把每個向前躍進的成果做成紀錄、製表。

其中大型的事件並不難察覺：動物的馴化、組織性宗教的誕生、文字的誕生。莫里斯提到，每當遇到這個問題：哪一項轉變，對人類造成的影響最大？無論是哪起事件，都有人口若懸河為之擁護，說那才是影響力最大的。莫里斯要的是客觀的答案，所以他費盡心思，將各式各樣社會發展上的重大進展量化。他把重大進展定義為「一個團隊，掌握其物理上和智識上的環境，並完成事情的能力」，而這個概念跟經濟成長有著高度的相關性。

他得出的數據相當驚人，這些數據顯示，前面提過的那些多項革新，的確對於社會發展產生了影響。數千年以來，這條曲線都是緩緩地向上爬升，但是有一項創新所造成的影響，遠遠大於其他事件，並且讓這條幾乎是水平走向的曲線驟然近乎垂直，這項創新就是工業革命。莫里斯寫道：「一八〇〇年起，這個西方領導的起飛，讓在此之前相當戲劇化的歷史事件都被拋在後頭。」MIT史隆管理學院的兩位教授艾瑞克・布林優夫森（Erik Brynjolfsson）與安德魯・麥克費（Andrew McAfee）也贊同這個說法：「工業革命首度將人類帶入機械時代——這是史上第一次，我們的進展主要是由科技革新所推進——這也是這個世界前所未見最深入的大型轉變。」

但是這個局面有個異常現象。當歷史學家更進一步研究這轉變，並且看到了曲線上的細節時，他們注意到一件事。工業革命的第二階段是隨著十九世紀晚期的電力化而發生。意思就是，電動馬達可以替換掉效率較差的舊式蒸氣引擎，而這創造了第二次的生產力大躍進，至今，我們都還活在這項發展的結果之中。

但是有一件怪事，即是這樣的躍進是有所延遲的，並未立刻發生，而且看起來是先打住一陣、醞釀且停滯了大概二十五年之久，才又再度向上竄升。其中最奇怪的一件事，大概就是許多當時在美國最為成功的公司，完全能夠因為電力化而有所受益，但他們都未這麼做。相反地，許多公司就這樣垮了。他們已經站在成功的邊緣，卻在最後出乎意料地反勝為敗。

值得一提的是，電力帶來了巨大的利潤，且不僅止於能源方面，也在於重新設計生產過程。在傳統的工廠裡，機器會被置放在水的附近，再晚一點則是會放在蒸氣引擎附近，這樣子的組合是出於必要，因為生產的過程跟單一的動力源緊密相連，各式各樣的機器都是透過一組精密且複雜，卻通常不可靠的滑輪、齒輪以及曲軸連結到單一的動力源上。

電力化讓製造的過程可以從這些限制中解放，電動馬達尺寸縮小，但不會有大幅降低效率的問題，因此每台機器都可以有自己的動力來源，這讓工廠的布局可以按照以材料為主的工作流程，來做出最有效率的設計。由於不再只能依靠單一的動力來源（例如蒸氣引擎），電力允許了「集體動力」的存在，這麼做的好處太明顯了，就跟替行李箱加上輪子一樣。如同麥克費和布林優夫森所說的：「當然，在今日，想像採用任何電力以外的方法都非常荒謬；的確，現在有很多的機器甚至進步到一台機器本身就具有多部電動馬達……聰明的電力化，會讓工廠的生產力比電力化之前提高許多，這一點是相當明確的。」

如此一來，電力化就成了神賜的禮物，這使先前主宰美國製造業的公司有機會提升他們的效率和收益。他們本來就有工廠，本來就有機器，現在他們還有了可以提升效率的電力科技、並能簡化生產流程，開啟新的成長趨勢。

但是他們沒有做出任何這方面的舉措，他們的舉動讓人詭異地聯想起之前那個拒絕安裝輪子的行李箱公司，他們還是繼續用著單一動力來源驅動著那些機具。他們把一顆大型的電動馬達隨意放置在工廠正中央，而不是去簡化他們的工廠流程。在這種情況下，他們對於新科技莫名其妙地全然誤解，而這將會帶來災難性的結果。經濟學家蕭·利維摩（Shaw Livermore）發現，在一八八八年至一九〇五年間成立的工業信託當中，有百分之四十都在一九三〇年代早期倒閉了。另外一位經濟史專家理查·凱維斯（Richard Caves）的研究發現，即便還有辦法生存的那些，都縮水了三分之一以上。這是工業史上最慘烈的一個時期之一。這樣子的規律永無止境地一再重複發生，有一些組織站在絕佳位置上，就要取得勝利了，卻總有辦法克服重重「難關」，成為輸家。

而當擁有創業精神的企業高層伯納·沙道（Bernard Sadow）把裝有輪子的行李箱的這個想法帶進市場時，受益程度僅次於推出商品的公司的受益人，也就是百貨公司，竟也是鐵了心要把新的利潤來源丟到一邊。沙道是在一九七〇年，跟家人從阿魯巴艱苦地帶著兩個沉重的行李箱穿過一座機場時，想出了這個點子，「這麼做非常合理」他事後如此說道。

但是當他把這個點子帶到紐約的店家時，當時，那些店家剛從新的特賣活動中大賺一筆；而他則是被打了回票，整件事情就是杜德利．布倫的經驗再度上演。「我帶著這個想法去見了一些人，他們每個人都把我趕了出來——斯特恩百貨、梅西百貨、A&S百貨，所有大型的百貨公司，」沙道說道：「他們覺得我瘋了，拉著一件行李走……那個時候有種大男人主義的思維，男人以前都會替太太提行李。」

他一直要到得以見到梅西百貨的副總傑瑞．樂維（Jerry Levy），才成功拿到了一筆生意，樂維把梅西百貨的採購人員傑克．施瓦茨（Jack Schwartz）叫了進來，這位採購在幾週之前才剛拒絕了這個行李箱。而顧客對於這項新的發明並沒有出現抗拒的現象。「大家立刻就接受了，」沙道說：「他們能夠理解那是幹嘛用的，這個產品馬上就大受歡迎，真的太棒了。」

至於電力化的歷史，則比帶輪子的行李箱的歷史還要再更不合邏輯。那些工業信託的高層絕對不是不聰明，他們之中許多人都屬於早初時代的專業經理人，他們之所以獲得任用，都是經過精挑細選，憑藉他們靈敏大腦的表現，才被聘用的。但是他們還是把一個絕佳的成長機會，變成一場史詩級的災難。如同麥克費和布林優夫森所說的：「在二十世紀的第一個十年內，電力化在美國製造業幾乎導致一場大滅絕。」

II.

目前我們已經檢視了多樣性是如何促進團體智慧，不管是從解決問題、構思新政策，再到破解密碼。在這個章節中，我們會再看到一個可能是最重要的脈絡，而且這個脈絡對於成長的影射性是最強的，也就是革新和創意。這個章節稍後，我們會檢視整個局面，為什麼有些機構和社群比別的更有創新力？我們可以如何駕馭多樣性的力量，並且促進經濟發展、變得更加繁榮？但是首先，我們會先聚焦在個體上，面對改變，為什麼有些人能欣然接受，其他人則會感到害怕？為什麼有些人精通在原有基礎上進行改造的這門藝術，而有些人卻困在現狀動彈不得？

精通創新領域的專家，經常會將革新分為兩種不同的類別：一類有著直接、可預期的步驟，這類型的革新會讓人更深入一個問題或是專長的研究。想想詹姆士·戴森（James Dyson）是如何捺著性子，不停地微調他的吸塵器的設計。當他在調校那個有名的旋風分離器時，同時也對如何從空氣中分離出灰塵這件事情愈來愈了解。每一代的原型都讓他對於科學中的這個小小分支有更深入的了解和知識。每一次新的實驗，他就會離一個新的功能設計更靠近一步，而且每一步都會是前所未有的進步。有時候這類型的創新被稱作是遞增型的創新。這個詞簡潔有力地傳達知識是如何在定義好的範圍內，進行深化的這個概念。

另一個類型的創新，則體現在前面討論過的兩個案例中。這種創新有時被稱為重組型的創新。把分別來自不同領域的、先前並無相關的兩個想法拿出來，融合在一起：例如輪子和行李；新的動力生產方式及其所帶來革新過的製造過程。重組的發生經常是很戲劇化的，因為這可是要把不同的領域銜接在一起，或是直接把中間隔閡打掉，以開創出一線新的可能性。

在生物的演化中，也有跟這兩種形式的革新運作邏輯相呼應的存在。我們可能會把遞增型創新想成是某種像是物競天擇一樣的過程，每個世代都會出現一些細微的改變；重組型創新則比較像是透過交配來繁衍後代的過程，也就是來自兩個完全不同的有機體的基因結合。雖然兩者都很重要，專事科學寫作的麥特．瑞德里（Matt Ridley）有個很有說服力的論述，他表示我們長久以來都低估了重組的力量，他寫道：

交配讓生物演化得以持續累積，因為這個行為會把兩個不同個體的基因放到一起。於是在一個生物體身上發生的變化，就可以跟在另外一個生物體身上發生的其他變化結合在一起，兩者的力量也會相互結合……假如幾十億年前微生物們並未開始交換基因，而且動物並未透過性交，持續進行這樣子的交換的話，那些組成眼睛的基因也就無法在某個動物身上湊齊，或者組成雙腿、神經，甚或大腦的基因亦如是……沒有交配，進化還是可以進行，但會比較慢，而且是慢得多；文化也是如此。如果文化的構成只是來自於從別人身上學到的習慣，發展不久後就會停滯不前。要讓文化的發展變成累進式的，就必須要有想法之間的相遇和結合。想法上的「異花授粉」已經是老生常談了，雖然是無心插柳，卻有著繁殖力。「創造即重組，」微生物學家方斯華・賈克柏（François Jacob）如是說。

瑞德里用一句簡潔的話來描述重組型的創新：想法跟想法的交配。

歷史上曾經有許多重組型創新的案例，像是印刷術，這項技術融合了當時已存在的葡萄酒壓榨法，還有其他像是用軟金屬製版、活版等不同的項目。遞增型創新所採用的方法是持續修正現存的想法，而與此同時，重組型創新也一直都在。但是近年來發生了一件大多數人都沒有注意到的事，甚至有很多科學家也沒注意到。遞增型創新和重組型創新之間的平衡開始發生偏移；重組成為推動改變最主要的力量，這不只是發生在科學領域，在產業、科技等領域也同樣出現。

為了讓你感受到重組型創新的稱霸，請看看這份由凱洛管理學院的教授布萊恩．烏齊所帶領的研究。他看了《科學網》上分別發表在八千七百份不同期刊裡的一千七百九十萬篇論文。《科學網》是世界上最大型的科學知識寶庫，而這個數量幾乎就是過去七十年來所發表的每一篇論文。他在尋找其中的規律：是什麼造就了偉大的科學？那些熱門的想法從何而來？

他發現，最有影響力的論文，被研究人員稱為「非典型主題的結合」；也就是那些跨越傳統分界的論文。比方說，有些論文把物理和計算法混在一起，或是人類學和網路理論，又或是綜合社會學和演化生物學。這就是在科學領域中「想法的交配」的同義詞，這些論文打破了主題和思想藩籬之間的概念性隔閡，並且創造出新的想法和可能性。

如同烏齊所說的：「這些新的組合中，有很多是由兩個在各自領域中相當傳統的想法所結合而成。當你拿了兩個大家普遍接受的想法時，這會是一個極好的基礎——在科學裡，你需要這種基礎；但是當你把它們放在一起的時候：哇！突然之間就變成某種非常不一樣的東西了。」行為經濟學就是重組型科學的經典案例之一，這是把心理學和經濟學裡的概念和想法放在一起而產出的，並且行為經濟學在領域中造成了很大的改變。

但這不只是跟科學有關。美國專利及商標局發出各式各樣的商標種類，像是發明專利（電燈泡）、設計專利（可樂瓶）還有植物專利（混種玉米），總共四百七十四種的科技以及十六萬組類別碼。十九世紀的時候，大部分的專利都只歸類在單一一組類別碼下面，大部分的創新都被劃在特定的藩籬之中，它們大部分都是遞增型的的創新；今日，被放在單一一組類別碼下面的專利數量已經往下掉到只剩下百分之十二，絕大部分的專利都跨越了傳統的分類界線以及類別碼。如同密西根大學複雜系統的教授史考特．佩吉所說的：「從數據中，看到了不同想法相互結合的價值，以及一個明確無誤的趨勢，就是重組會驅動創新。」

重組型創新和多樣性之間的關聯應該相當明顯。重組指的就是要異花授粉、觸及整個問題宇宙，把之前從來沒有連結的想法放在一起。我們可以將這些稱為「叛逆組合」：把舊和新、陌生和熟悉、外部和內部、陰跟陽合併在一起。

在這個電腦化的時代，加上廣大網路的連接，這個趨勢目前並沒有減緩，而是正在加快。例如位智，[1]就是經典的重組型創新，把位置偵測器、資料傳輸裝置、和GPS系統，以及社群網絡結合在一起。或者以Waymo為例，這是一家研發自動駕駛車的科技公司，他們把內燃機、高速運算、新一代的感應器、大範圍的地圖與街道資訊跟其他科技結合在一起。

的確，科技上的創新，幾乎都是建立在將截然不同的想法、思維、概念、科技、資料集等連結在一起。這個模式也被運用在臉書上（結合了原本就存在的基礎網頁架構、讓人們可以建立數位網絡並分享媒體資料的科技）、Instagram亦如是（連結了臉書最基本的概念與智慧型手機應用程式，再加上能夠用數位濾鏡來修圖的科技）以及其他。重組是數位創新的主旋律。隨著每一個新組合的出現，這些新鮮的組合逐漸逼近了生物學家斯圖亞特．卡夫曼（Stuart Kauffman）稱為「相鄰可能」的地帶（the adjacent possible）。新的展望被打開了，新的前景已經出現在視線範圍內。「數位革新是重組型創新最純粹的展現，」布林優夫森和麥克費寫道：「每項發展都成為未來革新的一塊積木……積木永遠不會被用盡，事實上，這些積木又增加了未來再度重組的機會。」

但是這會留給我們一個相當關鍵的問題。為什麼有些人能夠把握重組的機會，而其他人卻看不見其中的潛力呢？在行李箱和電力化的例子裡，那些拒絕了這種不同科技相互結合的人，正是最能夠從中受益的人。這屬於一個更深層的模式，我們很多人面對變化都會有點掙扎，不是因為重組超過我們的能力所及，而是因為我們對於重組的可能性置之不理，我們認定創新是那些有創意的人才會做的事，不然就是矽谷那些專家的事，我們會無意識地拒絕那些可能會讓自己的工作和生活，更有生產力也更有滿足感的改變。

但有一群人，看起來並沒有被這個障礙給擋住。他們就是那些我們所提到的成功故事背後的人，他們也替我們全部的人提供了重要的一課。

1 譯者註：一款用來定位的應用程式，由以色列同名公司所開發，二〇一三年由Google收購。

III.

看看接下來這份名單：雅詩·蘭黛、亨利·福特、伊隆·馬斯克、華特·迪士尼、謝爾蓋·布林，你看出來他們之間的共同點在哪了嗎？表面上，他們看起來像是一群知名企業家，並且都是對美國社會有著重大影響的人。然而更深入了解的話，你就會發現他們和一同形塑當代美國經濟的人，例如楊致遠、亞利安娜·哈芬登、彼得·泰爾等人都具備了同樣的一種樣貌。這些人之間的關聯性在於，他們都是移民，或是移民的後代。

一份二〇一七年十二月發表的研究發現，《財富》雜誌五百強的公司中，有百分之四十三都是由移民或移民後代所創辦或共同創辦，而在排名前三十五的企業當中，這類型公司的比例則高達百分之五十七。這些公司在全球締造了五點三兆美元的營收，並且在全世界總共僱用了一千兩百萬名的員工，從科技零售、財金到保險，什麼都有。並不只有這份研究有這樣的發現。移民在科技、製造專利以及學術科學上的貢獻，都遠超出其所占的人口比例。二〇一六年，一份發表在《經濟展望雜誌》上的論文中指出，在過去的幾十年來，以美國為研究基地的研究人員，拿下了百分之六十五的諾貝爾獎。這些創新人士當中，有一半都是在國外出生的。

還有不同的研究顯示，移民成為企業家的可能性是非移民的兩倍。移民占美國人口的百分之十三，但是在創業人口當中，移民占了百分之二十七點五。另一份哈佛商學院做的研究，則顯示了那些由移民所成立的公司成長得比較快、存活的時間也較長。還有另一份研究顯示出，二〇〇六年至二〇一二年間，所有在美國成立的科技和工程公司，其中四分之一至少有一位移民出身的創辦人。這樣的趨勢不只跟美國移民有關，更廣泛地來說，這是移民們所普遍擁有的資產。二〇一二年全球創業觀察的數據顯示，在其所調查的六十九個國家中，在絕大多數的國家，移民進行創業活動的比率比本土居民還要高，特別是那種高風險、高成長的企業。這些研究中沒有那一份本身是具有決定性的，但是全部放在一起看的話，卻呈現出一個相當具有說服力的規律。

現在，回想一下稍早提到的例子。為什麼當時的行李箱公司看不見輔助輪會帶來的收益？為什麼那些已經相當成熟的製造公司，無法對裝配產線進行調整，並將電力融入其中？為什麼最能從創新中獲益的人，卻常常看不見這些機會呢？這是否是因為當你浸潤在一個既定的範本裡時，要跨出來是很困難的事？想想看一九五〇年代在美國經營行李箱公司的高階主管，他們終其一生都圍著傳統的行李箱打轉，他們整個事業生涯中，所有的時間都投注在那些沒有輪子的行李箱上，他們的人生被綁在這個典型裡，這是他們世界觀的一部分、也是他們最基本的參考框架。

至於大型工業公司的高層和事業主，他們整個事業生涯都是使用蒸氣引擎在工作，這對他們來說是概念上的引力、是他們在看待想法和想像機會在哪裡時的濾鏡，這是一個先決條件，而所有事情都圍繞著這個先決條件在運行、轉動。這種對於現狀深刻的熟悉感產生了心理上的障礙，讓人難以解構或是打破現狀。如同麥克費和布林優夫森所說的：

> 這完全是因為那些現職人士對於自己的工作太過於熟練、太過了解，並且緊緊抓著現狀不放，導致他們無法看到未來的動向，也看不清潛力所在，以及可能發生的新型科技的進化……現存的流程、顧客和供應商，都蒙蔽了現職人員的雙眼，讓他們看不到那些理應是顯而易見的東西，比方跟現狀相差甚遠的

新科技的可能性。

事實上，這也可以從實驗的角度來看。羅伯特．史坦伯格（Robert Sternberg）和彼得．弗倫契（Peter French）進行過一項經典的研究，他們讓橋牌專家和新手彼此對抗。專家的表現自然不愧其名，但是研究人員對規則做出了結構性的改變，不再是由打出最大的牌的玩家獲勝，而是整個顛倒過來。這項改變對於新手來說沒什麼影響，他們很快就吸收了這項新的規則，然後繼續玩；而專家們對於既有的規則的熟悉度，比新手要深入許多，並且已經花了多年的時間在玩橋牌，對他們來說，這些改變更加令人不安。他們在處理這種結構崩塌時，遇到的困難也更大，因此表現下降了。

這跟我們對移民做出的分析結果是吻合的。他們經歷過不同文化、不同的處世之道。當他們在一個新的國家發現了一個新的商業點子，或是某項特定的科技，他們看到的不是某種永恆不變、穩如泰山的東西，而是一些有潛力，可以被改變、重塑、修正、改造的東西，或者是可以進行重組的對象。看過不同地方的這種經驗似乎提供了心理上的自由，讓他們得以去對常規和既定印象做出質疑，讓我們把這種心理狀態稱為**外部者思維模式**。移民並不是字面上的外部者，他們並非完全身處某種常規或是典型之外。但他們是概念上的外部者，意思是他們能夠用別的方式來看待和表達某種典範、用新的眼光來看待它，這讓他們擁有自由，而能產生叛逆思考。

移民還有其他的優勢，但依然跟重組的概念息息相關，他們有兩個不同文化的經驗，因此有更大的機會可以把不同的想法放在一起。他們的角色就像是橋樑、促進「想法交配」的人，如果說外部人士的觀點讓他們擁有質疑現狀的能力的話，那麼經驗上的多樣性，便有助於他們提出重組型的答案。

多年耐心累積的經驗，已然確認了這些都是事實。經濟學家彼得・凡多（**Peter Vandor**）在帶領的研究中檢視了學生在學期開始前與結束後，在商業上提出點子的能力。其中有一半學生該學期是在國外生活、念書；另外一半的學生則是留在他們原本的學校。接著由一家創投公司來評量他們的想法。那些在國外讀書的學生，他們的想法所獲得的評價，比沒出國的學生高出了百分之十七。而那些留在原本學校的學生，在這一個學期的過程中，想法確確實實在品質上出現了退步。

在另外一個實驗當中，讓學生們做了一個創意聯想的測驗。他們會看到很多組的詞，每組裡面有三個詞，然後會被要求想出可以把前三個詞都串聯起來的第四個詞。有一組詞是「禮儀、圓形、網球」，你想得到什麼詞，可以把這三個詞連結在一起嗎？另外一組是「玩、信用、成績」。[2]

在進行這項任務之前，有一半的學生被要求要想像自己住在國外，並且具體地想像在國外生活的一天會發生什麼事，他們的感受、他們的行為舉止以及他們的想法；然後他們被要求花幾分鐘時間思考這樣的經驗，並且寫下來。還有一個控制組則是收到了另一項任務，他們被要求想像在自己家鄉的某一天。

結果呢？那些想像自己在國外生活的人，比起控制組，創意的程度高出了百分之七十五，他們解開了更多的謎題，找出了關聯性，而思考家鄉的受測者怎麼樣都找不到答案。還有其他在各種不同脈絡下的實驗，都發現了類似的成果，似乎想像自己生活跨越國界，會有助於我們跨越概念上的邊界。

但這跟旅行無關，甚至跟移民無關，重點是外部者的思維模式。達爾文在動物學、心理學、職務學和地質學的研究之間不停轉換，這並未削弱他發展創意的潛力，反倒有

2 作者注：第一組的答案是「桌子」（即，餐桌禮儀、圓桌、桌球），第二組的答案是「卡片」（玩牌、信用卡、成績單）（譯者注：在英文中，皆用 card 一詞。）

所增強。原因是什麼？因為這讓他有機會可以從外部審視自己的研究主題，並且可以把屬於科學中不同分支裡的想法融合在一起。有一份研究發現，那些最能夠持續展現出原創性的科學家，平均來說，在他們發表的前一百篇論文中，轉換主題的次數高達四十三次，十分了不起。

與此同時，密西根大學的一個研究團隊將諾貝爾獎得主跟同時代的科學家們進行比較。諾貝爾獎得主會彈奏樂器的機率是其他科學家的兩倍，會畫畫或是雕塑的機率是七倍，會寫詩、創作劇本或是創作出一些廣受歡迎的暢銷書的可能性則是十二倍；參與業餘演出、舞蹈或是魔術表演的可能性則是二十二倍。在創業家和發明家身上也發現到類似的結果。

心理學家經常會談論「概念距離」，當我們沉浸在一個主題裡面，我們會被其怪誕又複雜的小細節所包圍，很容易就會駐足不前，或是只想著在內部做出一個表面上的轉換，我們被關在自己那幾套典型裡。跨出這些圍牆，則會讓我們獲得一個新的制高點，我們沒有獲得新的資訊，但我們有了新的觀點，某些類型藝術的主要功能正是如此。重點不是看到了哪些新東西，而是用新的方法來看待熟悉的東西。你會想到W. B. 葉慈的詩文、畢卡索的畫作與雕塑。這些偉大的作品在觀看者和物件之間、觀察者和被觀察的對象之間，創造出了概念距離。

現在，重組逐漸變成引發成長最主要的引擎，在這樣一個世界裡，這件事情的重要性大到不能再大了。我們替這個世界強行加上了一些類別，而未來的成長將會由那些可以超越這些類別藩籬的人所催化，以及那些在心靈上有著彈性，可以連接不同領域，可以看見我們在學科和學科之間所建築的高牆與思想藩籬，並且不認為這些東西是永恆不變的，而是認為這些東西是可變動的，甚至是可以拆毀的那群人，也都會是成長的催化劑。

這就是外部者思維模式會變成一項強勢資產的原因。並不是說我們不需要局內人的專業知識；而是正好相反。我們既需要概念上的深度，也需要概念上的距離。我們需要既是局內之人，也得是外部者；在概念上既是土生土長的原生人口，卻同時也是重組型的移民。我們需要有能力理解現狀，也需要有能力質疑現狀。我們必須是有策略性地叛逆。回到移民的議題上，還有更多確鑿的理由能夠解釋，移民做出的貢獻和創新，數量大到非比尋常。選擇要遷移的人比較有可能會自在地承擔風險；有鑑於他們經常會面對到重重關隘，因此比較有可能會發展出彈性，但即便這些特徵都很重要，也不應該要將質疑現狀、踏出常規之外的這種能力的重要性給掩蓋住。

英國創業家凱瑟琳．灣斯（Catherine Wines）明確指出：「想要變得有遠見，就得採用外部人士的觀點，才能把那些內部人士視為理所當然的事情看清楚。當你用一個新鮮的觀點來面對問題時，可能性和機會就會變得更明顯。」

灣斯和伊斯梅爾．艾哈邁德（Ismail Ahmed）在二〇一〇年共同創立了一家匯款公司。艾哈邁德是從索馬利蘭來的移民，他在一九八〇年代抵達倫敦，在接收匯款方面，有許多深入的第一手經驗。他早年的經驗，再加上他在新的家園學到數位化的解決問題的方法，促成了一項新嘗試的誕生：一家公司，讓匯款回家變成有如傳簡訊一樣便利，這就是重組的一個經典的例子。

傑夫．貝佐斯在二〇一八年寫給股東的信中也表達了這一點。他談到了遞增型創新的重要性，也就是讓現存的點子可以翻倍、好好發揮其價值。但是他也認同，如果你想要更有深度的創新，你就需要走出現有的框架，他的話抓住了外部者思維模式，他將其稱為「漫遊」，貝佐斯說道：

> 在商場上，有的時候（其實滿常發生的），你的確知道自己要往哪裡走，這種時候，你就可以很有效率，制定一個計畫然後執行。相反的，在商場上漫

遊很沒效率……但這也不是隨機亂走的，而是被某種東西帶領著——像是一種預感、勇氣、直覺、好奇心——稍微有點混亂、有點偏離主軸，而藉此來找出方向是很值得的……那些巨大的發現——「非線性」的那些發現——很可能都必須要透過漫遊的方式來找到。

想想這件事情中，對於教育界的暗示。勞動力專家預測，現在的小孩會有多達十二份的工作，而其中大部分的工作，現在都尚未被發明出來，在一個快速改變的世界中，我們不只需要精通創新的藝術，還需要熟悉自我重造的藝術。適合在這個世界生存的，是那些會質疑現狀的人、可以跨越邊界的人，這種邊界包含、但不侷限於我們的自我設限，因為如果要說有哪種典型，讓我們深深地浸潤在其中的話，那種典型就是我們的生活。

對於行李公司的高層來說，要去質疑行李箱的現狀已經是很困難的了，那麼要偏離我們日常生活的既有腳本該有多難啊！我們的預設值是要把自己融入我們的日常生活、融入最基本的參考框架、融入自己所從事的工作、自己的技能、自己的生活。如此一來，那些我們尚未建立的技能，以及那些還沒考慮到的機會就沒那麼清晰可見了。簡言之，我們有時候需要把叛逆思考運用在自己的生活中。

當然，有些時候，擁有穩定性和連貫性也很好，但是把握機會、而不是無法領悟到自己生活中，類似於有輪子的行李箱和電力化的狀況而錯失機會，也沒有什麼不好。我可以將新的想法，用在現在正在做的事情上，那我又該怎麼做呢？重組的潛力在哪裡呢？

多倫多大學的基思．斯塔諾威克（Keith Stanovich）主持了一項研究，即量測外部者思維模式的一個面向。這項研究叫作積極性思想開明程度量表（Actively Open Minded scale, AOM)），這份問卷中，詢問了受試者他們是否會同意一些敘述，像是「一直都應該要將跟自己信念相反的證據納入考慮」以及「一直都應該要考慮到新的可能性」。而最不令人意外的大概就是，在這份量表中拿到高分的人在想出新的點子、評估論述、對抗偏誤、找出假新聞等方面表現得都比較好，甚至在控制了受試者的認知能力下，結果依然一樣。

有很多技巧可以幫你轉換到一個外部者觀點，並且讓你用新的眼光看待熟悉的事物，並且跟新的想法接合。美國一位退役軍官麥可．米校可（Michael Michalko），後來在創造力方面成為領袖，他大力支持「翻轉假說」：你要做的就是，拿任何一份提案或是主題裡的核心概念，然後只要把它倒過來就可以了。所以，假設你正想著要開一家餐廳，你的第一個假設可能會是：「餐廳要有菜單」，反過來的話就是「餐廳沒有菜單」，這樣子就可以激發出一個點子，亦即主廚會告訴每位顧客，他當天從市場採買了些什麼食材，讓顧客可以自行選擇一道客製化的餐點。重點不在於這是否一定會成為一個可行的方案，而是打破常規的思考模式，有可能會帶來新的組合和新的想法。

想想看這個技巧當初可能會如何翻轉整個工業革命：假如當初有辦法提早電力化、假如公司的高層改變了他們自以為再自然不過的假設，認為「製造程序的基礎是單一的動力來源」，反而是說：「製造程序的基礎**不是**單一的動力來源」，這會不會因此打亂他們的假設、驅動一組新的想法，並且幫助他們逃離典型的束縛呢？

又或另外一個例子，假設你正在考慮要成立一家計程車公司，你的第一個假設可能會是：「計程車公司要擁有車輛。」反過來的話就會是：「計程車公司一輛車都沒有。」二十年前，這聽起來可能相當瘋狂，但今日，有史以來最大型的計程車公司就是一輛車都沒有，這家公司叫作 Uber。

IV.

現在，讓我們從一個更宏觀的角度來檢視革新。哪一種社會能夠促成叛逆的組合呢？為什麼有些地方、有些時代會更有這樣的創意呢？我們對於多樣性的分析，又是如何在歷史的發展上印證呢？有一個理當十分關鍵的概念就是，想法跟實體商品不同，並不會出現報酬遞減。如果你給某人一輛車，你就無法在同一時間使用這輛車。但如果你想到一個新的點子，並且跟別人分享，這個點子的潛力卻會增加，這叫作**外溢效果**。

經濟學家保羅．羅莫（Paul Romer）憑藉針對革新的研究獲得諾貝爾經濟學獎，他指出：「想法的特色在於，它們會自然激發更多新的想法。這就是為什麼在那些促使大家把想法分享出來的地方，跟不這麼做的地方比起來，前者通常會比較有生產力和革新力，因為當想法被分享出來的時候，所產生的可能性不是這些想法相加的總和，而是相乘的積。」

這裡的關鍵字是「分享」。想法只有在人與人之間有所連結時，才會產生外溢。麥特．瑞德里指出，亞歷山卓的希羅在西元一世紀，就發明出一部蒸氣機，但是關於這項發明的新聞傳得太慢，知道的人也太少了，以至於這項發明可能根本沒有傳到設計馬車的人耳裡。因此這項革新沒有傳播到他人身上的機會，還錯過了進一步改善，或是跟別的東西進行重組的機會。瑞德里也指出托勒密的天文學，是一項在過往所做出的重大進步（如果說百分之百準確的話），卻從未真正被應用在導航上，因為天文學家和水手並沒有交集。新的發明被孤立了，被剝奪了進行異花授粉的機會，因為人們都活在結構裡面——社會的結構、實體的結構、道德的結構——而結構與結構之間缺乏連結，便不會產生外溢效果。

但是，想法一旦被分享出來，就不只是傳遞到另一個人的大腦裡，而是可以跟更多的想法和點子相互結合。以氧氣的發現為例，普遍都把這項發現歸功於約瑟夫．普利斯特里（Joseph Priestley）和卡爾．威廉．舍勒（Carl Wilhelm Scheele），彷彿是他們從稀薄的空氣中，把這個元素萃取出來似的。但在開始進行這項研究之前，他們也需要一個概念，就是空氣是由不同的氣體所組成，這一點要在十八世紀下半葉才開始被廣泛接受。他們還需要精密的方法來測量重量上細微的變化，而這樣子的方法，一直到氧氣被發現的二十年前才出現。

普利斯特里和舍勒都具備創新思想，也持有外部者的思維模式，很樂意挑戰現狀。但他們如果沒有連接一群更加廣大的人群與想法，也無法做出這項突破。正是因為他們社交網絡裡的多樣性，讓他們得以結合之前並未被連結在一起的想法，而這麼做造成了外溢，啟發了新的想法和新的重組，這顯示，我們看待發明的觀點應該要有所轉換，從認為獨立的個人才是發明的主角的觀念，轉變成另一個觀念：新的點子和科技是在個體與個體所處的網絡裡，在複雜的交織中所誕生的。

賓州大學的教授藍道・柯林斯（Randall Collins）在著作《哲學的社會學》中，將歷史記載中幾乎每位重要思想家的知識發展做了編年。他如此論述，那些像是孔子、柏拉圖、休謨這類的人，的確都是天才，但是他解釋了，他們過人的天賦和才智之所以能夠綻放，是因為他們都位於社交網絡上的絕佳樞紐點。柯林斯說道：

> 智識上的創意會被濃縮在一個人與其他人的聯繫與連結上，讓情感的能量以及文化資本一代一代傳承下去。這個結構存在於各種脈絡下：我們會在淨土宗著名的布道者之間，看到這些連結，還有禪宗、印度理則學、日本心學[3]……

創意的情感能量集中在人脈網絡的核心區域，在那些大家親身相遇的圈子。在智識發展得最是如火如荼的時期，也就是那些有許多革新同時出現的、騷亂的黃金年代，都是發生在這些人所屬的圈子與對手的圈子，在一些智識的交點和辯論的鬧區重疊之時。

創意的社交性脈絡符合全面性觀點，讓我們可以注意到一項頗具啟發性的事實，就是一項革新會跟該社交網絡裡，大家腦袋某些部分的創意有所相關，但是大家腦袋裡的創意，也跟這些人所參與的網絡的多樣性有關。演化理論學家麥可．穆蘇克里希納（Michael Muthukrishna）和約瑟夫．亨里奇，便將這個所有大腦相互連接起來的脈絡稱為「集體大腦」，他們寫道：

> 對於創新的來源，一個常見的認知是源自於卡萊爾所說的「偉大的人」

3 譯者注：從宋明理學發展出來的一支流派。

——思想家、天才、偉大的發明家——這些人的認知能力遠遠超過他人。他們會獨自在思想上做出極大的、與眾不同的努力，把我們帶到新的高度。他們可能會站在過去一些偉人的肩膀上；但是他們之所以能看得更遠，是因為他們個人的見解；他們個人的天賦異稟。我們想指出……這些獨立的個體可以被視為集體大腦的產品、是先前彼此孤立的想法的相交集之處。

這樣的描述，解釋了革新為什麼常常會在幾乎同一時間，在不同人的大腦中發生，長久以來，命運或天意被引用來解釋為什麼在不同的時空中，查爾斯．達爾文、阿爾弗雷德．羅素．華萊士幾乎在同一個月裡想出不同版本的演化論；又或者解釋了，為什麼萊布尼茲和牛頓幾乎同時觸及微積分的概念。但是當歷史學家發現這些「巧合」並非例外，而是常態的時候，命運的說法就難以讓人信服了，如同史蒂芬．強生（Steven Johnson）所說的：

一六一一年時，太陽黑子同時被住在四個不同國家的科學家發現到；第一顆電池，是在一七四五年和一七四六年，分別由迪恩．馮．克萊斯特（Dean Von Kleist）和萊頓的庫尼厄斯（Cuneus of Leyden）所發明……能量守恆定律在一八四〇年代，四度被計算出來，而且每次都是彼此獨立的事件。基因變異對於演化的重要性是由S.柯斯金斯基（S. Korschinsky）在一八九九年所提出，而雨果．德弗里（Hugo de Vries）在一九〇一年亦提出同樣的看法，而X光對於突變率的衝擊，則是在一九二七年由兩位學者各自發現。電話、電報、蒸氣機、攝影、真空管、無線電——重要的科學進展幾乎都有分身隱身在現代生活的原生故事裡。

為什麼這些「獨立的」發現和發明這麼常一起發生？我們現在可以看出，他們是心智和心智之間的彼此連結，在形成網絡後可預期的結果。當大家開始跟類似的人和想法產生連結時，就常常會找出類似的關聯性和發現。

同時，我們也可以在不同的層級看到這個事實。舉例來說，人類學家蜜雪兒．柯萊恩（Michelle Kline）和羅伯．伯艾德（Rob Boyd）研究了太平洋諸島上的革新率。這些小島之間相隔著數百英里的海洋，這讓他們有辦法證明集體大腦的規模跟創新速度的關係。研究人員發現，科技的精密程度跟當地人際網絡的大小高度相關。網絡愈大，想法之間的重組、競爭並產生外溢效果的機會也愈大。

或是澳洲維多利亞省南邊兩百四十公里處的塔斯馬尼亞州為例，當歐洲人在十八世紀晚期首度跟當地人發生接觸時，他們的科技原始程度讓人驚訝；一些四萬年前的部落所使用的工具組，都比他們的更為精密。塔斯馬尼亞人只有單叉式的矛、（會漏水的）草筏，也因此抓不到吃不到魚（即便大海之中的漁量充足），飲水的工具則是骷髏。

他們怎麼會被困在如此基礎的科技層面？哈佛大學人類學家約瑟夫・亨里奇指出了缺少的那片拼圖是什麼。一萬兩千年前，海平面上升，洪水淹沒了巴斯海峽，因此也讓塔斯馬尼亞跟澳洲的其他部分分開了。這一萬兩千多年裡，他們無法取得更大的想法網絡，集體大腦也就縮水了。

於是，一小群的人口就這樣被孤立出去，這同時還會產生另外一個風險，就是一名技術高超的手藝人，可能會在將他的技藝傳授給徒弟們之前先行死去，然後導致他們失去那些得來不易的發明。更重要的是，海峽讓他們再也無法跟澳洲溝通和交流了：他們無法學習、進步、重組。帕瑪–恩永甘人口擴張，甚至越過了海峽；塔斯馬尼亞人在洪水淹沒海峽之際，明明跟帕瑪–恩永甘人擁有同樣的科技，人口卻是在驟減。

直接用科技來進行比較，也可以得出同樣的結果。每一年，亨里奇都會給新的學生看來自四個不同地區居民所使用的工具組合，包括：十八世紀的塔斯馬尼亞人、十七世紀的澳洲原住民、尼安德塔人，以及三萬年前的人類。他要求學生們去評量製作工具的人種的認知能力高低，學生總是會給出同樣的回答。他們給塔斯馬尼亞人和尼安德塔人的認知能力評價，都低於澳洲原住民以及三萬年前的住民，因為前兩者所使用的工具沒那麼精密。

若是這麼想就錯了，為什麼？因為光從使用工具的複雜程度，是無法判斷單一個體與生俱來的認知能力。原因在於，革新並不只是跟個體有關，個體之間的連結也很重要。回想一下洪水之前的塔斯馬尼亞人。這些居民在認知能力方面的天生條件完全一致，但是在工具的精密程度上卻是天壤之別。

回到前面提到行李箱公司的高層並未把握大好機會，並拒絕了帶輪行李箱的概念，原因是他們被困在一個典型裡面。他們很難抓住重組的重要機會，因為他們的環境在他們身上加諸了一道道觀念的牆。內部者的思維模式拖住了他們的後腿。

我們現在可以理解，這個類似的分析可以適用於更整體性的局面上。塔斯馬尼亞難以發生革新，是因為跟重組的機會分離了，而之所以分離，並不是內部者思維模式所致，而是因為一場洪災。他們並不是心理上跟新的點子分開來了，而是在實體上被分隔。網絡結構上的中斷，在創新的過程中置入了相當具體的限制。

這樣子的隔絕也可以是意識形態上的。好幾個世紀以來，女性都被排除在想法的網絡之外。這讓整個社會群體都得面對一個障礙，但這個障礙並不是洪水帶來的，而是偏執所造成的。這點也延續到啟蒙時期，如同社會心理學家卡蘿・塔弗里斯（Carol Tarris）曾寫道：「『啟蒙運動』限縮了女人的權利，她們……接受更高的教育以及專業訓練。」這一點對社會中的女性不公平——**也讓男人的創意能力急遽地減少**。男人無法取得那些來自另外一半的人口可能會提出的點子——那些多樣化的觀點、資訊和發現——集體大腦不斷地在縮小。如果還要對於人類歷史進展過程中創新發生的步調，再說點什麼的話，那就會是，如果女人被放進想法網絡裡的話，創新的腳步將會快上許多。

簡單的數學就可以證明這些要點。亨里奇邀請我們一起想像兩個想要發明特定科技的部落：假設那項科技是一張弓和一支箭好了。他請我們繼續想像：這兩個部落有著不同的特徵。天才部落很聰明，他們的腦子很大。另一方面，網絡部落很會社交，他們很喜歡互動。現在，假設天才部落中的每個天才都是絕頂聰明，以至於僅僅透過獨自的努力和想像，每十個世代的時間就可以製造出一次這項發明。而另一方面，網絡部落中的每個人，則是要每一千個世代才會創造出這項發明一次。那麼我們可以這麼說，天才部落的聰明程度，是網絡部落的一百倍。

但是，天才們並不是很會社交，他們的人際網絡中只有一個朋友，他們只能從這位朋友身上學習。另一方面，在網絡部落中，每個人都有十個朋友，這讓他們的社交性是天才們的十倍。現在，先讓每個人都獨自去發明弓箭，接著再試著從朋友身上學習。假設每次遇到朋友，從他們身上學到東西的機率是百分之五十，在哪一組人當中，這項發明最後會比較普遍呢？

答案與直覺正好相反。天才部落中，只有百分之十八的人會擁有這項發明，這些人當中，有一半的人會是自己做出來。而另一方面在網絡部落裡，則是百分之九十九點九的人會擁有這項發明，而其中只有百分之零點一的人會是自己獨立想出來的，而其他人則會是從他們的朋友身上學來的。然後這當中的每一個人，現在都會有機會可以改進這項發明，並且再將自己的見解投入到他們的網絡之中。結果相當明確——並且符合田野數據、實驗室的實驗以及多項歷史上的案例，如同亨里奇所言：

「如果你想要擁有很酷的科技，那善於社交比很聰明來得更好。」

V.

一二八號公路起點位於諾福克郡南部，穿過整個波士頓西郊之後，在抵達終點之前，海邊有一個漁業小鎮叫作格洛斯特。這是魯德亞德．吉卜林的名著《勇敢的船長》故事發生的背景地點。

喬納森．里奇曼（Jonathan Richman）寫了一首以一二八公路為主題的歌，〈賽跑的人〉（Roadrunner），這首歌曾被《滾石》雜誌列為史上最偉大的五百首歌之一，與此同時，在這條高速公路途中，有一個許多人都認為將會是歷久不衰的經濟奇蹟。一九七五年，當地科技聚落僱用了上萬名員工，並且坐擁世界上前十大的科技公司其中六家。王安實驗室、Prime電腦、Data General電腦等科技龍頭。在最巔峰的時期，迪吉多電腦公司擁有十四萬名員工，是國內第二大的公司。這條公路的西段獲得「美國科技高速公路」的稱號。《時代》雜誌稱其為「麻薩諸塞州奇蹟」。

另一方面，聖塔克拉拉谷則是個農業地區，距離美國西海岸超過三千英里遠，大多數地區都是用來栽種杏桃，這些水果香甜多汁，但是跟芯片以及半導體八竿子打不著。當地的產業大部分都是以小規模的食物加工和分銷為基礎。有一位歷史學家如此形容：「沒有發生什麼大事。」一九五六年，一位物理學家暨發明家，威廉．蕭克利（William Shockley）結束了他在雷神公司不怎麼成功的工作經歷，那間麻州公司對電晶體頗感興趣。蕭克利搬到了山景城，那是一座位於舊金山半島南端的小城，就是這個時候，聖塔克拉拉地區開始轉變。漸漸地，聖塔克拉拉谷裡的公司愈來愈密集，其中也包含快捷半導體公司。

到了一九七〇年代，聖塔克拉拉谷快速地成長，有了自己的名號：「矽谷」，然而還是有很大部分處在麻薩諸塞州奇蹟的陰影底下。波士頓的那些公司有著典型經濟優勢，土地和辦公空間相對之下成本都低得多，勞工、工程師和公司經理的薪水也是。除此之外，波士頓的那些公司都是穿著正式、穿西裝打領帶的白領族。矽谷那些叛逆者則是穿著輕鬆，比較喜歡牛仔褲和T恤，他們說話的方式也有所不同，用的術語也不同，但是這些都只是表面上的不同，關鍵的對比是在人際網絡的結構上，還有造成外溢效果的動力上，而這就是決定性的重點。

一二八號公路的公司相當有規模，他們的芯片和主機板、顯示器以及支架，都是在內部生產的，他們甚至生產硬碟。垂直整合在經濟面看來很合理，這種做法意謂他們在生產時會有著令人印象深刻的效率。但是這種整合還有另外一個沒什麼好感到驚豔的後果（一個不必要的後果），就是這些大型公司在社交方面是孤立的。迪吉多電腦公司的副總裁戈登・貝爾（Gordon Bell）說道：「迪吉多是個大型的獨立個體，在區域經濟中，像是一座孤島在運作。」替迪吉多的共同創辦人肯恩・奧森（Ken Olsen）寫傳記的格蘭・黎夫金（Glenn Rifkin）和喬治・哈拉（George Harrar）是如此描述這家公司的：「那是一個社會學的單位，它自己本身就是一個世界。」社會學家安娜麗・薩克瑟尼安（AnnaLee Saxenian），在她的經典著作《區域優勢》一書中講述到這場科技戰爭，她寫道：「一二八號公路的企業採用的是自給自足式的封閉作法。」

當這些公司變得孤立，它們也變得極度重視專有。王安會僱用私家偵探來保護公司的想法和資產。大家只跟自己公司內部的人社交，能讓工程師有機會聚在一起的論壇和會議極為稀少。「公司和客戶、供應商和競業之間，這種祕密控管關係的做法，」薩克瑟尼安寫道：「讓彼此間的牆壁變得愈來愈厚、愈來愈高。」

想要保密本身是很合理的欲望，但也代表著一種沒人說出來卻有重大影響的取捨關係。當公司讓自己的工程師無法進入更大的人際網絡時，無意之間也把多樣化見解、重組、無法預期的大幅進展這些創新性的複雜交織給阻塞住了。一二八號公路的特色是人際網絡理論家口中的「垂直」動能。想法會在這些組織內部流動，但不會向外部流動。「科技面的資訊被困在個別企業的領土，而不是瀰漫在當地各家公司和創業家之間……，」薩克瑟尼安寫道：「水平方向的傳播非常少。」

甚至從高速公路上，就可以看到當地公司距離彼此有多遙遠，並且還感覺得到領土和領土之間的孤立感。「科技公司散布在整條走廊地帶，並且愈來愈往外圍發展……中間隔著好幾英里的森林、湖泊以及高速公路。一二八號公路地區幅員之廣，以至於迪吉多開始使用直升機來聯絡分散得很開的各個事業體。」

矽谷看起來比較不適合高科技行業，至少表面上看來如此。矽谷地區並沒有享受稅收方面的優惠，這不利他們追上一二八號公路。州政府也並未在保安方面提供額外的支持。就像之前已經提到的那樣，土地、辦公空間和工資的成本都比較高。然而矽谷還是有一個更為有力的優勢，一個在傳統的經濟學課本中很難找到的材料。讀讀湯姆．沃爾夫（Tom Wolfe）關於矽谷那篇有名的文章，就會掌握到是什麼材料：

每年，在一些像是馬車輪酒吧、依旺家餐廳、瑞奇酒館、圓屋餐館等等的地方，這個菁英中的菁英兄弟會都會聚會。成員皆是半導體產業的年輕男女，他們下班後會直接過來小酌、聊些八卦、吹噓著貿易戰的故事、聊聊相位抖動、幻象電路、磁泡記憶體、脈波列、免彈跳接頭、叢發模、跳位測試、PN接面、嗜睡狀態、《百戰天龍》裡恐怖列車那幾集、內存記憶體、NAK、金屬氧化物半導體（MOS）、脈衝編碼調變、可程式化唯讀記憶體（PROM）、PROM規劃器、PROM燒錄器、PROM沖消器、兆級的容量，也就是百萬的好幾百萬倍。

在矽谷，人們會進行社交活動，想法會一直冒出來，這些想法就有機會可以相遇、結合、重組，然後再度引發新的想法。「資訊傳遞的速度非常快，」一位觀察者說道：「這個區域密集的社交網絡，以及開放的勞動力市場會鼓勵實驗與創業……」薩克瑟尼安寫道：「有一個圈內人才懂的笑點，就是如果你在程式上遇到解不開的問題，就去馬車輪酒吧找人問問吧。」

這種交流，有時候會被稱為水平的資訊流動：那種在工程師與工程師之間、公司與公司之間的資訊流動，會不停地產生外溢效果。資訊不僅僅是在單一機構的內部流傳，也在機構之間流傳。像是馬車輪酒吧這種空間是重組的樞紐、是一個冒著泡泡的大鍋，裝滿了擁有不同觀點和典型的人。某個主題或是科技方面的內部人士會是其他主題和觀點的外部人士，反之亦然，如此一來，就產生了大量多樣化的觀點。

這些活動地點中，有個叫作家釀電腦俱樂部的地方，它是由一群充滿熱忱的業餘愛好者所創立。第一次的聚會是在一個車庫裡，其運作的邏輯就寫在一九七五年三月，第一封刊出的通訊裡：「你正在組裝自己的電腦嗎？還是終端機？電視打字機？還是輸入／輸出裝置？還是別的什麼數位魔法黑箱？如果是的話，你可能想要參與這場同好聚會來交換資訊、想法、聊聊工作、幫助別人的計畫等……」〔在他們第一次聚會的幾十年之前，距離這個車庫幾個街區以外的另一個車庫裡，有兩個分別叫作比爾．惠利特（Bill Hewlett）和大衛．普克德（David Packard）的男人，正好在此處開始用電子設備做實驗。〕

這場初次的會面，替後面將會發生的事情搭設好了舞台。點子就像雪碧瓶裡的泡泡一樣，不停冒出來。當時世界上存在的個人電腦，僅數百台而已，但是隨著對話此起彼落，這個組裝小組想出了家用電腦許多可能的用途：編輯文字、儲存、遊戲、教育用途。有個人甚至還提議用電腦系統來控制家中的設備，像是鬧鐘、暖氣和灑水系統。

聚會上有一名與會者，年約二十歲中段、留著鬍子、充滿熱忱。他很害羞，講起話來輕輕柔柔的，他靜靜地聽著這些，圍繞著個人電腦的領域進行著的討論。他已經打造出自己的處理器，也玩過晶片，但此刻，他正被一場對話環繞。這在社會學上等同於讀取了三十個新的大腦，其中每顆大腦都有各自的見解、不同的觀點、專家的資訊以及叛逆思考。

當眾人討論到 Altair 8800 時，引發了他的興趣。那是史上第一台個人電腦，在販賣給那些業餘愛好者時，還會附上自行組裝的工具包。他先前從來沒看過這台機器。接著有人拿來一張 Altair 8800 的資料文件，這讓他整個大腦都熱了起來。「那場討論抓住了我一輩子的注意力，」他事後說道：「對我來說，那是茅塞頓開的瞬間……我把那張資料帶回家，並且對微型處理器已經達到如此完整的階段而震驚不已，那就是我從高中開始就不斷不斷設計的那台處理器啊。那天晚上，我就這樣靈光一閃，想出了蘋果的完整形象。」

這位業餘愛好者的名字叫作史蒂夫·沃茲尼克（Steve Wozniak）。十三個月後，他會開設一家名為蘋果的電腦公司，概念源自於那天晚上，在他腦袋裡融合的兩個概念（把叛逆思考組合在一起，還有別的案例能比這個更貼切嗎？），他的共同創辦人是家釀俱樂部裡的另一位與會者：史蒂夫．賈伯斯。

很顯然地，一二八號公路沿途上都找不到這類交換想法的論壇——不管是餐廳、咖啡店還是自主創新的俱樂部——這只不過是一種徵兆。那裡**沒有這種需求**。在搬到矽谷之前，傑弗瑞．卡布（Jeffrey Kalb）曾經在麻省工作，內容是關於小型電腦：「一二八號公路那邊，我不知道有任何這種場所。在哈德森或是馬寶路，可能有些吃午餐的地方，但沒有像是矽谷那種可以經常光顧、用來消磨時間的大型地點。」一二八號公路上的公司忽略了這些事情，他們並不是刻意自尋死路。他們既聰明又有創意，但是並未在觀念上做出關鍵性的躍進。創新需要的不只是創意，還需要聯繫。他們有點像之前那個思想實驗裡的天才部落，他們具有原創性，但缺乏社交性。多樣性的確存在，但並未被好好地利用。這些公司就像塔斯馬尼亞，島嶼跟島嶼之間隔著高高的水域，如同薩克瑟尼安所寫的那樣：「矽谷常見的社交網絡和協作，採用的是從來沒有在一二八號公路成為主流的企業文化。該地區的新型管理模式，跟傳統企業的做法只有些許的不同而已。」

一九五七年，〈賽跑的人〉這首歌被創作出來的十五年前，一二八號公路科技園區僱用的員工人數是矽谷的兩倍。他們建立了像是喜萬年、Clevite、CBS-Hytron、雷神等真空管品牌，這些公司就占了全國發送及特殊目的接收用真空管的三分之一，以及固態電子器件的四分之一。一九八七年，那首歌被寫出來的十五年之後，這個差距被翻轉了，那時矽谷僱用的人數是一二八號公路的三倍。到了二〇〇〇年的時候，波士頓的企業孤島全消失了，像是塔斯馬尼亞的科技那樣。

我們應該要注意到一件事，就是公司之間的競爭（即便是閉門造車的那種公司也一樣）是在系統層級上發現資訊的一種形式。當機構與機構面對面的時候，我們會發現誰的想法可行、誰的不可行。那些想法不夠好的公司就會破產，成功的公司會被複製，讓整個產業系統適應。運作良好的市場是顆有力的引擎，會讓集體大腦成長、並對它的擴張做出貢獻。而這個章節中所要分析並揭露的是，當資訊被困在機構的限制裡時會有的危險。這對於整個系統和這些機構本身都有壞處，在產業系統方面，這麼做會減緩其進化速度；而對於機構而言，則是在創新方面困難重重。

此外，考慮到一二八號公路沿途的公司互動網絡中存在的裂縫，促使了這種閉門造車的情形，並且也因為這樣子的剛愎自用，裂縫變得愈來愈大。愈多人躲回自己的思想藩籬裡，他們就愈容易把新的想法視為威脅，而不是機會。

蓮花軟體公司的創辦人米奇．卡普爾（Mitch Kapor），談到一次跟迪吉多的執行長肯恩．奧森「怪異的」會面，見面時，後者似乎無法領略到個人電腦的重要性，卡普爾說道：

讓我瞬間警覺的時刻……就是看到這些傢伙有多搞不清楚狀況，並且自取滅亡。奥森自己幫迪吉多的個人電腦設計了機殼，並且做得好極了，他給我看機殼有多堅固，然而我在想的卻是：「我現在是住在哪個星球上啊？這完全無關緊要啊。」但在他的世界裡，當電腦都是放在工廠的地板上的時候，自然要非常堅固結實。在那種情況下就真的很重要，但在這裡，則完全不重要。

至於矽谷這個地區正在突飛猛進。內部人士和外部人士彼此碰撞、多樣的想法重新組合，這個過程又因為地理環境而更加穩固。跟一二八號公路分布得很廣很散的企業小島不同，矽谷的公司「聚在一起，彼此之間靠得很近，產業密度很高。」IDT的高層，賴瑞·喬丹（Larry Jordan）在一九九〇年一次精闢且影響深遠的訪談時提到：「這裡有種獨特的氛圍，會不斷地自我振興，靠的是一件事：昨天的挫折會成為今日的集體知識，然後明天再用重組的方式修改……透過這些重組的過程來學習。沒有其他的地理區段能夠同樣有效地創造出重組，且受到的干擾如此之小，這個過程讓產業結構變得更強而有力。」

重組的科學展現了具有吸引力的願景。革新的目的，就是要拆掉那道造成隔閡的牆。當然，有些牆是好的。我們大部分的人都重視隱私。大部分的公司都需要保護自己的智慧財產，也需要空間來好好工作。但我們常常沒有處理好這兩者之間的平衡，並且漸漸向剛愎自用傾斜。這不是因為我們不重視不同的人所提出來的見解，而是因為我們低估了這些見解的重要性。這是同質相吸的另一個面向，我們在自己的思想藩籬、自己的類別、自己的概念環境裡享受這樣的舒適。

同質相吸在科學本身也是一樣。學者太常跟同領域的學者交談。這當然沒問題，只是在某個程度上值得探討。當歷史學家只跟歷史學家談話、經濟學家只跟經濟學家交流，他們都削弱了自己在解讀、理解現象時的能力。這本書很大一部分，都是來自於那些由外部者觀點支撐的學者的研究成果，他們在跨領域的團隊工作、在性別和族群方面都具有充分的多樣性，這些學者讓我們對世界的理解更為豐滿。

諷刺的是，在這些思想家當中，有些人很難在科學期刊上發表著作，原因在於，部分的學術圈變得很像概念上的孤島，由一些自我參照式的同儕審查團體所組成，這些人只要遇到典型以外的任何事情，都會備感困難；還有一個原因，即認知上的不足，他們沒有充分認知到「偉大的科學具有重組性」這件事。成功的科學家不只是那些在自己的領域內有著深厚知識的人，還有那些擁有想像力，會讓他向著更廣闊的、群星薈萃之處看去，去找尋有意義的異花授粉的可能性，他們就是如此發現叛逆組合的。

從我們目前所學，可以知道網絡理論在許多領域中，都愈來愈向著舞台的中心移動，也不會有什麼意外。在十八世紀，尤拉就已經將這個議題的數學面給體系化了，但是基本的概念還是很直覺性、容易掌握、在應用上也可行。以建築物的設計為例，建築師現在在規劃空間的時候，都是在放大連結的規模。其中的構想並不是要讓大家關在隔板和一間一間的辦公室裡，而是將大家帶離開自己的辦公桌，打造一些區域，讓大家感覺受到鼓勵，彼此交流、偶遇並且接觸到外部者思維。

有一個領導人很直覺地就領略了這些真相，他就是史蒂夫·賈伯斯。他在一九八六年從喬治·盧卡斯手上買下動畫公司皮克斯。當他在替這家公司設計辦公大樓時，他決定只設置一套洗手間，就位於中庭天井的地方。這意謂大家必須從建物中的各處走過來。這種做法看似很沒效率，但也強迫大家離開他們平常的崗位，演奏一首由偶遇交織而成的交響樂。賈伯斯說道：「每個人都得遇到每個人。」

又或以麻省理工學院的二十號大樓為例，這不是棟美麗的建築。根據一篇講述這棟建築物的文章，這棟樓「是用夾板倉促蓋成的，會漏水、傳音效果很糟、採光也很差、通風不良，在裡面行走很容易迷失方向（就算是對那些在裡面工作多年的人來說也一樣），夏天熱到不行、冬天凍到直打哆嗦。」但這裡仍舊出現令人驚嘆的發明，包含打造出世界上第一座原子鐘、現代語言學的發展、最早的粒子加速器之一、定格攝影等等。認知科學家傑羅姆．萊特文（Jerome Lettvin）稱其為「麻省理工學院的子宮」。

這棟建築為什麼在創新方面有這麼強的傳導性呢？因為這棟建築缺乏一個正式的結構，導致不同領域的科學家會持續相遇。舉例來說，阿瑪爾．博士（Amar Bose）在寫論文的休息時間，開始在聲學實驗室打發時間，這個實驗室就位在他自己系所直直走下去的地方。那之後，他將會發明出一支具有創新性的楔型喇叭（並創立了博士音響公司）。

長年以來，這棟建築裡的居民，包括聲學實驗室、黏著劑實驗室、語言學系、導彈計畫辦公室、用來實作光學設計的實驗室、海軍研究辦公室、模型火車社以及其他。「要不是這棟樓，可能直到現在，這些研究人員都還未曾共用過同樣的一處設施——生物學家會在生命科學館裡做研究，光學設計師會在建築館裡畫草圖，」建築師大衛·沙弗爾（David Shaffer）寫道：「各個領域的科學家得以用特殊且興奮的方式認識彼此，創造出空前的跨系所合作。」

二十號大樓另一個不尋常的特徵，就是它的牆壁很容易拆除。每當這些牆會阻礙之後成果相當豐碩的合作計畫時，只要直接拆掉就行了。工程學教授保羅·彭菲爾德（Paul Penfield）說道：「如果你想要從一間房間接線到另外一間房間，不必去叫維修中心，你就拿把電鑽，把牆打穿就得了。」提姆·哈福特（Tim Harford）在《亂，但是更好》一書中寫道：「誰會想到把一群電機工程師和模型火車社團放在一起會有所突破，結果還研發出電動遊戲？」

你也可以在文化機構的歷史裡看到互動網絡的力量。足球成為了重組的溫床，特別是在策略方面，從兵工廠足球隊的傳奇經理赫爾伯特·查普曼（Herbert Chapman）首創的 W M 陣式到義大利的防禦陣式：鏈式防守等都是。經濟學家拉斐艾雷·特雷夸特里尼（Raffaele Trequattrini）的解釋是，這些創新在競爭上帶來了持續性的優勢。

同樣的說法也適用於荷蘭足球界的徹底革命，這可能是體育賽事中，重組結果最鮮明的例子。荷蘭足球曾是高度剛愎自用的團體，球迷們若是發現這點可能相當驚訝。只要不是從比賽中得來的點子，都被視作威脅，而不是機會。一九五九年，新來的物理治療師來到阿賈克斯足球俱樂部，並看到由木桌和毯子組成的醫療設施時，他提議要買一張先進的治療桌。教練的回應是：「不要毒害我們的氛圍，我們已經在這個桌子上進行治療五十年了。」

一直要等到一位帶有外部者思維模式的年輕教練到來，才改變了這種閉門造車的狀況。他的名字叫作連奴斯．米高斯（Rinus Michels）。他將比賽以外的想法引入之後，不僅改變了策略和訓練，也激發了專業化的發生。在他出現之前，幾乎所有的球員都有比賽以外的工作，包括荷蘭足球史上最偉大的角色之一，約翰．克魯伊夫（Johan Cruyff）。克魯伊夫在一家當地的印刷廠工作。訓練變得「相當新穎、強度更高、更集中在智力的運用上」。

大衛．溫納（David Winner）在他的著作《聰明的橘子》中，追蹤了荷蘭社會中更普遍性的轉變。「經過二十年的安定之後，有一個空前的機會出現了，可以進行國際性的異花授粉……這世界上沒有任何地方跟阿姆斯特丹一樣，年輕人裝載著一種玩興，如此超現實、無政府又充滿戲劇性。」

約翰．克魯伊夫是這種轉變的核心。一位年輕的前教練卡瑞爾．嘉布雷爾（Karel

Gabler）說：「他在阿姆斯特丹猶太區的廢墟中長大，一九六〇年代，那個地方有如黑白世界裡發生了色彩大爆炸。」他繼續說道：「克魯伊夫跟許多人發生了各式各樣的衝突，因為他開始提出了整個世代在問的問題『事情為什麼是這樣組織的？』」

記者歐文．斯洛特（Owen Slot）在其著作《才能實驗室》中檢視了英國在奧運賽事中所取得的成功，從一九九六年亞特蘭大奧運時，只拿了一面金牌的低點，到了二〇一二年倫敦奧運的二十九面金牌。英國體育史其中一個關鍵的任命案，就是讓史考特．卓爾（Scott Drawer）帶領研發團隊。他是一位科學家，擁有體育科學方面的博士學位，也渴望新的想法。他最一開始的行動，就包括看向體育以外的領域，借鑑學術界和產業界，找來了工程師以及發明家，這些人可能會帶來新的想法，以處理提升運動員速度的問題。當時他的團隊在謝菲爾德的會議室聚會，那裡就像馬車輪酒吧一樣，在這裡，每個獨立的科學家都被安插到一個新的、更多樣化的互動網絡裡。卓爾曾說：

以學術專業來說，那不一定是最好的「團隊」，但以創意來說，是一時之選，大家會傾聽、保持好奇、會想要探索。純真是很真實的力量……當你把大家放在一起，並且有個很好的環境，讓大家可以如此進行思考，你可能會驚豔於這個團隊最後走出來的路。

這個重組的結果非常了不起：

用F1的科技來幫忙製作冬奧的有舵雪橇、用英國的航太科技來協助俯式冰橇的製作，艾米．威廉斯（Amy Williams）就是用這種雪橇在溫哥華拿下金牌……游泳選手用來精進滾翻的感應器……自行車選手穿的「熱褲」，讓他們可以在比賽時保持肌肉的暖和、艾德．麥基弗（Ed McKeever）皮划艇的防水裙上的防潑水塗層，他就是用這艘皮艇在倫敦奧運中贏得金牌。4

你可以在歷史上看到同樣的模式。那些成功拆除人與人之間障礙的年代，促進了意義重大的人際互動、驅動了創新。但最值得注意的例子之一是十八世紀的蘇格蘭，儘管在經過了幾個世紀「類停滯」的狀態，並且才剛因為一個政治混亂的時代而飽受折磨，卻仍然擺脫了困境，成為了啟蒙時代的樞紐。

蘇格蘭的教區學校的網絡發展出了非比尋常的延展性，從十八世紀的初期，就延伸到了整個低地區。跟只有兩所大學的英格蘭相比，這裡有五間大學（聖安德魯大學、格拉斯哥大學、愛丁堡大學、馬歇爾學院、艾伯丁大學，以及艾伯丁大學國王學院），這些機構中都有數學學位，並且提供了以授課導向為主的經濟學和科學教育。

當時的蘇格蘭可以說有高度社交性的景象：「這裡不是大家獨自而孤立地在鄉間宅邸中工作；或是一群與世隔絕的學究，聚集在不理紅塵俗世的大學裡面。這裡的景象是相當歡愉的。」學者、科學家以及商人齊聚一堂，尤其是在當時如雨後春筍冒出來的俱樂部或是社團，如同一位學者所說的：「學科之間的相互交流和交互孕生……是蘇格蘭的景象中最了不起的特質。地質學家跟歷史學家有所往來、經濟學家跟化學家有所交流、還有哲學家與外科醫生、律師與農夫、教會牧師與建築師。」

愛丁堡的牡蠣俱樂部創辦人當中，有經濟學家亞當・史密斯（Adam Smith）、化學家約瑟夫・布拉克（Joseph Black）以及地質學家詹姆斯・赫頓（James Hutton）；擇

4 作者注：一位英國的體育記者蒂姆・維莫雷（Tim Wigmore）表示，如果你看得仔細一點，有許多體育技術上的創新本質都是重組性的。印度的板球員汲取了網球中的想法，才精進了反掃的技術。諾瓦克・喬科維奇（Novak Djokovic）之所以學會他有名的滑步也是合併了他對滑雪的熱愛，並從中獲得的點子。同樣的模式也適用於跳高選手迪克・福斯貝里（Dick Fosbury）的「福斯貝里跳」、桌球女選手丁寧的下蹲砍式發球，還有英式橄欖球選手達尼・齊普里亞尼（Danny Cipriani）獨特的眼身追蹤技巧。

優會社則包括了建築師詹姆斯．亞當（James Adam）、醫師法蘭西斯．休姆（Francis Home）、哲學家大衛．休謨（David Hume）。這些地方和組織就是蘇格蘭啟蒙運動的馬車輪酒吧和圓屋餐館，在這裡想法會互相碰撞並且擴散開來。

其中知識的綻放是非常了不起的。休謨在這裡寫出了他在倫理學、政治經濟、形而上學以及歷史方面的傑作；休謨親近的朋友，亞當．史密斯則寫了《國富論》，到現在依然可能是經濟史上最具影響力的作品。詹姆斯．博斯韋爾（James Boswell）寫作了《科西嘉記》；詹姆斯．伯尼特（James Burnett）建立了現代的歷史比較語言學；還有具有開拓學科視野的地質學家詹姆斯．赫頓。約翰．萊斯利（John Leslie）爵士在熱力方面做了重要的實驗，而約瑟夫．布拉克則是發現了二氧化碳。

如果把蘇格蘭啟蒙運動中，每一位思想家分別單獨看待，那我們可能會做出這樣的結論：這些知識的盛放之所以會發生，是因為這個國家受到了祝福，所以擁有偉大心智的人，數量是非比尋常的多。唯有再退一步，我們才會看到這些擁有偉大心智的思想之所以得以綻放，唯一的原因，是他們被放進了如此多元的集體大腦裡。如同一位旅客所說的：「我站在此處，一個名為愛丁堡十字的地方，僅僅幾分鐘之內，就可以跟五十位天才握到手。」

REBEL
IDEAS

| 第五章 |

同溫層

I.

德瑞克·布萊克（Derek Black）對白人優越主義宣示忠誠之時，還只是個小學生。他在青少年時期協助管理名為「風暴前線」的論壇。一開始的時候，這只是一個線上布告欄，但很快地變成網路上最大的仇恨網站。二〇〇一年，在《今日美國》有篇文章將風暴前線稱為「網路上瀏覽量最大的白人優越主義網站」。布萊克會定期在上面發文、審核評論，協助白人民族主義分子建立線上社群。他盡忠職守、有謀略，很快就變成網站的核心，以及更廣泛運動的核心。他機智過人又口齒伶俐，很多人視他為這項事業的繼承人，他是大家需要新想法和口號時會找的人。

到了青春期晚期，他在AM廣播上有了自己的節目時段——德瑞克·布萊克秀。他支持恩斯特·曾德爾（Ernst Zündel）的著作，曾德爾是提倡猶太人大屠殺否定論的德國出版商。布萊克還訪問像是傑拉德·泰勒（Jared Taylor）和戈登·包姆（Gordon

Baum）這類白人優越主義的領袖。這個節目想要受歡迎，以至於他取得了每天的帶狀節目時段，他是天生的廣播主持人。

他繼續經營與宣傳風暴前線，試圖淡化論壇的使用者與大型暴力事件的連結。有一份研究指出，在二〇一四年之前的五年內，風暴前線的會員殺害近一百個人，其中有七十七起死亡案例出自二〇一一年挪威攻擊事件[1]的兇手安德斯·貝林·布雷維克（Anders Behring Breivik）——兇殺率「自二〇〇九年初，巴拉克·歐巴馬成為美國第一位黑人總統之後，開始迅速地上升」。

德瑞克當時剛成年。這個年輕人成為了白人優越主義大會上不可或缺的存在，身為主講人，他讓全體觀眾都激動不已，也漸漸有了名聲。他在種族遺返方面，成為一位有力的思想家，並在棕櫚灘的共和黨直行委員會贏得了一席之地；然而當黨內發現他極端的觀點時，立刻拒絕讓他擔任此職位。

巴拉克·歐巴馬贏得二〇〇八年總統大選的那晚，風暴前線的網站因為陡然攀升的

1 譯者注：二〇一一年七月二十二日，於奧斯陸政府大樓附近的爆炸事件，以及同日在距奧斯陸西邊四十公里處的烏托亞島發生的槍擊事件。

流量掛掉，這對於白人民族主義而言，是個令人陶醉的興奮時刻，他們的排名天天都在上升，而新總統每個月都會收到三十封以上的死亡威脅。不久之後，在曼菲斯的白人權益會議上，他獲得了一個重要的角色，記者伊萊．薩斯洛（Eli Saslow）在他那本妙語如珠的著作《從仇恨中崛起》裡描述了當場的實況：

3K黨員以及新納粹主義分子到了他們二〇〇八年秋季會議的會場。他們身穿套裝，名牌上寫的是假名，一大早就一個一個溜進飯店。他們走過那些在人行道上舉著彩虹旗的抗議群眾，走過那些在飯店大廳外特意增加部署的州警察、走過那些試圖滲透其中的聯邦調查局線人……有個市郊行政區宣布了緊急狀態，好讓他們可以請求增額員警；另一個地方則發布了暫時的公眾集會禁令。但是到了星期六早上，大概已經有一百五十名白人民族主義中的佼佼者聚集到一間不起眼的飯店會議室裡，在那裡的牆上掛了一個牌子，寫著：「讓白人美國重見光明的戰爭就從現在開始。」

在某種程度上，德瑞克天生就是白人民族主義的領袖。他的父親名字是唐，這位父親在大學時曾經加入3K黨，並且很快被擢升成為大巫師。[2]一九八一年，他跟一群白人優越主義分子在多米尼克島試圖發動政變的途中，因攜帶黃色炸藥、催淚瓦斯等武器被逮捕。「他們希望將該地變成一處白人的烏托邦，」薩斯洛寫道。唐被判了三年刑期，在監禁期間學會了電腦技能，且這將會讓他有能力可以建立風暴前線這個網站——而他的兒子，之後將會對這個網站做出不可或缺的貢獻。

唐親眼見證了德瑞克快速的晉升，他心中滿是驕傲。「我從沒想過，在自己家裡居副手之位的感覺會是這麼好，」他如此說道。他觀察到德瑞克擁有很多他所缺乏的長處，尤其是那種身段柔軟、應變自如的智慧。這個年輕人有辦法創作出一些語句吸引大眾的注意力。當德瑞克談到大量移民所造成的「白人大屠殺」時，唐注意到了這種說法是如何向下扎根，並且漸漸成為主流。

至於德瑞克的母親克洛伊，她也跟白人民族主義運動有很長遠的淵源。她先嫁給了大衛．杜克（David Duke），3K黨裡最受到關注的人物之一，他們生了兩個女兒，後來離婚。兩人離婚的數年之後，她嫁給了唐。他們都在白人民族主義的圈子裡，她認識唐已經很多年了，而杜克在他們的婚禮上擔任伴郎。

2 譯者注：3K黨中的領袖地位。

杜克是美國白人優越主義實質上的領袖，他畢生致力於將白人的意識形態帶到政治主流裡。一九九一年，他競選路易斯安那州的州長時，贏得了大部分的白人選票，但是以些微的差距落選了；他是德瑞克的教父，而且「就像第二個爸爸似的」。他會在布萊克家過聖誕節、跟他們往來，並且也對小德瑞克悉心照料培養，感覺就像是在培育自己的接班人那樣。

德瑞克快要成年的時候，已經對於白人民族主義知之甚詳，他也對自己的膚色感到相當自在。他的紅髮及肩，戴著黑色的牛仔帽，人模人樣又很有魅力，大家都很喜歡他，他並未使用種族主義的污辱式語言，也不支持肢體上的攻擊；相反地，他用的是較為溫和的語言，清楚描述他的意識形態。他想要美國變成一個只有白人的國家，而那些少數民族，最終將被強制驅離。

曼菲斯的那場會議，當杜克將這位神童介紹給一起聚會的白人優越主義分子時，興奮之情全寫在臉上，感覺起來就像是個關鍵性時刻。「我們的運動徹底變成主流的那個未來就要到了，」杜克說道：「我想要向你們介紹我們運動中的一道引路的光，我不知道有哪個人比他更有天賦了，他的成就可能會比我的更大，觸及得更廣、更加國際化……各位女士、各位先生，歡迎德瑞克．布萊克。」

II.

堪薩斯大學是這個向日葵之州最大的一所大學，學校在一八六五年創立於勞倫斯市，並逐漸擴張成有五個校區，被視為美國環境最優美的學術機構之一。「我們欣然接受這樣的角色：我們是本州的領航大學，以及首屈一指的研究機構，並且替本州、替國家以及世界效力。」他們的網站如此介紹。「我們讚賞那種注入了藍鴉鷹[3]精神的活力和惻隱之心。」

只消和學生、教授們攀談一會兒，你不只會感受到大學裡繁忙熱絡的社交活動，也會體悟到學校的規模。學生人數將近三萬人，來自全美乃至於全世界的各個角落。大約有三千名學生不是白人、約六千名學生是來自堪薩斯州以外的地方，且大約有兩千名學生的年紀在二十五歲以上，這樣的人口組成是具備多樣性的。

3　譯者注：堪薩斯大學的吉祥物，是由鴉與鷹綜合起來的鳥類形象。

不管是在堪薩斯，還是其他地方的大學，你都可以抓到一個稍縱即逝的現象，即由更多學生組成的社交網絡產生的有機感。在授課結束之後，大家會彼此約去酒吧和夜店玩、並發展友誼，而且很多都是一輩子的友誼。大部分的人在畢業多年之後，還會跟大學的朋友聯絡。

最近幾年以來，社交網絡的形成方式成了科學研究的主要焦點。其中安潔拉．巴恩（Angela Bahns）帶領的計畫，是最迷人的研究之一。她是美國的心理學教授，研究對象是堪薩斯州內的學術機構。其中一所被拿來分析的機構就是堪薩斯大學。研究人員在本校的學生跟朋友在一起的時候，會在一旁觀察並且做問卷調查，如此一來，他們就可以探討他們彼此間是如何建立友誼與社交團體。他們也研究了另外五所較小型的大學：位於鮑德溫市的貝克大學、林茲堡市的貝色尼學院、北牛頓市的貝瑟學院、麥克弗森市的中央基督學院與麥克弗森學院。

所謂較小型大學是指規模上小很多。貝克大學是一所非常好的大學，有著豐富的歷史（這是堪薩斯州最古老的學術機構，創立於一八五八年），只有三棟學生宿舍還有兩棟公寓供學生居住。這所大學校譽優良，並且提供了相當多樣化的課程可供選擇，但是無法與美國那些標誌性機構的設施規模相比。

在堪薩斯大學的學生人數已經達到了將近三萬人時，其他五所學校平均學生數幾乎還不到一千人。麥克弗森學院有六百二十九位學生、貝色尼學院有五百九十二位學生、貝瑟學院只有四百三十七位學生，這樣的人數也意謂整體的族群多樣性較低。貝瑟學院只有一百零五位學生是從堪薩斯以外的地方來的，而貝克大學與麥克弗森學院則沒有來自海外的學生。

巴恩試圖想要找出答案的問題是，這些不同的背景條件，將會對機構內的社交網路特徵產生什麼樣的影響？這些條件會如何形塑人與人之間產生連結的方式？這些條件會如何影響到他們社交對象的類型？以及他們要怎麼建立長期的友誼？從直覺上來看，答案似乎還滿明顯的。堪薩斯大學由於規模龐大，能夠提供更多的機會，讓大家遇見跟自己思考方式不同、背景不同、有著不同觀點的人。這所大學憑藉其強大的影響力而成為國際化的大學。

另一方面，貝瑟學院的表現可能令人印象深刻，但是其較小的規模也就暗示著，遇見不同的人的機會比較受限。這所學校有著親密和溫暖的氛圍，但是學生人數較少的話，要跟思考方式不同、行為模式不同、或僅僅只是外貌上些許不同的人進行有意義的互動的可能性，當然就會比較限縮。

然而巴恩的數據顯示完全相反。堪薩斯大學的社交網絡同質性較高，而且不只是在態度和信仰方面，在政治、道德信念以及偏見上也是。「結果非常清楚，」巴恩告訴我：「當人們身在一個較大型的社群之中的時候，他們比較有可能會去建立出較窄的網絡。」

這怎麼可能呢？再回想一下這兩所校園。在堪薩斯大學，校園裡的人很多，不可否認的，這裡是相當多樣化。但是多樣性有一個矛盾的特性，多樣性意謂有很多不同的人，彼此都是潛在的互動對象，卻又意謂有很多跟自已非常相像的人。如果一個人想要跟想法相近的人相處，那麼這樣的人並不難找。社會學家將這個現象稱為「細粒分類」（fine-grained assorting）。另一方面，在一所規模較小、人也比較少的大學，整體的多樣性會比較低；但這也意謂，要找到跟自已想法或外貌一模一樣的人，幾乎是不可能的，你必須要妥協，接納最低限度的相異之處。背景人口的整體多樣性愈低，符合一致性的選項也就愈限縮。巴恩説道：

> 這聽起來很諷刺，但卻是可預見的。在比較小型的大學，可以選的選項也較少，人們必須要跟相較之下比較不同的人建立人際關係；另一方面，當校園很大的時候，學生們就有更大的機會對他們的社交網絡進行微調。他們可以去

找那些跟自己非常類似的人。

巴恩的實驗跟其他不同脈絡下、在世界各地所進行的研究，得到了相似的結果。其中，哥倫比亞商學院的教授保羅．英格拉（Paul Ingram）主持了一個實驗，他們的團隊邀請了一百個人，在下班之後去參加一場在紐約舉行的社交聚會。時間是星期五晚上七點，聚會在大學的一所會館裡舉行，研究人員竭盡所能地鼓勵大家相互認識。在房間的正中央有一張大桌子，上面放了一些前菜小點，有面牆邊擺了一桌的披薩，另外一面牆邊則有吧台，提供啤酒、紅酒和無酒精飲料。

平均而言，每位參加者都認識房間內三分之一的人，但是剩下的都是初次見面的人。所以這是一個拓寬他們社交網絡的好機會、跟各式各樣的人建立連結。的確，許多參加者在會前的調查中，都說他們參加的主要原因（除了放鬆之外）就是要建立新的人脈，所有的參加者都要戴上一個電子標籤，這個裝置不會竊聽他們之間的對話內容，但是可以追蹤他們遇到哪些人，以及跟這些人相處多長的時間，讓研究者可以「建立一個動態的網絡，捕捉到活動過程中人與人相遇的過程。」

結果，這些參加者最後都跟哪些人交談呢？他們是否都按照之前表明的目標，試圖去找不認識的人，並開拓他們的網絡呢？事實上，實際發生的狀況恰恰相反，如同研究人員所言：「大家在這種混合性的社交場合，真的會跟不同的人混在一起嗎？答案是否定的——或者應該說，比起他們所擁有的可能性，他們所做的並不算多。我們的結果顯示，這種社交活動的客人，傾向於把時間花在跟少數已經認識的客人交流。」

在我們這個物種的早期歷史中，集體大腦在成長時遇到最強力的限制，就是社會孤立，過著狩獵採集生活的遊牧民族，在地理分布上會比較分散，所擁有的溝通媒介也比較少。農業革命之後，族群與族群之間的居住距離變得比較近之後，社交性則是受限於許多存在於人類族群間的障礙，在實體上或是心理上都是，我們已經提過，塔斯馬尼亞跟更廣大的澳洲生態系統分開之後，益發變得落後。

但是今日，我們活在一個完全不同的時代，人跟人之間不只是有社會性的聯繫，還有數位上的聯繫，網路創造了一個超空間，幅員之廣，遍及全世界，並且可以瞬間、即時地移動。我們所能接觸到的意見、信念、想法和科技有著前所未有的多樣性，而這些都只消在滑鼠上輕輕按一下就行了。這當然是提姆·柏內茲-李（Tim Berners-Lee）對於網際網絡最初的願景：一個網路空間，科學社群可以在這裡把研究和想法分享出來。而這也推動各種各樣的重組性創新，從許多重要的方面來看，網際網路都是相當正向的存在。

但是網絡整體的高度多樣性，有可能會在當地的網絡產生矛盾的效果。這一點不管是在數位世界還是在實體世界都一樣。在像是堪薩斯大學這樣一所大都會型的大學，多樣化可能會導致高同質性的友誼團體，而在一場特意辦來鼓勵大家彼此交流的社交活動，則可能會導致細粒分類。

這個概念會有助於我們理解現代社會最顯著的悖論之一：同溫層。網路承諾的是多樣性和相互交流，但出現了一個特色：新品種的、同質性很高的小團體，成員之間的聯結不是透過親族或是遊牧民族部落之類的邏輯，而是透過意識形態的高度同調性，新石器時代那種剛愎自用的動能，在現代找到這種全面性的、數位的化身，資訊只會在小團體內部流轉，而不是在不同的團體之間流轉。有許多的案例，其中的同溫層都沒什麼好擔心的。如果你對時尚有興趣，想加入一個論壇，好讓自己有辦法跟許多想法相似的其他人交流，那麼如果有人一直在論壇上張貼關於建築、足球或是健身的內容，就可能會有損於你在這個論壇的體驗。在這種論壇裡面，多樣性不只是多餘的，還很惱人。

但當你想要了解像是政治這類型的複雜主題，同溫層就會在本質上造成扭曲。如果在臉書以及其他允許朋友分享文化和政治傾向的平台上獲取新聞資訊，比較容易會接觸到跟自己意見相同的人，以及支持自己看法的證據，這種細粒分類的動能，可能會因為一個更幽微的現象又更加放大：所謂的資訊過濾氣泡，就是在氣泡裡，各種演算法——像是Google內部採用的那種——在我們看不見的情況下，把我們所做出的搜尋都進行個人化，這也會讓我們找到更多本來就已經相信的東西，因而更進一步限縮我們取得多樣化觀點的管道。這是巴恩那場實驗的數位版，但是槓桿比較高，網絡全面的交互連結已然促使了政治微調的強化。

同溫層確切的影響程度還需要進一步討論，不同的研究所針對的方向也稍微有所不同。二〇一四年，密蘇里州佛格森市的員警達倫．威爾遜（Darren Wilson）槍殺名為麥可．布朗（Michael Brown）的黑人，而數學家艾瑪．皮爾森（Emma Pierson）便分析這起事件是如何在社群媒體上被呈現和敘述出來。她找到了兩組截然不同的叢集，「藍色的推文」指的是那些對於布朗之死表達驚恐之情、並且對警察機關的暴虐進行批評的回應，而「紅色的推文」則表示警察背了黑鍋，而那些抗議民眾都是些趁火打劫之徒。皮爾森指出：

> 紅色組表示，比起遇到麥可．布朗，如果他們遇到的是達倫．威爾遜的話，感覺會比較安全，還說布朗被射殺的當下是持有武器的；藍色組則是諷刺

地將達倫．威爾遜跟手無寸鐵的麥可．布朗進行對比。紅色組談論著暴民正義和種族主義的煽動；藍色組談的則是被破壞的系統。紅色組把日益高漲的緊張關係怪在歐巴馬身上，並強迫密蘇里州州長發布緊急狀態命令；藍色組則說緊急狀態命令不能用來侵害人權。

最具啟發性的現象大概是，這兩組人跟對方幾乎是零互動，他們只看那些跟自己意見一致的人所發表的推文，這示範了網路的切割性動能，它真的有能力對資訊進行過濾。「說到佛格森市的事件，兩組在政治和種族背景上有所不同的人馬，都無視於另一組人的存在，」皮爾森寫道：「這看起來很可能產生一些問題，而事實上也真的有問題。其中一個原因就是，這兩組人的想法是如此的南轅北轍。」[4]

4 作者注：二〇一九年，一項由計算社會科學家安娜．露西亞．施密特（Ana Lucia Schmidt）以義大利為根據地所主持的研究，也得出了大致上很類似的結論。她分析了三億七千六百萬位臉書使用者對九百個新聞出處的互動，並且做出這樣的結論：「選擇性的接觸驅動了新聞的消費——我們發現了一個特殊的社群結構以及使用者高度的兩極化。」另一份不同的研究則得出這樣的結論：「使用者在社交媒體上的活動，可能會造成一個影響，讓使用者分化在不同的同溫層裡面。」

牛津大學的賽斯．弗萊克斯曼（Seth Flaxman）與皮尤研究中心所帶領的其他幾項研究，則提供了一個看待數位世界時不同的觀點。這些研究發現，當你檢視整體的網路使用，平均而言，數位裝置的使用者接觸到跟自己同一邊的觀點的次數，的確比較高，但其實也看得到對手的觀點。這大概也沒什麼好驚訝的，即便是農業革命後出現了氏族系統，各式各樣的小團體也並非百分之百地將他人拒於門外。

但幾乎所有學者都認同，當大家真的可以接觸到不同觀點的時候，最神奇的情況確實在發生。現在你可能會想說，聽到對手的觀點，並看到另外一方的證據之後，立場會變得沒那麼極端，各個不同觀點之間的差距會變得比較小。但事實則是完全相反，大家變得更加兩極化。比方說在皮爾森的研究中，發布紅色貼文和發布藍色貼文的人之間的互動雖然有限，卻是相當激烈，她寫道：

當紅色和藍色組真的進行交談的時候，通常場面都不怎麼好看。試想一下紅色組的成員對藍色組當中最有影響力的成員所說的話——那位成員是德雷伊．麥克森（DeRay Mckesson），他是個學校行政人員，在組織抗議活動方面擔任要角。紅色組形容他是「共產黨走狗」、在散播仇恨……在「種族歧視的胡言亂語中看到一些價值」，隨身帶著「槍和汽油彈」，應該要「調整一下他吃的藥。」

杜克大學的克里斯多福．貝爾（Christopher Bail）帶領的研究，也找到了類似的規律。他招募了八百位推特的使用者，讓他們追蹤一個機器人，這個機器人會轉推一些散布在政治光譜上，頗受關注的人士所發表的觀點。然後怎麼樣？那些推特用戶非但一點都沒有趨於平衡，反而變得更兩極化了，尤其是傾向共和黨的人，他們變得更加保守，彷彿接觸到不同的觀點證實了他們先前對這些事情所定的罪。

要理解發生了些什麼事，並且完全掌握同溫層的內部邏輯，我們必須要把同溫層和資訊氣泡之間做出細緻的區分。如同哲學家阮正詩（C. Thi Nguyen）所指出的，資訊氣泡是孤立最極端的形式。位在泡泡裡的人只看得到自己那邊的想法，其他什麼都看不到。這類型的社會團體在現代史上幾乎不存在，除非是邪教團體或是其他「關在牆內的機構組織」。至於同溫層呢，阮正詩表示是不一樣的。他們可能會用資訊濾鏡，把那些有著其他不同觀點的人拒於門外（數位專家伊莉莎白．杜布瓦（Elizabeth Dubois）和格蘭特．布蘭克（Grant Blank）所做的研究發現，英國大約有百分之八的人接觸到的媒體，偏差的程度高到這些人所體驗到的是一個扭曲版的現實），但兩者之間的差異就是這些同溫層中的人不只有一層濾鏡，而是兩層。

第二層濾鏡是什麼呢？我們將這種濾鏡稱為「知識認知牆」。

凱斯琳．哈爾．賈米森（Kathleen Hall Jamieson）和約瑟夫．卡貝拉（Joseph Cappella）合著的學術著作《同溫層》中，這兩位媒體和政治的專家檢視了政治兩極化的核心邏輯。他們採用了拉什．林博（Rush Limbaugh）的三稜鏡角度。林博是個極為成功的保守派評論人，他的每週廣播節目的聽眾一直在逐漸增加，聽眾人數大約是一千三百二十五萬左右。

他們指出，林博並不是要試著說服他的聽眾，好讓他們不再聽取不同的意見，這在今天這個交互連結的世界上，幾乎是不可能的；他試圖要做的，是讓其他的意見無效化。他攻擊那些提出不同觀點的人不夠正直、並詆毀他們的動機。他所堅持的不（只）是對手所說的是錯的，還堅稱他們的作為惡毒。他表示，主流媒體都展現出一種向著自由派的偏誤，目標就是要摧毀林博與其追隨者，因為那些媒體無法容忍他所說出的真相。賈米森和卡貝拉寫道：「保守派的意見中強調了一個概念，就是主流媒體用了雙重標準，有計畫地讓保守派以及保守派的信念處於不利的位置。」他們論述到林博透過「對於人物角色的極端假設、奚落、挑戰，再搭配上強烈的負面情緒」，試著要讓其他所有的資訊來源以及政敵都失去信用。

現在我們稍微感受到資訊氣泡和同溫層些許的不同了。前者的狀況是，資訊的邊界是完全密封的，在裡面的人只聽得到泡泡裡面其他人的聲音。這會導致扭曲，並顯露其脆弱。小團體的成員在面對局外者的意見的瞬間，很可能就會去質疑自身的信念。這樣一來，要戳破資訊氣泡的話，方法就是與外界的接觸。這也就是為什麼邪教團體會如此盡心竭力拒絕內部人士獲得不同的聲音。在同溫層內的人聽到的意見，不只是小團體內部的意見，但這些小團體的意見，常常會在接觸到相反的意見時變得更加強而有力。為什麼呢？因為對手愈是對林博做出攻擊，愈去指出林博意見中的錯誤之處，如此一來，也就更加證實了他們就是在針對林博的這套陰謀論，換言之，對手們並非在提供新的見解，而是在提供假造的新聞。每一項反對林博的證據，都會成為阻隔小團體的高牆的新磚。如同阮正詩所言：

現況是某種智力上的柔道角力，其中反方聲音的力量和熱忱都會經由一個精心建造的內部結構過濾之後，反而變成對這些反方聲音本身不利的存在。林博的追隨者會去讀取主流和開明的新聞資源，但是不會接受其立場。他們之所以被孤立，並不是因為選擇性的接觸，而是因為改變了如何認定權威、專家和可靠的資料來源，他們會聽到主流的聲音，但是不予理會。

信任大概會是最終決勝點。要形成一項信念，信任是必要且不可或缺的材料。為什麼呢？因為我們沒有時間去查核每件事情的證據，所以我們有時必須要看到什麼信什麼。我們信任醫師、化學家和教師，即便是專家也信任其他的專家，使用他們的數據和成果，成為自己在思考時投入的材料，因為要我們從基本命題開始一一確認查實幾乎是不可能的；資訊世界在某種程度上跟商業很像，信任是先決條件，如同阮正詩所說的：

請你捫心自問：你有辦法分辨出好的統計學家和無能的統計學家差在哪嗎？好的生物學家和很糟糕的生物學家有何不同？你分得出核能工程師、放射科醫生或是總體經濟學家的優劣？……沒有人有辦法替自己一一評估這一長串的清單，我們都仰賴著一個非常複雜的社會信任結構，我們必須要彼此信任，但是，就像哲學家安妮特·貝爾（Annette Baier）所說的那樣，信任使我們脆弱。

同溫層利用的，正是這種知識系統上的脆弱。同溫層裡的人，會有系統地削弱成員對於其他觀點的信心，並透過詆毀提供不同見解和觀點的人，引入一種濾鏡，扭曲了形塑信念的過程本身。大家不去理會其他的觀點，並不是因為他們經過思考後決定這麼做，而是打從一開始接觸的時候就不予理會了。即便有人提供了事實，也會被拒於門外。觀點和證據被驅逐出去，某種程度上很像某種磁場與鐵屑的互斥關係。阮正詩寫道：「同溫層的運作方式，像是某種寄生在我們脆弱性上的社會寄生蟲……資訊氣泡所指的是，你完全不聽另外一邊的人說的話；同溫層則會發生在你不相信另一邊的人的時候。」

這和是否身為保守派廣播主持人無關，更與保守主義無關。不只是右派有同溫層，左派也有。同溫層當然也存在於政治以外的地方。「抱持對疫苗的反對態度就是一種同溫層，並且是跨越政治界限的同溫層。我也遇過更普遍的議題上的同溫層，像是飲食習慣（原始人飲食法！）、運動技巧（混合健身！）、親餵母乳、某些學術知識上的傳統，還有非常、非常多其他的同溫層。」

正是這兩層資訊濾鏡再加上信任，在小團體內部創造出了抗壓性高到非比尋常的一致性，而資訊氣泡本質上就是相當脆弱的；位於政治光譜兩端的同溫層，則是會因為共同接觸一樣的他方意見而更加穩固、更促使了兩極化，並且造就了不一樣（常常相互矛盾）的假新聞裡的同溫層。兩邊的人都認為對方活在一個後真相的時代，就如同阮正詩所說的：「這裡有個基本的檢查機制：當一個社群面對那些對自己團體的核心教條不買帳的外部人士時，他們的信念系統，是否積極地在削弱這些外部人士的可信度？如果是的話，那這個團體大概就是一個同溫層。」

IV.

白人優越主義青年德瑞克·布萊克的特點是，他並非在一個數位上的同溫層中長大，他的同溫層是實體的。六歲時，他在萬聖節打扮成白色的金剛戰士；稍大一點後，他的父親在他的牆上掛了繪有美利堅聯盟國[5]旗幟的海報，與此同時，他也開始參與白人優越主義的會議，聽著大人們談論著黑人與生俱來的智力就比較低下的言論。伊萊·薩斯洛寫道：「德瑞克是在風暴前線這個網站上社會化的，他一學會打字，就開始把晚上的時間花在私人訊息裡。德瑞克讀完三年級的時候，他的父母唐和克洛伊把他從學校帶走，他們認為西棕櫚灘的公立教育系統被海地人和拉丁裔人士淹沒了。」

5 譯者注：美利堅聯盟國為南北戰爭期間，南方蓄奴的十一個州所組成的聯盟。

在這之後，他都在家自學，接收到更多白人優越主義的意識形態，並持續暴露在種族主義的政治思想下。布萊克家庭住在西棕櫚灘，但是他們的房子就像是一座荒島，周圍雜草叢生，是唐放任這些植物長得高大又雜亂。除了同樣是白人優越主義的夥伴和家庭成員以外，他們謝絕其他的訪客。如此，我們可以很容易地認定，德瑞克的極端主義觀點是靠著社會孤立來維持的。他之所以並未質疑自己的信念，是因為他並未接觸到別人的信念。雖然德瑞克的確過著一個很不尋常的生活，但事實上他並不是活在邪教團體當中。他的教父，也就是那位美國白人民族主義實質上的領導人，大衛·杜克，並未試著想要阻攔他，不讓他聽到相反的意見，他的父母也並未這麼做。用我們前面的術語來說的話，這並不是一個資訊氣泡。

不，這是一個同溫層。杜克和老布萊克並未禁止他去接觸其他的資訊來源；他們只是持續性地削弱德瑞克對這些資訊的信任程度。不管是哪種人，只要不是白人優越主義分子，都會被定位成騙子，這些人是自由派組織的一員，企圖要向移民和猶太人出賣歐洲白人；這些人無法忍受極右翼表達出的「合理要求」，要他們採納這些說法，更是免談了。

這也就解釋了為什麼在德瑞克接觸到網路、各式各樣的電視台以及其他資訊來源之後，立場沒有變得比較軟化，反而變得更加強硬。因為這些相反的聲音，並不是在表達合理的意見，只是一些假新聞販子，他們是那種政治正確的組織兩面作風的展現。薩斯洛是這麼說的：「他完全不受陌生人回饋的意見所影響……批評他的人只不過是擋在簾幕後面，一個無名的附和團體——一個由『僭越者』和『尼安德塔人』所組成的馬戲團……如果他不尊重他們的話，又怎麼會在乎他們的意見呢？」

德瑞克．布萊克二十一歲的時候，離家去念大學，他選擇了佛羅里達州的新學院，那是州內最好的大學之一，他選擇攻讀的科目是德文以及中古史，「他一直將這兩個科目跟歐洲白人光榮的主導權聯結在一起。他的父母則是提醒他，他們最終期待的是他可以創造歷史，而不僅僅是研讀歷史。」值得注意的是，他的父親一點都不擔心他極端主義式的觀點，會因為接觸到相反的聲音而弱化。當有個打進廣播節目的聽眾詢問德瑞克．布萊克在「多元文化主義的老巢」有什麼發現時，唐笑了出來，「小共產黨也不會對他的思想帶來任何影響，如果說有誰會被影響的話，會是他們自己。」

但是佛羅里達新學院相當特殊，這所學院很小，總共也只有八百名左右的學生。若是在一所很大型的大學，德瑞克可能可以找到夠多的朋友。這些朋友同時都屬於政治上的極右派，也可能會建構出一個在意識形態上相似性很高的人際網絡。但是在一所很小的學院裡，他立刻就會發現自己接觸到的相反意見，數量是前所未有的大，而資訊濾鏡將會徹底消失。

在他上學的第一天，他遇到胡安．艾里亞斯（Juan Elias）。他是一位來自祕魯的移民，留著幾綹鬍鬚，並且把鬢角留得很長。在這之前，德瑞克幾乎沒有花時間跟任何拉丁美洲裔的人相處過。他們聊了很久，聊了人生等話題。幾天之後，他開始在中庭彈起了吉他，並且注意到一個戴著猶太圓頂小帽[6]的人坐下來聽。馬修．史蒂文森（Matthew Stevenson）是校園裡唯一一個信仰猶太教正統派的人，他笑著，開始跟著旋律唱了起來。

德瑞克很快決定了，要把自己的政治認同隱藏起來。他很小心，從來不去談政治，至少不會顯露出任何跟他真正信念有關的線索，他不想要在大學裡被孤立。他傍晚會跟同學們一起消磨時間、聊歷史、語言、或是音樂，然後一大早離開宿舍，打電話主持自己的廣播節目，在空中播送極右派的看法和情懷。誰都沒有發現。薩斯洛寫道：「在節目中，他反覆地將『黑人的犯罪天性』以及『拉美裔人天生智力就低人一等』給理論化。他說歐巴馬總統是『反對白人文化的』，而且是『激進的黑人運動家』並且『生來就不是美國人』。」

一年過後，德瑞克的觀點也並未動搖，信任的濾鏡正替他緊緊拉著極端意識形態的韁繩，讓他穩穩地前進。他仍然是極右翼最閃亮的明日之星。除此之外，他長年以來一直收到一些毀謗，說他沒有主見，這始終讓他覺得煩躁。他很高興自己在一個陌生的環境中，還可以穩穩地堅持著原本的信念。「德瑞克很討厭有人指稱他只是被家庭灌輸了種族歧視的信念；沒有其他想法比這個更讓他感覺受到污辱了。」第一個學期結束之後，他飛去了德國，在一間浸潤式的語言學校進行四個月的學術休假。他在德國拜訪了他的教父，大衛．杜克，繼續攻讀種族主義的意識形態。到了第三個月的時候，他才再度登入了新學院的學生部落格，跟朋友聊天，更新一些近況。

在他登入系統的幾天之前，某天半夜一點五十六分，一名在研究政治極端主義的學生碰巧在極右派的網站上看到了一張照片，照片上是一個紅頭髮的年輕人，戴著一頂牛仔帽，他震驚不已。他貼了一篇文：「你看過這個人嗎？」接著在下方貼出這張照片：「德瑞克．布萊克，白人優越主義者，廣播主持人……新學院的學生？」

6 譯者注：猶太人男性會配戴的頭飾。

幾個小時之內，這則貼文就成了這所學院史上，被寫進部落格文章的次數最高的一則貼文。

布萊克知道接下來將會發生些什麼事。他回到學校的時候，就被先前的朋友們排擠了。「我只想要這個傢伙和他的家人死得很難看；這樣子的要求很過分嗎？」有人在一個論壇上說道。另一個人則寫道：「針對白人優越主義分子施暴，這麼做會傳遞出一個訊息，就是白人優越主義終將被擊敗，這非常有效。」有天他離開派對的時候，有同學找他對質，也有同學因為怕他挨揍，趕快把他拖走。有人故意破壞他的車，也有人對他叫囂罵髒話。為了抗議德瑞克的存在，學生一度還讓學校暫時停課了數日。

對德瑞克來說，這些僅僅只是證實了他從杜克和他父親那邊學到的事情。自由派組織的目的就是要針對極右派，因為自由派無法忍受不同的意見，甚至不允許有人表達不同的意見。他們就是一群偏執狂與思想審查官。白人優越主義者這邊的論點，才是具備科學性且道德性的一方。布萊克為風暴前線的會員舉辦了一場國際會議，並在廣播上宣布了主題：「給所有白皮膚正常人的語言策略」、「來學習面對敵人的霸凌，要如何站穩腳跟」，他用這種方式來展現他的反抗。他請來了一些很大咖的講者——包括他爸爸和杜克，論口才，他們兩個是白人民族主義運動中的佼佼者。

德瑞克「對於每個細節都相當執著，從會議標準字的顏色到餐盒裡的三明治都是。」在他的演講開始之前，從歐洲、澳洲和加拿大匯集過來的極端主義分子甚至起立鼓掌，他感受到自己回到了社群的懷抱。

「大—屠—殺，」大衛·杜克以此作為開場白，「跟著我一起再說一次，這是在謀殺我們自己的基因，要不停不停重複地去說。」唐是壓軸的講者，當德瑞克上台站在他身邊時，掌聲更是震耳欲聾。

「堅守著大屠殺所傳遞的訊息，這會讓那些反白人的傢伙洩氣或丟臉，」德瑞克在風暴前線的訊息板上寫道：「保持這樣的攻勢，因為你是正確的。」作為白人民族主義未來的主力，他的命運似乎是前所未有的明確且堅定。

接著，幾天之後，一切都變了。

馬修．史蒂文森有著一頭黑髮，短短的鬍子和明亮的雙眼。他的舉止平和，表情友善。他是在佛羅里達州的邁阿密長大的，八歲的時候開始參加卡巴拉中心，[7]並養成了猶太教的信仰。十四歲的時候開始配戴卨帕。他的成長過程有些時候相當艱困，尤其因為他酗酒成性的母親。她去過一家治療機構，而馬修從小開始就陪她參加匿名戒酒會。「我在那裡學到了很多，你會在那裡遇到各式各樣的人：有錢人、窮人、白人、黑人，你會聽到一些不可思議的故事，關於大家是如何跌到谷底，但又設法找到爬出來的方法，你會發展出同理心。」

馬修就是德瑞克在新學院第一天遇到的那個戴著卨帕、在中庭裡跟著他的吉他唱和的猶太教正統派信徒。我在一個晴朗的冬天下午，訪問了馬修，發現他面帶疑惑且心思縝密，這個年輕人從那些匿名戒酒聚會中學到了很多，尤其是人類所具備的，改變的能力。

「要處理這項資訊是滿困難的一件事，」他跟我談到當他發現德瑞克的白人優越主義信念的那天時，如此説道，「我們初次見面的時候，我完全不知道他的意識形態。我們只是很喜歡一起聊天相處。我們不是彼此最好的朋友，但是互相認識，也滿喜歡跟對方一起相處，當這條新聞出現的時候，我跟其他人一樣震驚。」

馬修本來就知道風暴前線這個網站的存在，而就如同其他學生擔心著極右主義的崛起一樣，他也瀏覽過這個網站，試圖想理解是什麼樣的情緒和觀點，在背後驅動這股不斷高漲的仇恨犯罪。「當我聽到關於德瑞克的新聞時，我又回到這個網站，搜尋著想找到他張貼的文章，看到之後讓人感到滿驚恐的。」馬修找到的一篇德瑞克的貼文中提到：「猶太人不是白人，他們像蟲子一樣鑽進社會，取得權力，他們會玩弄人，他們會濫用職權。」

馬修有很多同學，立刻就排擠德瑞克，其他有些人則是用言語霸凌他。學生論壇上

7 譯者注：教授猶太教哲學觀的組織，總部位於洛杉磯。

群情激昂，到處都是驚嚇之情和醜聞，這種情況持續了好幾個星期、甚至好幾個月。但是馬修思索了一下德瑞克的成長背景，想到了白人民族主義那種劇毒的文化，而德瑞克就是在這種文化中社會化的；他還思考了處於那種環境之中，任何一個孩子有多容易變成種族主義分子。馬修說道：

我知道他幾乎不可能有長時間跟其他不同人相處的經驗，他的家庭並沒有很多黑人朋友或是猶太裔的朋友。如果我身處在那樣的次文化裡面，我無法摸著良心說自己不會變成一個白人民族主義分子。我覺得正確的作法應該是找他談談，從匿名戒酒聚會中，我學到了人改變的能力有多大，甚至這些改變常常是相當戲劇性的。

每個星期五，馬修都會替朋友們辦一個安息日晚餐會，起初只是一小群人，但漸漸增加到有基督徒還有無神論者參與，並且在這個小小校園的社交生活中，變成某種固定行程。很常會有多達十五個學生擠到他那小小的宿舍房間裡，吃蜂蜜芥末裹鮭魚還有哈拉麵包。[8] 這是一個可以建立友誼和分享想法的小天地。

在風暴前線國際會議過後的幾天，德瑞克也回到校園。馬修坐了下來，寫了一封簡訊給這位校園裡的白人優越主義分子。訊息內容是這樣的：「嘿，你星期五晚上要幹嘛？」星期五下午，馬修又問了他：「很期待今天晚上可以看到你。」而從來沒有被如此孤立過的德瑞克，接受了這份邀約。「那時候並不會有多少人邀請我去參加社交活動。」他事後說道。馬修回憶道：

一開始有點尷尬，我們兩個都不知道事情會如何發展。我請另外兩位客人（原本的常客大部分都因為德瑞克的現身拒絕前來）不要提起政治。幾分鐘之後，一切進行得很順利……他是個聰明的傢伙。他第二週也來了，再下個週五也來了。坦白說，我滿享受跟他之間的友誼。

馬修避開了政治，他知道這麼火爆的話題可能會導致激烈的爭論，尤其是在那些杯

8 譯者注：猶太教在安息日時吃的辮子狀麵包。

葛了德瑞克首次參與的同學，也開始慢慢回到這場每週一次的晚餐會之後。馬修不怎麼相信這種激烈的討論有辦法改變任何人的想法，至少，一開始就這麼激烈地討論是沒有用的。他知道在進行重要的對話之前，他必須要建立好別的東西——信任。

他們聊到了早期的基督教、語言、獨身修行制度。德瑞克一直都對馬修知識涉獵的廣泛程度印象深刻。至於馬修呢，他認為德瑞克是他遇到的人當中，最聰明的傢伙之一。他們同屬學院中的菁英。他們之間建立的聯繫愈來愈強，他們一起讀書、一起大笑。愈來愈多原本參加安息會晚餐聚會的人回來了，並開始會跟德瑞克交流且建立了一些友誼。知識認知上的高牆，就這樣一塊磚頭一塊磚頭地被拆掉了。

有一天晚上，另一位與會者，艾莉森·勾霓（Alisson Gornik）在跟德瑞克聊天的時候提到了他的政治觀點，而德瑞克則是聽著她說。他們討論了白人民族主義立基的基礎概念：黑人平均而言在智力上差了白人一等、黑人比較有可能會犯罪，以及種族之間有著無法改變的生物上的差異。德瑞克堅定地相信著這些建立在偽科學上的基礎。當他說道，他認為少數民族應該要被遣返時是真心誠意的，他真的相信這對白人和黑人來說都比較好。

在下一次的聚會中，艾莉森帶來了一些科學研究的論文，這些論文挑戰了這些種族主義論調的統計基礎。德瑞克之前聽說過這類型的論文，但從來沒有真的著手研究過。幹嘛要研究這些由不可信的自由派人士與科學機構所提出，那些表裡不一的數據呢？既然這些數據都被不正當的手段操縱過，好讓大家取得預設好的結果，幹嘛要在這些資訊上浪費時間呢？

可是現在的他，發現自己正在用一個更開闊的心態來讀這些論文。他看到論文中說，智商上的差異可以用文化偏見（cultural bias）來解釋。他去閱讀了跟成見威脅（stereotype threat）有關的內容，去了解第一代移民的子女平均而言，比起美國學生，學業表現較佳；他也讀到了人類遺傳變異的基礎以及其中隱含了些什麼意義。

他曾經真心誠意地發表過滔滔不絕的言論，說明了白人在當代美國受到歧視，但是如今親眼讀著這些數據，他發現數據顯示出州政府裡面代表黑人的那一方相當貧乏，比起擁有同樣資格的黑人，白人是如何更容易獲得升遷；並且在同樣的違規狀況下，黑人被停學的可能性如何是白人的兩倍；在同一份工作上，黑人只拿到基本工資的可能性也是兩倍；即便資格和條件一模一樣的情況下，黑人被邀請去進行面試的機會卻相對低得多。

這真的是一個被惡意操控、偏心少數族群並對白人不利的國家嗎？

德瑞克的人生、兒時回憶、自我認同感都跟白人民族主義綁在一起，他的家庭、朋友、小團體也是。但是他的信念基礎現在被拆除了，不是因為他從未接觸過對立方的證據，而是他先前並未深入探討這些證據。他逐漸且明確地發現，各項證據並不支持白人民族主義。儘管他知道如此公開承認這件事，會在整場運動中引來憤怒的抗議，也會破壞他的人際關係，尤其是跟爸爸媽媽之間的關係，更是會受到嚴重的傷害。然而，某天晚上，他坐了下來，開始打字：

我成長時期，身處的那個社群對於白人民族主義深信不疑，那些我非常尊敬的家人，尤其是我的父親，也是堅定地擁護這樣的信念。從很小的時候開始，我就發現我爸爸為了這項信念，做出了很大的犧牲——這是一個不知道從哪裡冒出來的信念，他有的只是熱烈的決心，堅信著這項原則是正義的。我並未準備好要犧牲這些關係，而且我也不認為有必要毀掉這些關係。

但是這幾年，我在想法上的轉變已經累積到一個程度，我認為需要做出轉變。在我們這個白人和其他所有人種的權力差距如此懸殊的社會中，不可能理性地去論證種族平等的計畫……代表了白人受到的壓迫……對我來說尤為詭異的是，猶太人支配社會的這種認定……這樣的倡議和鼓吹，我已經無法支持。

我已經有所成長了，已經離開了自己的泡泡，我已經跟那些被我影響到的人談過話、做了更廣泛的研讀，然後發現到我的行動必定會衝擊到那些我從未想過要去傷害的人。

然後，他找到了南方貧困法律中心的電子郵件地址，那是一個公民權利團體，好幾十年來，這個團體都在仔細地審視著他父親的活動，他按下了寄出鍵。

VI.

當代對於後真相時代所做的分析當中，最重大的錯誤就是把資訊氣泡和同溫層混為一談。前者說的是因為接觸管道的扭曲，所造成的極端信念。重點在於，當人們取得不同觀點和證據的管道被封閉時，就更有可能會堅守著極端的信念和意識形態，形同法律學者凱斯．桑斯坦在他那篇極有影響力的文章中所說的那樣：

儘管有數以百萬計的人都在使用網路開拓自己的視野，有很多人實際上卻做出了相反的事，他們創造出一篇篇為了自己的興趣和偏見量身打造的「我的專題報導」……很重要的是，要知道，一個運作良好的民主社會——一個共和國——不只要仰賴免受審查的自由，也必須要靠大家去接觸多樣化的主題、不同的人和想法，而這種接觸不是你主動去找來的，也並非是你預期會看到的，甚至會是你不想看到的。「封閉社區」不管是在真實世界還是在網路空間，都是不健康的。

儘管這樣的分析聽起來有理，卻是很難經得起經驗的審視。有很多證據顯示，許多位於政治極端的人其實都會接觸到相反的意見，但似乎卻不會受到這些意見的影響。這個時候，另外一套新的解釋就出現了。這套解釋聚焦在心理學上（人們就只是太懶了，不想要深入了解反方的意見），或是指控那是極端主義的不理性，這其中的概念，彷彿是許多人都已經對真相的本身失去信心了。

去了解同溫層的特質，就會得到一個更有可能的解釋。問題並不在於大家被困在類邪教的資訊氣泡裡，也不是說非理性像瘟疫一樣會傳染。不，問題是在更細微之處，當從外部來的資訊持續且有系統地被無效化，那麼形塑信念的過程本身，就會發生扭曲。某種程度上，在這個世界上，信任比證據來得更為優先。在這樣一個世界裡，這種扭曲可能是非常危險的，如同阮正詩所說：

> 同溫層是一種策略性進行無效化的結構，而非在資訊面缺乏交流。就算資

訊的流動很順暢，還是可能會有同溫層的存在。事實上，同溫層應該是希望他們的成員去接觸到外面的媒體；如果異議強化的機制已經準確到位的話，這樣的接觸只會加強同溫層裡頭「成員」的忠誠度。我們不應該因為從數據上來看，知識認知氣泡並未存在，就做出同溫層也不存在的結論。

現在，德瑞克．布萊克和馬修．史蒂文森是對抗政治兩極化中兩個最能言善辯的聲音，兩個人都可以坦然接受不同的意見，即便是那些具有強烈爭議的意見也一樣。他們會擔心的是，那些人格攻擊、指控對方為假新聞以及更普遍地去擊垮大家對於政治對手信任的行為。他們一同出席熱門的電視節目還有青年活動，甚至造訪了幾家試圖要理解後真相時代的企業集團。馬修現在正在攻讀經濟和數學博士學位，同時協助一個想要促進社群理解的慈善機構，而德瑞克則是正在完成歷史博士的學位。德瑞克在推特上的使用者名稱是什麼呢？「令人出乎意料的反種族主義運動者」。

在他將自己的聲明寄給南方貧困法律中心、並撤回自己的政治觀點之後，他的日子並不好過。白人民族主義社群中產生相當猛烈的風暴。他的父親，一開始還以為是有人冒充他的身分寄出電子郵件，而他的母親則拒絕與他說話。至於杜克呢，他則是自行做出臆測，認為德瑞克是飽受斯德哥爾摩症候群之苦——他顯然被自由派的菁英當成了人質，並且對於抓住他的人開始出現了同理心。德瑞克說道：

我爸立刻打電話給我，告訴我他覺得我的電子郵件被駭了，因為我並未將這個過程分享給他們聽。也因此，我對於白人民族主義所做出的強烈批判，對他而言是實實在在的驚嚇。老實說，我對於我的做法並不是非常驕傲，我們有好幾天的對話都是非常緊張的，那時的狀況是，我也無法確定我們未來是否會繼續對話。

馬修告訴我：

我認為剛開始的幾個月對德瑞克來說，是最困難的。他的社交生活以及自我認同都跟那種意識形態綁在一起。後來是經過了很多的重新調適。但是德瑞克的轉變，證實了我跟我母親去匿名戒酒聚會時所學到的事情：如果你獲得一個人的信任，那麼他就是有能力改變的；當你們之間有著真正的情誼，他就會開始去聆聽你所說的話，而不會不假思索就抗拒你所說的話。

這就是今日的問題所在：相互競爭的政治團體彼此抹黑，這發生在很多團體上，並不只是極右翼有這個狀況……在這樣子的狀況下，幾乎無法進行對話。

哲學家有個特殊的術語，用來描述這種以個人的品格和正直為目標，所進行的一連串攻擊：「訴諸人身」（ad hominem）。有份參考資料將其定義為「謬誤式的爭論策略，在這個狀況下，會避免對於手頭上的問題進行真摯的討論。這麼做的人會去攻擊提出論點之人，或是跟這個論點相關之人的人格特質、動機或是其他的特徵，而不是去攻擊論述本身的重點。」芬蘭哲學家雅各．辛提卡（Jaakko Hintikka）發現，這個謬誤首次被討論，是在亞里斯多德的著作《謬誤論證》中。從那時候起，這個概念就一直都是哲學論著中一個常態的存在，尤其是在約翰．洛克（John Locke）的著作裡面：「這一點可能值得我們花一點時間來省思……當人們在跟其他人講道理的時候，通常真的會使用論證好說服他們，讓他們同意；還是僅僅讓他們因為敬畏而沉默，」他如是寫道。

有許多心理學研究揭露，訴諸人身這種做法的可疑力量。一份最近發表在《公共科學圖書館》期刊的論文，針對三十九位大學生以及一百九十九位成年人進行了調查。他們發現，當你在攻擊他人的人格特質的時候，會削減大家的信心，比較難去相信你攻擊的對象做出的結論，其影響的力道之強，就跟你用實質證據去質疑他們最基本的主張時一樣。對人不對事真的有效。在這種意義上，訴諸人身代表的是經濟學家所說的搭便車問題。所有公民都會受益於信任感，信任是民主機構運作的核心，但同時也提供給政治人物一個誘因，讓他們想要去抨擊對手的品格，以此在選舉時獲得個人的利益，但會讓集體智慧所仰賴的整體知識結構變得脆弱，因此信任本身開始變得兩極化。

訴諸人身當然並非都只是謬誤，如果有人持續性說謊或是有利益衝突，那麼讓大家注意到這些事情便是正當且合理的。問題在於，當一個人的人格之所以受到攻擊，並非是因為他行為不當，而是因為他是個對手的時候；這問題也會出現在某個論點可以初步舉證某種糟糕的信念[9]時，這種知識認知上的部落主義，並不是一場有智慧的辯論，而是完全的反義詞。

9 譯者注：prima facie，法律用詞，指的是在審理案件前，司法機關需初步看過舉證責任方所提供的文件，以此判定證據是否足夠，能夠進行審訊。

許多古希臘哲學家，尤其是蘇格拉底本人都曾論述到，良好運作的民主制度跟討論的品質息息相關。只有對想法進行測試、對證據進行檢視，我們才有辦法做出理智的決定。這一點也是從我們對多樣性所做的分析中，浮現出來的教訓，這跟前面提過的那些理論一樣，那些理論也都在探究，民主要在哪些條件下才能帶來明智的結果。[10]而這正是為什麼蘇格拉底相信，公民必須要有能力偵測並懲罰謬誤理論，而且是相當重要的要素。對於馬修·史蒂文森這位當代最出色的美國公民來說，這個概念提供了一束希望之光。「如果公眾人物知道，持續抨擊對手的人格特質會讓他們自己也失去可信度，那麼他們可能就會轉向，去使用更多的證據，」他告訴我：「這會改善辯論時的調性以及討論的品質，如果有人不假思索地去攻擊對手的可信度，他人對他的信任也應該要被收回。」

至於德瑞克·布萊克，從站出來與父母對抗至今，已經跟他們達成了部分的和解。「我們會互傳訊息，時不時會通個電話，過去的五六年間，我回家過大概三四次，每次會待個一到兩天，」他說道：「能夠彼此溝通的這件事，比政治上的分歧更為重要……這有一部分是我父母的功勞。」這段關係最後會怎麼樣，還很難預測，但要是說馬修·史蒂文森拆掉那個彈吉他的學生的知識高牆後，那個彈吉他的學生回過頭來也拆掉他父親的那堵高牆，也不是不可能。畢竟，在德瑞克和唐之間有的不僅只是信任，還有愛。的確，他們之間的討論有可能會造成史上最戲劇化的信念轉變：現代政治史中，最高調的白人優越主義分子之一的改變。

「他們說不信任感是會傳染的，」馬修說道，「有時候信任感也是會傳染的。」

10 作者注：耶魯大學的政治科學家艾蓮娜．朗德謨（Hélène Landemore）在《民主的理性：政治、集體智慧以及許多事情的規則》（普林斯頓大學出版社：二〇一二年）這本精彩的著作中，從集體智慧的角度對民主做出了有力的辯護。在大部分的情況下，她解釋道，很多人一起思考後做出的決定都會比寡頭政治、獨裁政體以及軍政府的決定更好。經典的例子包括由孔多塞侯爵發展出來的孔多塞陪審團定理。這項定理收錄於他一七八五年出版的文章裡：〈論在多數決的可能性上，分析之應用〉（Essay on the Application of Analysis to the Probability of Majority Decisions）。

REBEL IDEAS

| 第六章 |

平均之外

I.

截至目前為止，在這本書中，我們檢視了同質相吸的危險性，以及支配性動能與同溫層的危險。我們看過了擁有外部者思維模式與重組型創新會有怎麼樣的力量。我們也看到對於多樣性的理解，可以如何讓我們去理解中情局的失敗、到有建設性的異議的所有事情。在這個章節，我們將會從一個新的角度來看待多樣性。我們會去檢視，我們人類看待自己時，所出現的概念缺失，以及這個缺失將會如何削弱多樣性的影響力，並且讓各個組織和社會無法完整發揮潛力。的確，我們會看到這種概念缺失也滲透進了科學本身的許多分支中。

要了解這種謬誤，以及這種謬誤的重要性，得花一點時間來深入探討。我們會從最令人困惑的其中一種形式開始看起，我們都很熟悉這種形式，就是那些不停更改、而且常常相互牴觸的飲食習慣和營養攝取的建議。這看起來可能跟多樣性的科學無甚相關，也跟我們目前為止所檢視過的案例看似相去甚遠，但是我們會看到各種飲食建議之間的緊張關係，它的確讓我們釐清了這個世界上一個重要的面向，而且強烈暗示著我們未來的面向。

伊蘭．西格爾（Eran Segal）有個深感疑惑的問題。事實上，更精準來說，他對此的思考根本陷入混亂。這對一個在史丹佛拿到博士學位的聰明科學家而言，可不是什麼舒服的感受、或讓人可以接受的狀態。任何人，只要稍加思考過飲食和營養的問題，便不會對造成他這份疑惑的來源感到陌生。我們吃些什麼，對健康來說很重要，可能也會對我們的壽命產生很大的影響；然而相關證據卻依然讓人相當疑惑。

西格爾還是研究生的時候，他很常打手球，吃得也很健康，但還是超重了，他超重了十八到二十三公斤。他在一場派對上遇到了他太太，可倫。他們兩個在一起之後，他又更加困惑了。可倫很快就會成為臨床營養師，並具備最新的科學知識，她會烹調健康的餐點，其中包含足夠的新鮮蔬菜，並且很大程度上都遵循著美國飲食協會的指南，但是西格爾還是一點都沒變瘦。

「我決定不要再跟著指南走了，而是去看那些指南引以為本的科學證據，」當我在跟他與可倫聊天時，西格爾如此說道：「就跟我預期中的一樣，我發現很多研究根據的都是一小組的樣本，這組樣本的人數很少，而且有很多研究都是由食品集團和公司所贊助的，這會讓人對其結果產生質疑。這些研究並沒有我想像中的縝密。」

受訪時，當西格爾正在說話的時候，可倫突然露出笑容。「他大部分的時候都是個隨和的人，但是他非常在乎數據，所以這件事真的讓他非常介意。」

最讓西格爾感到驚訝的，大概是那些證據看起來彼此衝突。有些研究鼓吹低脂飲食，有些則說要高脂飲食。熱門的書籍高聲讚頌原始人飲食、地中海飲食或是亞洲式飲食，或者是這三種飲食的某種組合，又或者是某些會緊緊吸引住消費者的最新潮飲食法。然後流行又會再度褪去，過一陣子可能會以某種形式，加入些許相異處，跟著又再度流行回來。

以碳水化合物為例，有些證據顯示低碳水化合物、高脂肪的飲食會改善健康狀況；然而又有其他的證據建議，最佳的飲食是低脂肪、高碳水化合物的組合。兩邊都各自有支撐其論點的證據，也就是說，在某種意義上，兩邊都沒有足夠的證據，能夠證實自己的論點。這使得西格爾的挫敗感愈加深刻。

西格爾經常露出好奇的神情，當他談到他這趟智識上的旅程時，雙眼都亮了起來。

就很多方面來說，他跟所有因為飲食建議而感到困惑不已的人都差不多。他跟可倫、一隻名為雪球的狗、還有一隻名為藍藍的貓咪住在一起，他竭盡全力地想要負起責任，好好過日子。他在解謎這方面有個極大的優勢：他在運算方面有著世界級的背景（他二十多歲的時候，曾是奧弗頓獎的得主，那是個極有聲望的獎項，每年頒發給具有傑出成就的年輕科學家），並且在魏茨曼科學研究學院任職。那是世界上最頂尖的學術機構之一。西格爾說道：

也難怪大眾會很困惑，二〇一二年，美國心臟協會和美國糖尿病協會建議大眾，為了減重和健康，應該要喝健怡可樂，然後健怡可樂的銷售量出現了大量的攀升，即便更進一步的研究呈現出相反的結果。一九七七年，美國政府說脂肪不好，而纖維很好，所以大家開始減少脂肪的攝取，並多吃纖維；幾乎就在同一時間，肥胖問題在男性之間暴增了兩倍之多，在女性之間也增加了一倍。

最後的這一點說明，西格爾的疑慮不只是跟理論有關。飲食變成了一個重大的公共衛生議題，如果你住在美國，你大概有百分之七十的機率會過重、百分之四十的機率會肥胖。在英國，統計數字也差不多。全世界的肥胖率從一九八〇年至今大約翻成兩倍。在二〇一四年，全球有十九億個成年人過重，大約是世界總人口的百分之三十九，還有六億人有嚴重的肥胖問題。西格爾說：「這麼多人被這些飲食建議弄得暈頭轉向，而這些資訊不可能對肥胖這場傳染病有任何的幫助。事實上，許多證據指出，節食跟增重有正向相關，而不是減重。」

《減肥達人》是一個相當火紅的美國電視節目，這個節目進行了一項研究，其結果顯示，透過運動和控制卡路里的方式，參賽者的確減掉了好幾公斤，但是這種急遽的減重會讓他們的基礎代謝率驟降，低到讓他們在六年之後，無法跟其他同樣體重，並且從未有過肥胖問題的人攝取等量的卡路里，科學家將這個現象稱為「持續性代謝適應」。但這也只是西格爾在深入探討這項科學後，所找到的眾多異狀中的一項而已。「有一些事實是大家普遍同意的，像是任何的飲食方法都應該要包含脂肪、鹽、纖維、維他命以及礦物質，」他說道：「但是超過這些，幾乎其他所有東西都不是事實。」

西格爾三十幾歲時開始跑馬拉松，並開始注意這些飲食法是否會對自己有所幫助，與此同時，另一份挫折感又浮現了出來。可以肯定的說，那些提供給跑者的飲食建議，就跟提供給其他人的飲食建議一樣，充滿了矛盾，他說道：

我剛開始跑步的時候，有一件很重要的事，就是在重大的賽事前要「裝載碳水化合物」，這是馬拉松的法則。在比賽的前一晚，我通常會吃三碗義大利麵，然後在開跑前三十分鐘吃幾個棗子或是能量棒。一開始，我並未質疑這項建議，但過了一段時間之後，我決定要更仔細地檢視這件事。

他愈是檢視，就愈困惑。有些研究對於碳水化合物一視同仁；有些則是提議說有「好的」碳水化合物和「壞的」碳水化合物。一份研究表示，在跑步前三十到六十分鐘吃些棗子會讓某些人更有能量；然而其他人卻會因此感到疲倦，導致他們跑沒幾分鐘就得停下來。

「我決定要在自己身上做實驗，」西格爾說道：「有一天晚上，我並沒有一碗接著一碗地吃著義大利麵，而是吃了一碗沙拉，裡面有許多富含脂肪的食物，像是酪梨、堅果以及芝麻醬。隔天早上，我什麼都沒吃，就跑了二十英里。」這跟主流的建議有所出入。的確，可能有很多營養師會將這種行為視為是一種自我殘害，但他卻感到前所未有的能量、更健康、更蓄勢待發。他繼續説道：「我的能量等級比吃碳水化合物的時候高，跑完步後因為飢餓引起的胃痛也消失了，我的推論是，我的身體從燃燒碳水化合物變成燃燒脂肪，這一點改變了我的能量狀態以及飢餓感。」

他三十多歲的時候，便在巴黎完成了在三小時內跑完馬拉松的這份雄心壯志。二〇一七年，他又再度在三小時內跑完了全程，這次是在維也納，但他還是沒有達成最終極的那份野心，就是要搞懂飲食法的科學。「我就是放不了手，」他說道：「這個謎團需要被解開。」

II.

一九四〇年代晚期，美國空軍遇到發生在自己身上的謎題。那時配備噴射引擎的飛機甫問世不久，當時工程的技術應該是前所未有的可靠，但是空軍卻因為一場接著一場的事故，深受其害。有些是在降落時墜機、或是意外俯衝等事故。「問題發生的頻率很高，並且涉及了多架不同型號的飛機，以至於成為空軍手上的燙手山芋。那是個令人擔憂、攸關生死的謎題，」哈佛的學者陶德．羅斯（Todd Rose）如此寫道。一位退役的空軍表示：「飛行在那個時代來說是件困難的事，你永遠不會知道你最後會不會摔下來。」

為了要了解這個問題有多嚴重，請試想美國空軍一九五〇年二月的官方紀錄。二月一日那天，根據回報，當天發生的安全事故就有查爾斯．L．佛格森（Charles L. Ferguson）駕駛的 C－82運輸機，這是一架雙引擎、雙尾桁的運輸機；梅德佛特．崔維斯（Medford Travers）駕駛的P－51野馬式戰鬥機，這是一架遠程單人座戰鬥機；梅爾康．W．漢拿（Malcolm W. Hannah）駕駛的T－6德州老式教練機，以及赫曼．L．史密斯（Herman L. Smith）駕駛的波音B－29。其他還有哈利．L．麥克高（Harry L. McGraw）、威廉．K．虎可（William K. Hook）、以及喬治．T．修斯特（George T. Shuster）等都飽受事故之苦。說得清楚一點，這些都是在**同一天**發生的。但是一九五〇年二月一日可不是個離群值，那只是個普通的二十四小時；同月分二號，有四起安全事故、三號有七起、四號還有四起；當月十四號，有十六起**不同**的事故。一九五〇年二月總共發生了一百七十二起事故。

怎麼會這樣？問題看起來跟飛機的機械或是電子系統無關，一些技術純熟可靠的工程師，都已經全面測試過這些部分了。但是這些事故看起來也不像是飛行員駕駛失誤所造成的，他們全都是受過良好訓練的專家，在業界都相當受到尊敬。

但如果跟工程或是飛行技術無關，到底還有什麼可能的原因？一位哈佛大學的研究生走進了這個謎團的核心，他的專業領域是體質人類學。吉伯特．S．丹尼爾斯（Gilbert S. Daniels）中尉不是位傳統的空軍軍官：他很安靜，說話聲音輕柔、做事井井有條且相當科學，他的嗜好清單中有一項還是園藝。從形象和興趣來看，他跟伊蘭．

西格爾十分相像。而丹尼爾斯有種很強烈的直覺，認為問題並不在於工程或是飛行員的判斷力上，而是在於**駕駛艙的設計本身**。

當時的時代背景會提供我們相當多有用的資訊。一九二六年，美國空軍統計了好幾百位空軍的資料，並製成表格，把駕駛艙的設計給標準化了。這樣的製表過程，讓他們了解到飛行員平均的身體特徵，而這些數據後來被用來決定座椅的高度、腳踏板和控制桿的距離、擋風玻璃的高度、安全帽的形狀等項目的尺寸。空軍內部有些人在思索著，是不是一九二六年以來飛行員都變得比較高大，因此讓那些操縱裝置變得很難操作。這會是造成多起墜機的原因嗎？丹尼爾斯直覺認為，事情並非如此。他認為問題並不在於平均上來說，空軍人員都長高了，而是在於「平均上的空軍人員」這個概念本身就是有缺陷的。或許，所謂平均上的空軍這種東西並不存在。

一九五二年，丹尼爾斯獲得了一個機會，讓他可以把自己的直覺拿去進行實際測試。當時他正在賴特-帕特森空軍基地主持一個計畫，他開始替每位飛行員進行量身。丹尼爾斯本身也親自投入，他仔細地記錄四千零六十三位飛行員，軀體上一百四十處的尺寸並製表。其中包括了「大拇指的長度、褲襠的高度以及飛行員眼耳之間的距離」。然後他計算出其中十項的平均值，那是他認為在設計駕駛艙時最重要的十項數值。換句話說，他製作了一份表格，記錄了飛行員的平均身形。

但有多少飛行員符合這個平均的身形呢？丹尼爾斯在計算時給了頗寬裕的空間，如果某位特定飛行員的某項身形數值落在中間的百分之三十，即視為符合平均值。舉例來說，空軍的平均身高是一百七十五公分左右，所以若是有一個飛行員的身高落在一百七十到一百八十公分的這個區間，那麼丹尼爾斯就會把這位飛行員視為符合平均值。

截至此處，很多軍事專家都推測大部分的飛行員的這十項數值都會落在平均值的範圍內。的確，這種結果似乎是必然，畢竟平均值就是以這一群空軍為樣本所計算出來的！不僅如此，（如同羅斯所指出的那樣）從最一開始預選的時候，這些空軍就都是經過精挑細選的，他們之所以會入選，是因為他們符合空軍所要求的基本標準身材，打從一開始，他們就絕對不會去僱用一個一百六十三公分左右的飛行員。

但是結果呢？有多少位飛行員的這十項數據會是落在平均範圍內呢？零位，一個都沒有。在超過四千人的這一大群人中，沒有任何一個人是符合平均值的。丹尼爾斯的直覺獲得強而有力的證實。問題不在於一九二六年之後飛行員變得比較高大，問題是所謂平均身材的飛行員根本不存在。如同陶德·羅斯解釋的那樣：「某個飛行員的手臂可能比平均值長，但是腿比平均值要短；另一個飛行員可能胸部大，但是屁股小。」即便當丹尼爾斯僅僅挑出十項中的三項數值——比方說頸圍、大腿圍和腰圍好了——落在平均範圍內的飛行員依然不到百分之三點五。

這怎麼可能呢?沒有任何一位空軍是符合平均值的,在表面上,這項發現不只是令人相當困惑,還很矛盾。如果你找來一組人,並且計算某項特徵的平均值,那這個數值當然一定會告訴你關於這個團體成員的一些資訊,畢竟平均數的計算,都是以這些人的數值為本!但是結果卻是,聚焦在平均值上可能會出現誤導的現象。以編織蟻(**weaver ant**)的身長為例。編織蟻有兩種——有一種非常大,另一種非常小。意思就是如果你拿這些螞蟻全部的身長的平均值來看,這個平均值並無法描述到任何一隻螞蟻的身長。在某種意義上,這個平均值並不具有代表性,這個狀況叫作「多峰型分布」。

相比之下,男性身高則會符合另一種分布:經典的鐘形曲線。意思是大部分的人的確都會落在平均的區間內。有很多男性都是一百七十五公分高,但是一百四十五公分或是兩百零五公分的男性卻相當少。現在,如果你面前有一個人,那麼你可以自信滿滿地說他的身高大概會落在這個數值附近,但是駕駛艙的設計參考的不只是身高,還要考慮人體多個不同特徵的尺寸,包括有胸圍、手臂長度、腿長、軀幹圍等等。我們很容易會去假設說,如果你在某個數值上很高(例如,頸圍),那麼你另外一個數值也會很高（腰圍），但事實上，這之間的關聯性卻是相當薄弱的。意思是，這些數值的任何一個平均值都會把其間的多樣化給掩蓋掉。

以下圖中的兩位男性為例，如果你看的是九項數值的平均數的話，那麼他們應該幾乎一模一樣才對，但是左邊那位體重較重、較矮、肩膀較窄、脖子較粗、腰圍較大；而右邊這位則較高、體重較輕等等。跨維度匯總各項數值計算的話，他們兩位都還滿靠近平均值。但是在任何一個數值上，卻常常是離平均值相去甚遠。

我們可以用另外一組不同的數值來理解這種說法，這組數值就是ＩＱ。假如你拿兩個ＩＱ都是一〇五的人來做比較

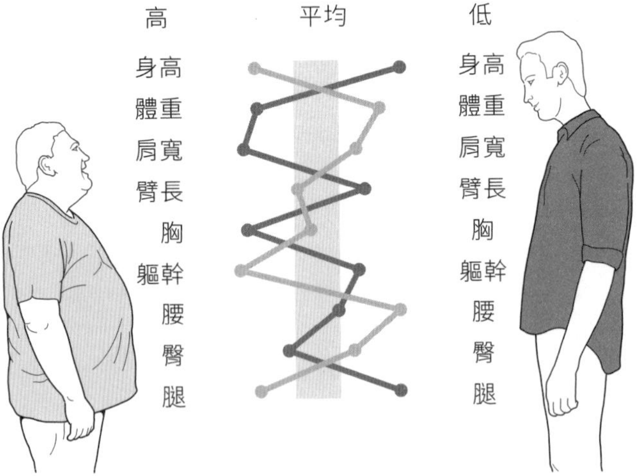

圖七

的話，想當然爾，可以輕易地認定他們在幾個組成ＩＱ測試的項目上會拿到差不多高的分數，像是字彙、解決問題等等。事實上，如同羅斯提出的那樣，其間的關聯性很薄弱，你可能在矩陣推理的部分拿到高分，在知識部分取得低分，在圖形測驗則拿到中等的分數、在符號尋找測驗中拿到高分、在數符替代測驗中拿到低分——或是整套顛倒過來。光只是ＩＱ這個數值並無法表達出這樣的變化，而是將其隱蔽住了。但是在工作績效中大部分的領域，重要的正是這些變化。

丹尼爾斯的研究成果頗有撥雲見日之效，一個標準化座艙，適用於平均身材的飛行員，乍聽之下可能很有邏輯，甚至是相當科學的，但是其中潛伏了重重的危機。導致這個令人擔憂的事故最根本的原因就是標準化的駕駛艙，它造成了多起的墜機事件，並強迫空軍用一種新的思維來進行設計，他們不再要求每位飛行員都去順應一個標準化、卻幾乎對所有人來說都不適合的駕駛艙，而是重新設計，好適應個體之間的多樣性。

當然，當飛機被設計成讓飛行員可以自行調整座椅高度、操縱桿的距離等等的設定後，事故率就驟然下降了。不僅如此，跟降低事故所省下來的金額相比，創造出這種彈性的成本根本不算什麼，更別提人員死傷所造成的成本了。緊接著，美國空軍的安全表現也就快速向上竄升了。

美國空軍標準化的駕駛艙不只是一種危險，更有其隱含的意義。這只是我們這個充滿標準化的世界中的一個例子。我們把教育、工作時間、政策、藥物，甚至是心理學理論都標準化了；而這些全部都各自以不同的方式忽略了人類的多樣性，未把這一點納入考量。這些把人類都當成神話般的平均值展現，而不是一個個獨立的個體。這將我們帶回到這個章節開頭處的那個重點，關於這項缺失是如何會讓我們忽視人類的多樣性，並且失去多樣性所能帶來的好處。我們彼此之間都有所不同，我們的身材體型都不同，認知上的特徵也不同，甚或我們的強處和弱點、經驗和興趣亦如是。沒錯，這就是我們這個種族最美妙的特色之一。

但如果我們在各個重要的面向上皆有所不同，那麼在實務上可行的前提下，一套通透且開明的系統就應該要將這些變化考慮進去。的確，我們應該要讚揚這些不同之處，畢竟當我們都被關在一個硬梆梆的系統裡（可不只是一個駕駛艙而已）時，還怎麼能夠好好利用人類的差異性呢？當我們被平均值所矇騙，看不到彼此之間在哪些方面有所不同時，還怎麼能夠去駕馭多樣性的力量呢？

讓我們簡單舉個例子來進一步強調這一套邏輯。二〇一四年Google在內部進行實驗，一群心理學家們組成一支團隊，替業務人員和行政人員舉辦了一個短期的工作坊。這些員工經常都是用標準化的方式、在同樣的時間、用同樣的工具來執行自己的工作。這種標準化不是生理上的，而是概念上的。的確，在這些工作上建立彈性的這個想法看起來很瘋狂。畢竟他們是行政和業務，不是那些新奇古怪的工程師。

但是這場工作坊鼓勵這些專業人士，不要把自己的工作想成是固定的規範。他們的工作不像是制式沒有彈性的駕駛艙，要想成是可調整式的那種設計，並教他們去思考，可以怎麼樣發揮自己的長處、依據自己的興趣和才能來形塑他們工作的輪廓，並且實際上真的要求他們把自己想成一個獨立的個體、一個擁有特殊技能和見解的個體，而不是機器裡面，每一個都一模一樣的齒輪。如同一位共同研究人員亞當·格蘭特所說的：

我們向好幾百位員工介紹了這個概念，就是工作不是靜態的雕塑，而是有

彈性空間的積木。我們為他們展現一些例子，讓他們看到，有人因此成為形塑自己工作的建築師，將自己的工作業務和人際關係進行客製化，讓這些工作內容比較能夠跟自己的興趣、技能和價值取得平衡——例如一個頗有藝術氣息的業務自告奮勇去設計新的logo，以及一位外向的財務分析人員用視訊跟客户進行溝通，而不是用電子郵件……他們開始著手去做，替自己的角色創造出一個新的願景，讓這個願景能夠更貼近理想卻依然保持務實。

結果如何呢？諸位經理以及同事對參加工作坊的那些人的評價是，他們變得更快樂、表現也更好了，相較於控制組，他們獲得升遷，或是換到另一個更喜歡的職位的機會也高出了百分之七十。格蘭特寫道：「他們所使用的，並不是他們本來就具備的才能，而是開始主動去發展新的能力，讓自己能夠打造出更具有原創性、更加個人化的工作，他們變得更快樂，工作也做得更好——讓自己更有資格，可勝任那些更適合自己的角色。」

我們在第二章中提過，在進行預報時，採用平均數會是個相當有效的做法。你應該記得，六位經濟學家的平均預報，比一位頂尖經濟學家單獨的預報準確度高出許多。但是在這個章節中，我們似乎在說取平均值是件很糟糕的事。我們要怎麼解釋這之間的差異呢？我們的分析是不是有矛盾之處呢？事實上，這兩個觀點不只是可以共存，還是彼此互補。經濟預報有許多不同的模型，各自呈現出獨立的預估值。每一個模型都可以自由地產出各自的預測。取用這些不同觀點的平均值，可以把多樣化的資訊聚合起來，同時過濾掉錯誤。

標準化就不一樣了。在這裡的狀況是有一些形形色色、大小不一的人，硬是被塞進同一個駕駛艙裡面，或者是人們被要求去用同樣的方式來執行自己的工作，不管他們之間有些什麼樣的不同之處，多樣性還沒來得及被展現出來，就已經被擠出局了。這會比較像是強迫經濟學家都要使用同一組模型：一般經濟學家們在使用的模型；事實上，這麼做會抹煞那些相當有用的相異之處，叛逆思考會因此乾涸。

換個方式來說，取用不同的預測，並算出平均值是利用多樣性的一種方法；將大家的工作、學習方式、或是其他別的東西標準化，則是冒著壓垮多樣性的風險。如同亞馬遜裡面機器學習部門的部長尼爾．勞倫斯（Neil Lawrence）所說的那樣：「平均值用得好的時候，可以駕馭來自很多不同人的見解；用得不好的時候，就是把某種解決方案強加在諸多人身上。」

當然，標準化經常很有用且很重要。舉例來說，在衣服這件事情上，現成的架上商品可能不會每次都百分之百地合身，但是會讓消費者擁有便宜、量產化服裝的這項好處。個人化的方案（量身訂做）經常都會比較昂貴，這暗示著訂製產品和通用產品之間的取捨。但是我們之所以會採用通用品，通常不是因其具有成本效益，而是因為我們幾乎不會去考慮其他替代的選項。此即駕駛艙的那個案例，在這個案例裡，之所以設計出標準化的駕駛艙，並不是出於成本—效益分析後所做出的決定，而是因為幾乎沒人想到替平均身材的飛行員所設計的駕駛艙，對於大部分的飛行員來說會是不合適的——尤其是在丹尼爾斯中尉出現之前。

當機構變得過於僵化，大家都會很痛苦。並不是只有在組織裡如此，以平均值這個概念為核心的思考模式讓我們在一些細微之處忽視了人類的多樣性，這種思考模式是如此地根深蒂固，以至於科學本身也被滲透了。先把這件事放在心上，讓我們回到伊蘭．西格爾身上。因為他的故事會揭露風險的所在——以及為何這些風險，遠遠超過我們該把什麼東西吃進肚子的這個問題。

在他那場低碳水化合物的馬拉松之後，伊蘭．西格爾終於可以更清楚地看到飲食科學的缺失。標準化的飲食指南，就像標準化的駕駛艙一樣，或許看似相當嚴謹，卻忽視了一個關鍵的變數：人類的多樣性。西格爾說道：

升糖指數就是很好的例子。這個系統將食物按照其對血糖的影響程度進行排序。要取得這個指數的方法就是，找一群人，讓他們吃一些不同的食物，然後測量其血糖反應，如此一來，你就可以獲得一套指數系統，從一到一百，將食物依次排序。

這樣的描述，讓升糖指數聽起來像是科學的黃金準則，以測量和數據為基礎，但同時也建立在另外一件事情之上：人們對於食物的平均血糖反應。但要是對於同樣食物，大家的反應卻有著根本上的不同時，該怎麼辦呢？按照升糖指數來飲食的人，可能會吃到對自己不健康的食物。二〇一七年春天，西格爾跟搭檔的研究員進行了一場實驗，以測試這種可能性。目標是要量測實驗對象對於兩種麵包的血糖反應：第一種是經常被關心健康的遊說集團給妖魔化的那種，商業製造出來的白麵包；第二種是熱中健康的人士所喜愛，用老麵發酵的手工全麥麵包。一如往常的，現存的證據兩種結果都有。有些研究指出麵包可以降低罹患癌症、心血管疾病、以及第二型糖尿病的風險；其他研究顯示的結果則幾乎完全相反；也就是說麵包對於臨床上的健康指標並沒有什麼影響。

西格爾的實驗本身很簡單，他請來一組健康的人，其中沒有人在採用特殊的飲食法。他們被隨機分成兩組，一組在一週之內每天吃白麵包，另一組則吃全麥麵包，兩組都不能去吃另外一種，並且要求兩組人早餐時就只能吃麵包，而其他餐則是想吃就吃。之後兩組人皆休息一週，接著再相互交換麵包的種類。

有一點相當重要，實驗中的每一個人對麵包的反應，都會被進行多次的測量，並且追蹤了很多不同的數值，包括發炎反應、養分吸收以及其他的項目。最重要的一項，大概就是血糖反應了，這對於健康來說至關重要，也值得我們花一兩分鐘來解釋其原因何在。修讀生物的學生，在人體方面最先學到的幾件事情，就包含人體代謝葡萄糖的重要性。在進食之後，我們的身體會消化碳水化合物，將其分解成單醣，然後釋放到血管裡面，這時，在胰島素的幫助之下，葡萄糖會被移動到細胞和肝臟裡面，在這些地方形成肝醣，以待後續被作為能量來使用。

但是，胰島素也會給細胞訊號，把多餘的糖分轉成脂肪儲存起來——這就是體重增加的主要原因。而且，如果太多的葡萄糖從食物流入血液中，可能會導致胰島素過度分泌，讓葡萄糖降到太低，這會讓我們感到飢餓，並且強烈渴望再吃更多的東西，即便已經比實際所需的還吃得更多。血糖上升過快是導致糖尿病、肥胖、心血管疾病與其他代謝失調的風險因素。有一份持續超過三十年並且追蹤了兩千個人的研究發現，對於葡萄糖的反應愈高，是高死亡率的指標。長期的高血糖會讓整個系統有壓力。另一方面，在進食後血糖適中且和緩上升的話，則可以減少罹患心臟病、癌症以及慢性病的機率，例如可以降低體脂過多的問題，死亡率也會下降。總而言之，血糖反應不只是對於體重來說很重要，在健康方面也很重要。

西格爾那場麵包實驗的結果出爐了，結果是兩種不同的麵包，在血糖反應或是其他任何的臨床指標上並無不同。工業化的白麵包和手工的老麵麵包幾乎有著一模一樣的效果，這看起來是在暗示著飲食的建議應該要是中立的。如果一種麵包並沒有比另一種好，為什麼不建議消費者選擇比較好吃，或是比較便宜的那一種呢？

但是這個「科學」的推論是根據血糖反應的平均值所做出來的，那麼，個體的反應又是如何呢？大家的反應是否包含了多樣性呢？結果相當驚人。對某些人來說，吃老麵的全麥麵包是有益處，而吃商業白麵包則是有相反的效果；但與此同時，有其他人的結果卻是恰恰相反。有些人是對於兩種麵包的反應差異不大；有些人的反應卻呈現出天壤之別。「整組數據相當因人而異，」西格爾說道：「得要看這些個體各自的數據，而不只是平均值。」

為什麼每個人的血糖反應會如此不同？西格爾意識到了一件事，就跟駕駛艙的問題一樣，身材尺寸有著多種面向，可能會讓某個人跟駕駛艙無法吻合，而這裡的狀況也有點類似，人體有很多面向，都會影響著這個人對於某種特定的餐點會出現什麼反應，這些面向包含了一些很直覺性的東西，像是年紀、基因、生活方式，還有其他等等。

最令人著迷的一個面向，大概是人類的微生物群系了，這些細菌會寄宿在我們的腸胃系統裡面，數量大約有四十兆個細胞，多達一千種不同種類的微生物。這個「宇宙」裡的基因數大概是宿主人類的兩百倍，並且對於我們如何消化食物並吸收養分造成了極大的影響，同時也對我們的免疫系統有很大的影響，而每個人身體裡有哪些微生物，乃因人而異。

當你從這個角度來檢視飲食，看到不同的要素被轉譯成不同的酶、基因、細菌的基因，並且可能還有其他特殊的要素，如此一來，任何一種飲食習慣皆可一體適用，即便只是適用於大部分人的觀點，幾乎可以用荒誕無稽來形容了。「我愈想，愈覺得這一切看起來很奇怪。因為這些說法只考慮到了食物，卻沒考慮到進食的人。」

這項研究，可能是西格爾所有經驗中最富野心的一項，而研究還要繼續往前推進。他進行了許多實驗，實驗會找來一小群人，給予他們一些治療或是干涉，然後在特定時間點下測量平均的影響。西格爾招募了近千名的受試者，大約一半都過重，四分之一則是有著肥胖的問題，並把這些人跟已開發世界中、沒有糖尿病的族群相互配對。接著，這些受試者會被要求戴上一個葡萄糖探測儀，為期一整週，這台機器每五分鐘就會追蹤一次葡萄糖指數，得出一份個人化的，針對幾乎高達五萬份餐點所做的血糖反應檢測。

這些受試者會在一款特別設計的手機 **App** 上登錄他們吃下的每一樣東西。他們可以吃自己想吃的東西，但是被要求一定要吃一份標準化的早餐：那是一份循環的菜單，包含普通的麵包、麵包與奶油、果糖粉末加水、或者是葡萄糖加水，這創造出一組豐富的數據，包含四萬六千八百九十八份真實生活中的餐點以及五千一百零七份標準化的餐點，登錄在案的卡路里就有一千萬大卡，還有其他相關的健康數據。對於一項營養相關的實驗來說，這個實驗的規模之大幾乎是史無前例，西格爾和他的同事們並不是去計算平均的反應，而是去檢視每一個個體的反應。

結果出來的時候令人相當震驚，對於某些人來說，吃冰淇淋的血糖反應會是健康的，而壽司卻帶來相反的效果；對於其他人又是顛倒過來。「每出現一個醫學或是營養學上的發現，同時也會出現很多人，有著跟這項發現非常不一樣的結果，」西格爾說道：「大家的反應很常是截然不同的。」

西格爾的太太可倫對於這些結果大吃一驚。她是受過專業訓練的臨床營養師，並且在她的診所內診治過許多病患，而她在向病患提出建議時仰賴的都是那些廣泛的準則。對於糖尿病前期的患者，她建議他們不要再吃冰淇淋了，改吃複合式的碳水化合物，像是米飯。「我意識到，我一直以來都在給出一些可能會對別人造成傷害的意見，」她說：「這是一記當頭棒喝，現在，我建議他們去測量自己的血糖反應，如此一來，他們就可以獲得對他們自己來說合適且有效的飲食方案。」

泰拉就是個典型的例子。她六十四歲，是一位來自以色列北部的退休小兒科護理師。她的肥胖是臨床上的問題，她對於自己的健康狀況愈來愈擔心。「我那時變胖不少，」她告訴我：「我的血糖非常高。」她當時的飲食方式看起來滿健康的：早餐吃歐姆蛋，整天下來餐點的營養均衡，有大量的新鮮水果和蔬菜，她在後院自己栽種蔬果，她特別愛吃蘋果和甜桃。「這看起來是我所能維持的最好的飲食方式了，」她說：「我找不出我到底哪裡做錯了。」

當她拿到葡萄糖探測器，讓她可以規律地測量她個人對於餐點有什麼反應時，她震驚到說不出話來。她遇到甜桃、哈密瓜和番茄時，血糖會飆升，還有脂肪量為百分之一的牛奶也會讓她的血糖高升，但是遇到西瓜或是含脂量為百分之三的牛奶時，血糖反應則完全是健康的。「太驚人了，」她說道：「我沒想到會這樣。」

泰拉遵循著這份個人化的指南，並改變了自己的飲食習慣，她瘦了十七公斤，血糖值降低了百分之二。「沒有哪兩個人是完全一樣的，」她說：「我們的DNA不同、身體裡的生物也不同，我嫁給了一個很瘦的男人，之前，我們都吃一樣的東西，而他的血糖沒問題；現在我的血糖也回到正常……誰猜得到我吃甜桃會有問題！」

但是西格爾的研究還不算是大功告成。接著研究人員把所有的數據拉到一組演算法裡，這組演算法是設計來預測新的受試者的血糖值的。事實上，他們的做法跟亞馬遜這種線上零售商，用來預測購物者會喜歡哪些類型的書時用的方法差不多。為了要測試這個演算法，他們招募了一百位新的受試者，接著量測了像是血液、年紀、微生物等等這類個人特徵。這些數據被餵進演算法裡面，對於這項研究來說，這是一個相當重要的測試。這套演算法會不會準確地預測出這些人的身體對不同餐點的反應呢？結果會不會比標準的計算碳水化合物來得更準確呢？

答案是一聲鏗鏘有力的：「會！」「我們能夠拿任何一個人的資料，即便是並未參與原始研究的人，並且準確地預測他們個人對於任何餐點的葡萄糖反應將會如何，看見這一點是非常讓人興奮、激動的，」西格爾說道：「這讓我們有了保證，知道這組演算法是很堅固的。」

最後，他們招募了二十六位有糖尿病前期問題的新參與者，他們都用演算法替受試者設計出兩套飲食法。在「好飲食」中，要求演算法去預測出那些會產生低血糖反應的餐點；在「壞飲食」中，則要演算法去預測會造成高血糖反應的餐點。

現在，相信聽到有些人的「壞飲食」跟其他人的「好飲食」內容組成其實相去不遠，你也不會感到驚訝了。有人的好飲食是由蛋、麵包、鷹嘴豆泥和披塔餅、毛豆、蔬菜麵、豆腐以及冰淇淋所組成，而他們的壞飲食則包括木斯里、[1] 壽司、扁桃仁糖膏、玉米和堅果、巧克力和咖啡。如同預測一般，這些「壞飲食」跟異常的葡萄糖值有關，並且會損害葡萄糖的代謝。在「好飲食」方面，雖然卡路里的量一樣，葡萄糖值卻保持正常，一整週下來，連一次都沒有衝高。「這樣的結果真的讓我們很震驚，」西格爾說道：「證明了你可以大幅度地操控你的血糖值，幅度大到可以在一個星期內，讓你的血糖值從糖尿病前期的狀態回歸正常，而你所要做的只是改變食物的選擇罷了。」

這些結果本身非常重要，但是對我們這本書想達成的目的來說，最關鍵的重點是，它更加深了我們對於多樣性的理解。認為所有飛行員都合乎飛行員之間的平均身材，這項預設在一九五〇年代早期導致了一連串的事故。同樣的概念性缺失依然深植在營養科學最核心的地帶，而且幾乎沒人注意到。除非你把個體之間的多樣性也考慮進去，否則你很可能會設計出一些若不是具有缺陷的，就是讓人綁手綁腳的，或者是兩者皆然的系統、指南或是其他的什麼。

在個人化的營養指南這方面，前面還有很長的路要走，還需要更多實驗、更長期的後續追蹤，去直接測量在健康上會產生什麼後果，而不是透過像是血糖這種間接的指標。這樣的開始帶來了很大的希望，也讓研究人員有機會去克服絆住這個領域的矛盾之處。最重要的是，它道出了一個重要的真相，就是科學本身也可能會讓我們忘記一件事：多樣性很重要。

1 譯者注：一般由生的燕麥片、各式水果和堅果所組成的常見早餐餐點。

IV.

二〇一〇年春天，勞動經濟學家麥可．豪斯曼（Michael Housman）正在進行一個計畫，想弄清楚為什麼有些客服中心表現得比其他的好。無論他多努力地去觀察，就是找不到答案，不管怎麼算都不合理。他告訴我：

我那時候是一家公司的首席分析官，這家公司專門賣軟體給僱主，讓他們可以進行招募並留住員工。我們擁有五萬人的數據，他們在受僱之前花了四十五分鐘的時間填寫了一份線上職業評量，我們檢視了這份評量中的每個面向，想要看看裡面有沒有什麼線索，會透露出這個人會做這份工作多久，以及工作表現會如何，但是我們一直槓龜。

豪斯曼的團隊預期的是，那些曾經在不同僱主之間轉換的員工，平均來說會比較快離職，但他們沒有。有的員工可能前一年換了五份工作，或者只做了一份同樣的工作，但這些都無法預測他們將會在這份工作崗位待多久。研究團隊也認為，這份評量中所揭露的人格特質中，會有某個面向跟工作表現有所相關，但也沒有。

然而豪斯曼有一位研究助理突然靈機一動。研究團隊還有一份數據，是關於這些應徵者在填這份評量表時，用的是哪個瀏覽器。有些人用的是 Safari，有些是 Firefox；有些人用 IE，有些人用 Chrome。瀏覽器的選擇，能夠有效預測員工的工作表現嗎？對於豪斯曼來說，可能性似乎微乎其微，當然，這只不過是個人偏好罷了。

但是結果卻相當驚人。使用 Firefox 或 Chrome 來填表的人，留在這份工作的時間長度比起那些用 Safari 或是 IE 的人高出了百分之十五。在缺勤次數上，他們也發現了同樣的落差。使用 Firefox 和 Chrome 的人比起使用 IE 或 Safari 的人，缺勤次數少了百分之十九。

如果這樣的關係還不夠讓人費解，那麼這些跟工作表現相關的數字，肯定加倍驚人。使用 Firefox 或 Chrome 的員工在生產力、業績、顧客滿意度上的表現都較好，並且在單通電話的長度上也比較短。「這是我們找到最有力的結果之一，」豪斯曼說道：「差距很大，並且很一致。」

豪斯曼解釋說：

我們花了一點時間才理解到，關鍵在於IE和Safari都是預先安裝在電腦裡的。PC裡面本來就包含IE，而Mac的話則是Safari，這兩個是預設的瀏覽器。要使用這些瀏覽器，只要打開電腦就可以了。Chrome和Firefox就不一樣了，要使用這兩款軟體，你必須要夠好奇，會去查看有沒有更好的選擇，然後你還得要下載並且安裝它。

這些軟體本身並不造成工作表現上的差異，而是這項選擇所揭露出來的心理差異。有些人傾向於去接受世界原本的樣貌，他們會保持原狀。其他人則認為世界是可以改變的，他們會去思考，一件事情是否可以用更好的方法去做，如果是的話，就付諸行動。要用哪種瀏覽器，這個看似不怎麼重要的決定，顯示了他們在心理光譜上不同的位置。套用到工作情境中，便代表了許多事情。記住，這些是在零售業以及飯店業的客服中心工作的專業人士，這種工作在面對顧客的詢問時，通常都有一組固定的話術，這代表的是預設值。要按照既定話術行事很容易，但是有時候就會遇到一些無法用這套話術來解決的問題。或者，有些狀況用全新的方法來處理，可能會更有效。你會一如往常地使用原本的話術嗎？還是你會找到新的方法來解決問題，或是販售一個新的想法給顧客，讓顧客心滿意足？

在客服中心當中，可以不受常規束縛的員工表現好很多。當現狀還不夠好的時候，他們就會想出一些原創性的方法來改善現狀。這種思考模式也有助於解釋為什麼Chrome和Firefox的使用者，在同一份工作上會待得比較久，缺勤率也比較低。有能力改變話術的員工，在遇到問題的時候，比較有可能會去採取行動解決、並且對自己的工作做出一些改變，好讓自己更快樂，也更有生產力。那些認為現狀不可改變的人，則比較不會在工作時去解決問題，他們只是忍耐著預設的情況，直到他們因為挫折感辭職為止。「起初，我們都被這個顯著的結果給嚇到了，」豪斯曼說道：「但是後來我們意識到，瀏覽器的選擇顯示出了一個很重要的特徵：有能力去質疑現狀。這一點，在這個不停改變的世界裡至關重要。」

豪斯曼的實驗被適切地拿來佐證心理敏捷度的力量。這些人是有著外部者思維模式的人，能夠邁開腳步，走到典型的外面來，這讓他們更有生產力也更有滿足感。他們可以去解決問題，而不只是忍受問題。

還有另一個跟這個章節有關的教訓。請想想看最佳做法這個概念，這是商業領域中最常見的概念之一，其所依循的是一個簡單的主張：如果有一種做事情的方法已經被證明是較佳的方法，那麼每個人都採用這種方法很合理。舉例來說，在健康照護上，研究顯示，醫生常用不同的方式來進行療程，這導致病患無法得到最佳的治療。最佳做法通常有其關鍵。最佳做法的另外一個面向，通常也會獲得充分的理解。這個「最佳」並非是絕對的，而是相對的，是「到目前為止最佳」。如果有人有辦法展現出比起現狀更優越的替代方案，那麼最佳做法就應該要被修正。在這樣的觀念之下，最佳做法會漸漸進化，並且是以一種理性、由數據所帶領的方式。

但是現在，我們應該要理解，儘管這種方法很有用，卻也是不完整的。我們可以回到伊蘭．西格爾的研究，來揭開這個觀念裡的缺失。假設你根據一整群人的血糖反應，將飲食方式做出排名，你可以很縝密地進行研究，並且認定有一種飲食的方法，比其他替代的選項都還要好。但**這依舊不會是最佳的飲食**，只是最佳的標準化飲食罷了。另一個切入的角度，則是採用個人化的方法。這樣不必去比較整群人飲食方法的不同，只需要在個人的層級納入一些彈性就可以了。而且如同西格爾所展示的，這種方法可以降低血糖的反應，讓單一個人的飲食方式健康得多。

現在想想客服中心的員工。許多組織都試過不同的話術，並進行比較、在統計上進行測試，然後獲得一個看起來很科學的結論，選出整體而言，那一套最好的話術。但這通常會漏失彈性的好處。豪斯曼的實驗顯示，當員工合理地脫離既定的話術，他們通常會表現得比較好。這有一部分就如同前面提到的那樣，是因為他們正在適應新的情況。但也是因為這麼做，讓他們有機會按照自己的長處來行事，並把自己的個性帶入到對話之中。話術會因為每個員工的獨立性而有所不同。換句話說，要建立最佳做法，不能將標準化的方案進行比較後，再來做選擇；同時還需要去比較不同種類的彈性。而且，有鑑於我們到目前為止對多樣性的了解，較有彈性的系統通常會勝出，不管你談的是飛機駕駛艙、飲食方法、話術還是其他。

現在主要的議題是，要如何在職場上建立更多的彈性，這通常以幾個領域為中心，包括家庭、節慶假日、工時到工作等等。當這些專業的人員有空間製作專屬的時間表，好符合個人的承諾和付出，讓工作更有意義；提供這樣的彈性，便意謂著組織將能夠取得新的才能（例如有人可能不想要朝九晚五的時間表）。這對於Y世代來說尤為重要，根據一份研究，工作和生活之間的平衡，是年輕人在選擇僱主時最重要的一個因素。

而這還只是彈性所具備的其中一種力量。多樣性科學所展現出來的重要性，還要更加深入，但卻連組織和社會機能運作的表面都無法觸及。在設計一套系統時，允許其中的個體按照自己的強項行動，同時也讓他們把自己的獨特性，帶到職場上面來，這將會是革新的關鍵來源。

彈性當然有風險，當我們有改變的可能性時，同時也有犯錯的可能性。這兩者之間永遠是平衡的關係，很多組織經常聚焦在控制錯誤，與此同時，我們幾乎都沒有去承認僵化不變的危險性，而這種危險，經常潛伏在現代社會的各個系統中未被察覺。簡而言之，整體而言，我們都得用更科學的方式來對待多樣性。

V.

標準化構成了我們生活的核心。二十世紀早期的教育改革在設計學校的時候，用的是「標準化的課程、標準化的課本、標準化的成績、標準化的假期以及標準化的學位」。這樣的教育概念，是教育不應該因為個別學習者的需要而一張一弛，反之，是要個別的學習者應該要想辦法進到系統裡面，並符合系統的需要。

這麼做是以大量生產為目標：就像工廠會既快速且大量生產一些裝飾品一樣，學校會既快速且大量地生產學生。應該要用同樣的方式教導他們、用同樣的測驗評量他們。如同艾伍德·庫柏利（Ellwood Cubberley）在他於一九一六年那份頗有影響力的指南中寫的那樣：「我們的學校，在某種意義上就是工廠；而原料（兒童）將會在這裡被形塑、製造成產品，以達成生活中各式各樣的需求。」

這種方法比起前代雜亂無章的系統好得多，但還是有其限制，畢竟，如果孩子們的差異是有重大意義的，那麼就應該要彈性設計進學生的層級裡（這一點有智慧的教師們一直都知道）。沒錯，有力的證據指出，彈性會讓學生和學校都獲得更佳的結果。二〇一五年的國際學生能力評量計畫顯示，「適性教學」是達成高程度的教育結果時，第二有力的預測指標，勝過紀律、班級大小以及其他很多指標（唯一跟表現相關更有力的指標是財富），你或可對適性教育有所期待——老師會順應個別學生的需要，而不是讓每個人用一樣的步調、在一樣的時間、做一樣的事情。

教師兼作家的瑪麗亞．暮里（Maria Muuri）最近發表的文章，總結了芬蘭教育裡的關鍵宗旨何在。芬蘭的教育系統經常被認為是世界上最好的一個。其中有五項因素吻合了本書的主題，其中包括橫向思考能力，其目的是要讓孩子能夠具備彈性思考的能力；跨領域學習，這會幫助學生了解每個科目都不是獨立的思想藩籬，而是一個個彼此可以被連接在一起的領域，並且可以激發彼此新的見解（重組）。暮里也道出為什麼系統的彈性很重要。「學生都是獨立的個體，因此我們不能用一樣的方法來教他們，」她寫道：「（在芬蘭的學校裡，）一個班級通常同時會有五種不同程度的作業，這也代表著每個學生都有自己特殊的目標。」這叫作差異化。

另一個關鍵的因素是學生評量方式的多樣化，她寫道：

芬蘭新的課程著重在評量方式的多樣性，並且用評量來引導提升學習。必須跟學生以及監護人經常溝通學生課業的進展……我們會去設定目標，並討論學習的過程，而評量一定都是建立在學生的強項上。

暮里還寫道（寫得還相當妙語如珠），如何讓學生從學習團體內部的認知多樣性有所收穫：「我們著重在讓來自不同背景的學生一起合作，我相信，你總是可以從跟自己不同的人身上學到什麼。」

有些人會說，教育系統中有些部分過度偏向個人化；其他人則覺得還可以再推得更遠，像是哈佛的陶德．羅斯。不過，這是一場健康的辯論，應該要由證據所領導。但大家普遍同意的是，在相對僵化的系統裡，提供一點彈性會幫助學生們成長。

當然，平均值的這項暴政不僅僅影響教育，它對於科學的滲透程度更加廣泛。一個經典的謬誤，就是在男性受試人身上得出了一個平均值之後，認定這個平均值在女性身上也會適用。回頭看看那些駕駛艙，如果這些駕駛艙對於不同身材的男性來說，已經設計得很差，想想看對於平均上矮小的女性來說，又會如何？卡洛琳．克里亞朵．佩雷茲在《被隱形的女性》一書中指出，鋼琴鍵是按照男性平均的手部尺寸來設計的，其他像是警用防彈衣和軍事裝備也是。

但是這些為了符合男性的平均身材常見的相關設計與制度安排缺失，其實暗中讓女性所面臨的狀況更加困難。如同佩雷茲所說的：「關於性別之間的數據差異，最重要的一件事就是，這並不是普遍的惡意，甚至不是故意的。正好相反，這只是一種產物，一套存在了好幾千年的思考方式的產物，因此也變得有點像是根本沒有在思考。」

這些概念上的混淆，也會發生在所謂的「硬」科學裡面。幾年前，一位加州大學聖塔芭芭拉分校的神經科學家麥可．米勒（Michael Miller）進行了一項實驗。他將十六位受試者放進核磁共振機，再讓受試者們看成串的詞彙；接著休息一下，再看一串新的詞，這時，實驗會要求他們，如果看到原本清單上出現過的詞，就按下按鈕。跟著，再分析受試對象的腦部掃描。分析腦部掃描影像的目的，是要找出語文記憶會牽連到哪些神經迴路。這些資訊通常以大腦地圖呈現，會顯示出大腦中哪個部分亮起來。任何曾經讀過神經科學論文的人對此都相當熟悉。但是有一點比較少受到重視，就是這張圖是透過不同受試者的平均值去計算出來的。

出於某種理由，米勒決定不觀看平均的結果，而是去看個別受試者結果中的細節。

「相當驚人，」他和陶德．羅斯在訪談中提到：「大部分的結果，都跟那張依據平均結果所畫出來的地圖絲毫不相像……最令人驚訝的是，這些不是很細微的差異，而是非常顯著的不同。」

試想，神經科學作為現代研究分支中，最令人興奮的其中之一，竟可能會做出一些具有誤導性的結論，因為依據平均數而繪製的大腦地圖，將個案各自的結果給隱藏起來了。羅斯指出：「米勒發現，那些存在於人類大腦之間顯著的差異，並不只限於語文記憶方面，也在其他針對各種面向的研究中找到，從臉部辨識到心像，再到程序學習以及情緒。」這些並不意謂神經科學有缺失。有些時候使用平均值是合理的，但是科學家在使用平均值的時候，常常沒有意識到自己正在使用平均值。[2] 這種做法，只消再往前推進一小步，就幾乎是把人類視為一模一樣的複製體，而不是具有多樣化的個體了。

多樣性科學的實驗中，我最喜歡的其中一個，是由艾希特大學的心理學家克雷格．

2　作者注：在正式的表達上，他們通常都會闡明自己是用平均值來代表一整個族群的人，但與此同時卻忽視（或是徹底無視）了計算出這些平均數的原始資料的分布情況。

奈特（Craig Knight）所進行的實驗。奈特在成為學者之前是名業務員，南來北往地跑遍了全國，他站在西米德蘭茲郡一間大型辦公室的時候，才驚覺到了標準化的危險性。當時，他正看著長長一整排的美耐皿辦公桌，它們全部長得一模一樣，並延伸到遠處。當時的流行觀是，所有的工作區域應該要看起來一模一樣，員工應該要在標準化的環境中運作。對於奈特來説，這感覺令人有點沮喪，他告訴我：

這個概念叫作精實辦公（lean office），在千禧年之際非常熱門。其概念是，辦公室不應該要有個人的物件，不應該有照片、圖像或是植物，這些東西被認為會讓人分心。如果有辦法用科學來證明某種工作區域的規劃是最有效率的，經理人就會相信，每一個人都應該要順應之。

作為一個跑外勤的業務員，奈特在一間接著一間的辦公室看到精實概念。員工們長時間在這種被建構出來的均一化空間裡努力地工作。經理人們認為，他們用的是經驗法則來提升生產力。然而有心理學背景的奈特可不那麼確定：

我的直覺是，這會造成一些非預期性的後果。如果你把一隻猩猩或是一頭獅子圍在一個精實的空間裡，牠們會過得非常悲慘。牠們會很有壓力、會打架、無精打采、死得快。我在懷疑的是，人類會不會也因為標準化的空間更加疏離。每個人都有自己的人格特質和個性、興趣和想法。我認為人們會想要自己創造自己的空間。

一直要等到幾年後，奈特進入了學術領域，他才有機會測試他的假說。他跟一位共同研究員艾力克斯·哈斯蘭（Alex Haslam）一起進行一場設計巧妙的實驗。他們把受試者分成兩組，讓他們去做一些辦公室裡常見的事務，受試者需要去檢查文件、處理資訊、做出判斷等等。

第一組被放在精實辦公的條件下。他們被要求在一模一樣的、極簡主義式的、表面上看似很有效率的空間裡工作。事實上，這幾乎就是當初奈特在西米德蘭茲郡的標準化工作空間時，所注意到的那些條件。第二組人也被放在一個標準化的工作空間裡，但是有一處不同，這次奈特在牆上掛了些版畫、在桌上放了些植物。奈特將這組稱為豐富化的條件。

結果呢？後者工作表現提升了百分之十五。這或許沒什麼好驚訝的，人們在較有人性的環境裡時，工作的表現會比較好，即便是在標準化的空間裡也一樣。奈特告訴我：「這證實了我多年以來懷疑的事情，大部分的人都比較喜歡豐富化的環境，大家說這些圖片和植物會讓整個環境比較開心。精實的空間可能對裝配線那種一板一眼的工作來說很有效，但是對於認知型或是創意型的任務來說，並非如此。」

奈特接著找來第三組人，並且再度更改設定。他允許這一組的受試者能夠將工作的空間進行個人化的改造。他們可以選擇自己要的版畫、自己想要的植物、按照自己的品味、個性和喜好來布置。「他們告訴我，這讓他們感到很自在，」奈特說道：「或許，我們可以將這一組的狀況，稱為個人化條件。」

現在，從外部者的角度往裡面看，許多個人化條件下的空間，看起來跟精實、豐富化的條件下的環境一模一樣。畢竟有些人確實是喜歡極簡風的空間，而也有其他人喜歡豐富化的空間。平均來說，當這兩種條件被加諸在受試者身上時，豐富化的條件會比精實的條件表現來得更優秀——但這只是平均而言。而這就是第三個新條件的關鍵之處：這些新的空間是他們自己選的。這些空間不是通用的；而是如同那些有著可調式座椅、可調式踏墊的座艙，也跟伊蘭．西格爾創造出來的客製化飲食法一樣，這些工作空間在各個面向上，都很符合個別員工的需求。

等他們再度回到這間辦公室的時候，結果非常令人驚豔。他們的生產力向上飆升，比起精實辦公的空間條件，高出了將近百分之三十——比起豐富化的條件則是高出了百分之十五。效果相當顯著。「給予大家自主性，讓他們自行打造屬於自己的空間，所產出的東西，幾乎比起所有你能夠提供的任何東西，都還要更好，」奈特說道：「有一位參與實驗的人表示：『棒透了！我真的很享受其中，我什麼時候可以進駐？』」

生產力的上升，可以被分為兩個部分。第一個是自主性的元素；大家自行做出選擇，而不是被規範框住。他們感受到被賦予權力，因此也更有動力。這個元素跟選項本身並沒有太大的關聯，而是跟進行選擇的這個動作比較有關。但是，第二個元素不只是由進行選擇造成的，更是透過個人化的力量而成形。大家可以設計出自己喜歡的空間，他們可以按照自己的個性來形塑這個空間，這聽起來可能是一件小事，但實際上卻很重要，因為這是一個認真看待多樣性的方法。

VI.

伊蘭．西格爾及其同僚開創性的研究成果，變成了一家高科技新創公司，名叫 DayTwo。儘管目前該公司只在有限的國家營運，然而其目標是要把研究成果推向全世界，且過程很簡單。只要提供一組糞便樣本和驗血結果，讓 DayTwo 的實驗室可以測試你的微生物群系，並且評估你的血糖等級，這些資料就會交由演算法處理。研究人員會用一份可搜尋的葡萄糖預測資料庫來提供個人化的飲食建議。這個資料庫裡面有十萬種餐點和飲料的數據。這並不如二〇一五年進行的那場實驗那麼系統化，那場實驗會記錄每次用餐以後的血糖反應，再加上微生物群系的資料處理。然而公司的資料庫還是提供了一個方向。飲食，就像人類科學的其他分支一樣，逐漸遠離標準化，走向個人化。

埃里克．托波爾（Eric Topol）是一位分子醫學教授，也是世界上最受尊敬的醫師之一。他深深地被西格爾的研究所吸引，以至於自願參加了全面的測試，追蹤記錄每一頓餐點，並且攝取了一些確認血液中葡萄糖反應的藥劑、測試腸道的菌群。幾週之內，他了解到了自己對於食物會有什麼獨特的反應，這遠比嘗試那些標準化的飲食方法所能提供的資訊多得多。他不只是發現自己有一組特別的微生物群系，還發現有一些他持續吃了好幾年的食物，會讓他的血糖攀升。「我的腸道菌落中有一個傢伙的密度很高——擬桿菌屬——（一般人的平均值是低於百分之二）我身體裡那些合宿者，有百分之二十七都是這種菌，」托波爾在《紐約時報》上如是寫道：「有時我體內葡萄糖濃度的攀升，使每一百毫升的血液中有高達一百六十毫克的葡萄糖（正常的空腹血糖應該要低於一百……）。」

這不僅僅是跟健康和壽命有關的發現，更讓他理解到飲食指南的相互牴觸之處。「儘管各種飲食法的風尚，還有政府發布的飲食金字塔已經行之有年，我們對於營養科學的了解少得讓人驚訝。各種研究不停地相互產生矛盾，」他寫道：「現在，我們已經弄清楚整個大前提中，最核心的缺失何在：那就是認定有一種能夠對所有人一體適用、最佳的飲食法。」

二〇一九年四月，DayTwo的科學家跟倫敦的國民保健署見了面。他們已經在進行更進一步的研究，而且是在西格爾的實驗室以外的地方。他們嘗試建立更多的證據。他們的目標，不僅僅是要用微生物群系與基因組來做出飲食方面的建議，還要加入其他個人因素，像是用藥狀況、睡眠以及壓力程度。托波爾寫道：

我們真正需要做的是加入各種不同類型的數據……從不同的裝置上取得的數據，像是皮膚貼片和智慧型手錶。隨著先進的演算法的出現，這是勢在必行。在接下來幾年，你可以擁有虛擬的健康教練，它會針對相關的健康數值進行深度學習，並提供你客製化的飲食建議。

然而飲食僅僅只是這場概念革命中的一個分支。我們生活中的每個領域，幾乎都會發現從標準化的時代，走向個人化的時代。如果帶領這項轉變的是智慧的話，就有很大的潛力能夠改善健康、幸福感以及生產力。如同西格爾所說的：「多樣性是人性這一個大包裹裡面的一部分，是時候要認真以待了。」

REBEL
IDEAS

｜第七章｜

綜觀全局

I.

從中情局的失敗到羅伯・哈爾在聖母峰的英雄氣概；從附輪行李箱的奇怪歷史講到了政治同溫層的危險性。我們已經理解到，說到創新，當個善於社交的人，比起當個聰明的人更好，並看到了執著在平均數上將會如何遮蓋個別性。這個論點解釋了深藏在飲食科學當中的缺失，遑論美國空軍一九四〇年代晚期那些令人震驚的墜機事故了。

對於這些案例和故事、實驗和概念的探索都清楚傳達出了一組同樣潛藏的模式，就是這些都讓人意識到多樣性的力量——以及忽視多樣性的危險性。組織及社會的成功，全仰賴我們在追求關鍵利益的時候，能否駕馭彼此的不同之處。當我們能夠得心應手做到這件事的時候——只要再加上開明而有見識的領導能力、設計、政策以及科學見解——獲得報酬的機會是很大的。

然而，我們有必要回到這趟旅程中，一直存在的、最大的障礙之一。我們把這個障礙稱為複製謬誤：用線性的方式來思考那些複雜、多面向的挑戰。這是那種說出來似乎顯而易見的謬誤之一，但是當這個謬誤只潛伏在社會當中，就會是一個障礙，並且比其他的障礙都還要來得大，會讓大家無法把目光從個人的觀點轉開，轉而看向全面性的觀點。

時至今日，大家主要的焦點都還是偏向個人主義。我們處心積慮地想要讓一個個獨立的個體變得更聰明、洞察力更強、更不會受到偏誤的影響。我們提到了像是蓋瑞・克萊恩和丹尼爾・康納曼所寫的精彩作品，因為他們就是從這個立場出發去寫的。儘管這樣的觀點很重要，但是我們絕對不應該因為這個想法，而只見樹卻不見林。

本書的核心概念在於全面且整體的內容。集體大腦、集體智慧、心理安全感、重組型創新、同質相吸、網路理論、細粒分類的危險性。這些概念裡包含的內容，都不是從細節出來，而是在整體的層級才浮現的。現在這個時代，我們最迫切的那些問題都太過於複雜，無法由個人獨自解決。而且，集體智慧的位置愈來愈核心。在這樣的時代裡，這些概念會從整體之中浮現。

在最後的這個章節，我們會把鏡頭拉到最遠，以結束這場深入多樣性科學的旅程。我們會看到，多樣性不只是有助於解釋個人以及機構的成功，也解釋了我們這個物種的進化，並提供我們在個人性和整體性觀點之間的對比，且再一次拒絕複製謬誤。

我們也會探討從本書中學到的三個更實際的含義。這會提醒我們，每一個跟多樣性科學有關、令人興奮的點子和概念中，都有一些教訓，讓我們可以用來改變我們的生活、工作以及建構社會的方式。

II.

我們這個物種主宰了這個星球，我們幾乎在所有的棲息地上欣欣向榮，如果把我們馴養的動物也囊括在內，我們占了地表脊椎生物量的百分之九十八。我們創造出強大的科技、理論與藝術，我們用複雜而精密的語言來溝通；猩猩作為我們的表親，則被侷限在一條小小的非洲熱帶雨林帶裡。但我們並不服膺於這樣的限制。如同聖安德魯斯大學行為與進化生物學教授凱文．拉蘭德（Kevin Laland）所說的：「我們棲息的範圍分布，是前所未有的大。我們幾乎殖民了地球上每個棲息地：從熱氣蒸騰的熱帶雨林到天寒地凍的苔原。」

這裡的問題是：人類為什麼會這麼成功？

如果你把這本書闔上，思考一下這個問題，可能會得出一個很直觀的答案：人類很聰明、我們的腦子很大，讓我們有辦法解決別的動物無法解決的問題，也讓我們得以想出新的點子或是理論、科技或是溝通方式。這意謂我們能夠按照自己的意願來顛覆自然，而這一點是獨一無二的。基本的概念是這樣的：

聰明的頭腦會帶來厲害的點子（意即，科技、文化與組織）。

但是我們會深入探討這個框架的可能性。這個框架長久以來都主宰了我們的世界觀，但這個框架不只是錯誤的，還與事實相反。這個框架是來自個人主義式的觀點，把人類的大腦放在分析的核心。真正適宜的觀點會是全面性的，我們將會指出，因果關係的方向應該要是顛倒過來：

厲害的點子會帶來聰明的頭腦。

乍聽之下可能有點奇怪，但是順著論述走下去，將我們針對認知多樣性所做的分析推演到極致，我們會看到多樣性不只是推進人類團體中集體智慧的一種成分，這種材料還驅動了我們這個物種獨一無二的進化軌跡。多樣性就是人類文明背後隱藏的引擎。

要理解原因何在，想想我們祖先的大腦其實跟尼安德塔人的大小差不多，或許還稍微小一點。很多人都曾經指出這點，包括哈佛大學人類演化生物學教授約瑟夫・亨里奇。這暗示著我們的祖先可能還沒有尼安德塔人聰明。如同亨里奇所說：「在靈長類的各個物種中，要預測認知能力最有利的指標，就是大腦的尺寸。因此，跟大腦比較大的尼安德塔人比起來，我們不是不可能比較笨。」

但我們的祖先有一項很關鍵卻被忽視掉的優勢：我們的社交性比較強。我們生活在更大、連結度更高的團體裡面。這個差異造成了天翻地覆的結果。試想，如果有一群同類在附近的話，我們就有一些可以學習的潛在對象。即便在這個社交團體中，每個成員都只有一些初階的想法，像是一些關於尋找食物、製作工具等等的事情，這些想法的密度意謂比起自己花上一輩子來弄清楚一些事情，任何人——即便是個聰明人也一樣——都可以從這個團體中學到更多。

這同時代表著，物競天擇會開始去偏好那些較好的學習者，也就是那些很會觀察別人在做什麼，並且學到那些想法的人。這些技能對於尼安德塔人來說並不重要，因為他們並沒有一個密度夠高的社交團體，讓他們可以從中學習。重點並不在於尼安德塔人的想法比不上我們的祖先，而是從他人身上學習的成本很高（例如，花費掉可以用來打獵的時間等等）。而且這樣的投資，並沒有獲得足夠的點子作為相應的回報。一旦物競天擇開始偏好好的學習者，進化的軌跡就開始轉向。既然人類從古早的世代就有能力去學習別人的想法，那麼這些想法就會開始累積。早期人類的想法，沒有任何一個比尼安德塔人所有的來得更為複雜、更為精密，但是整體的知識集卻在成長——並且發生重組。

對於尼安德塔人來說，新的發明通常都會跟著創造者一同死去，獨立的個體會發現一些新的東西，但是這些東西不會在社交團體之間被分享出來，也不會被傳給下一個世代。另一方面，在人類的祖先之間，社交團體內一個個獨立的大腦會相互連結，並且也會隨著時間發展傳遞下去。新的發明比較不會失傳，反而常常會被進一步提升。這就是資訊溢出效應在演化過程中所產生的動力。

回到第四章提到過的的那些術語，以個別的頭腦來說，我們的祖先並沒有比尼安德塔人聰明，我們的祖先是在集體大腦上比較聰明，如同亨里奇所說的：

> 尼安德塔人已經適應了冰河時期歐洲那種資源四散的情況，也習慣於應付變化劇烈的生態條件。他們生活在小型的團體中，並且分布在四處……與此同

時，來自非洲的移民「我們的祖先」，生活在更大而且連結得更加緊密的團體中……尼安德塔人獨立個體的腦力所創造出來的額外優勢，會被非洲人集體大腦的尺寸所具有的社會連結性給壓過去。

回顧第四章的思想實驗中，天才部落與網絡部落之間的差異。我們說過天才部落的人比網絡部落的人聰明，但是前者擁有新發明的可能性較低。創新和發明的重點，是個體與其所屬的網絡之間的相互作用。隨著知識的累積，會再度反饋給集體大腦，而且，還會反饋到物競天擇上面。

的確，從一群個體的大腦轉變成一個真正的集體大腦，這個過程確實非常厲害，生物學家還將這個過程稱為一種「重要演化階段」，指的是儲存和傳遞資訊方式的改變，讓複雜度出現了大幅度的躍進。其中經典範例包括從原核生物（單細胞的有機體）轉變成真核生物（那些細胞膜內有細胞核的有機體），以及從無性的複製體變成有性別之分的人口。

人類的集體大腦，代表的是我們這個星球上最近一次的重要演化階段。這帶來了大量的想法堆積，同時也形成了一個反饋的迴圈，這個迴圈改變了基因本身的進化，這是因為想法數量的壯大（這種狀況有時被稱作「累進文化」）製造出一種演化上的壓力，讓大腦變得更大，好儲存並分類這些快速成長的大量資訊體。

過去的五百萬年來，人類的大腦從跟猩猩差不多的三百五十立方公分成長到了一千三百五十立方公分。其中大部分的成長是在最近的兩百萬年內發生。這樣子的成長一直到二十萬年前才因為女性產道——靈長類的身體設計中的關鍵部分——的限制減緩，如果嬰兒的頭長得太大，就出不來了（或者可能要承擔在出生時造成母親死亡的責任）。這就是為什麼物競天擇會走向有密集皺褶的大腦皮質，以及高密度的相互交流。而且，嬰孩的頭骨則是保持未被閉合的狀態，這樣較能順利通過產道，並且在出生後讓大腦可以繼續長大。

因此，人類的確有著大到令人印象深刻的頭腦，但是要注意因果關係發生的方向。是想法的堆積才促成了大腦變大，而不是倒過來：

（簡單的點子堆積並且重組而成的）厲害的點子會帶來更大的頭腦。

拉蘭德指出：「一旦人口的規模已經達到關鍵的門檻，足以讓一小群一小群的狩獵採集人彼此相遇，他們交換物資和知識的機會也有所增加，如此一來，文化資訊佚失的可能性就比較低，知識和技能也可以開始累積。」

以大猩猩為例，為什麼大猩猩和其他的動物，並未走上人類演化的這條道路呢？為什麼只有人類擁有生物學家所謂的雙重遺傳（dual inheritance），也就是我們會把基因以及不停變大的想法群集，全傳承給後代？原因在於集體大腦的出現，且面臨著先有雞還是先有蛋的問題。我們已經對這個邏輯有所涉獵，若是把大腦設計成可以從別人身上學習新知的狀態，需要相當大的代價。從演化的觀點來看，大腦要發揮作用，必須有一定數量、可供學習的想法；但若是沒有從他人身上學習的能力的話，當地的環境中就不會有足量的點子，來合理化學習成本。這意謂集體大腦的出現，有一個基礎限制。亨里奇稱其為：「初始問題」（start-up problem）。

舉例來說，大猩猩永遠無法回收成本，因為牠們是生活在僅由單一家庭構成的團體裡，裡面只有一隻公猩猩和幾隻母猩猩。紅毛猩猩是獨居的動物，也沒有與配偶之間產生連結，意即年幼的紅毛猩猩通常都只跟媽媽一起長大，也只能從媽媽身上學習。黑猩猩則比較傾向於群居生活，但是針對年幼及青少年期的黑猩猩所做的研究顯示，牠們只將母親作為角色模範。

這就是為什麼動物只有初階的技術，沒有更進階。新的發明經常會跟發明的個體一同死去。他們會將基因上的能力遺傳下去，但不會將累積下來的眾多想法遺傳下去。這個機制的影響程度，大到讓那些已經走在通往集體大腦路上的尼安德塔人，被那些較晚離開非洲的現代人類的祖先給比了下去。尼安德塔人無法與之競爭，並不是因為他們在個體的層面比較不聰明，而是因為他們集體來說比不上。

這個觀點不只能夠解釋人類大腦的天性，還可以解釋人體的天性。一旦那些想法開始變成環境中穩定的部分，就會開始促使基因本身的革命。以「火」這項發明為例，這是我們這個物種的歷史上，最偉大的叛逆思考之一。我們並不知道誰是第一個成功生火的人，但是我們知道人類有能力將這些技能傳授給其他人，以及他們的子孫，也就是說，火變成了早期人類文化生態系中的一部分，然後一代接著一代傳了下來。

但另一方面，這也意謂我們並不需要那麼大的腸胃系統來解除食物的毒性，烹調的過程就會解除部分的毒性。因此，物競天擇開始去偏好腸胃系統較小的人類，讓原本代謝必須消耗的能量，可以被用在大腦的成長上。我們也不需要這麼大的嘴巴、牙齒或是強而有力的下顎，或是結腸、腸道等等。這些全部都轉而開始適應一個有火可用，還會烹調食物的文化。亨里奇說道：

像是烹調等等的技術，其實提高了可以從食物中獲取的能量，並且讓消化和解毒的過程都更加容易。這樣子的成果讓物競天擇的過程中，減少了腸胃道的組織，同時也節省了大量的能量……這種文化上的進化，讓消化機能的外部化作為整套調整中的一部分，讓我們這個物種可以長出、並運用一個更大顆的腦袋。

另一個例子，則是人類是地球上最有耐力的跑者之一。我們可以獵捕到羚羊以及其他同類的動物，而且特別是天氣熱的時候。我們的特徵讓我們有能力可以這麼做，尤其是我們卓越的排汗能力。我們每個小時可以流出一到兩公升的汗水，這是極優秀的冷卻機制。

但這裡會出現一道謎題：我們的胃太小了，無法裝下跑長距離時所需的水分。那麼，我們該如何在如此不足的存量之下繼續跑呢？唯有把科技考慮進去，才能解開這道謎題。當我們學到怎麼用葫蘆、動物皮和鴕鳥蛋來攜帶水分，並將這項科技變成我們環境中的基本組成、世世代代地傳遞下去的時候，我們的身體就不需要一個儲水系統了，我們將水分的儲存系統給外包出去，就像我們把解除食物毒性的功能也外包出去了一樣，這讓我們走上了不同的演化路徑。

但我們要再一次注意因果關係的方向，若是沒有先出現的外部儲水裝置，我們也就無法有效率地適應長距離的跑步，如同亨里奇所說的：「我們複雜的進化過程，以及以排汗為基礎、相當卓越的體溫調節系統，都是在我們發展出儲存水分的容器這個想法（以及找到水源）之後，才能夠發生。」

我們的想法和科技，不僅僅改變了我們的基因；在跟基因無關的層面，也改變了我們的生物性。你正在閱讀這些文字，這意謂你識字，你從你的父母以及老師身上學習到了閱讀的能力；他們也是從他們的父母與老師身上學來的。但是在學習閱讀能力的時候，你也改變了你的大腦。學習閱讀，改變了大腦中的左腹側枕葉顳葉區，讓胼胝體變厚，改變了顳葉上溝以及下前額葉皮質。這種在學習閱讀的過程中所發生的大腦重新配置，是一種生物上的修改，跟識字的社會有關，但並不是一種基因上的修改。如同亨里奇所說：

> 閱讀是個文化演化的產物，同時也改變了我們大腦的編程……快速地把圖案規律地轉換成語言的能力，幾乎就像是魔法一樣。一直到幾百年前，大部分

的人類社會都還沒有書寫的系統，大部分的人都不知道如何讀和寫。這意謂跟人類歷史上大部分社會中的人類比起來……現代社會中大部分的人（那些有著高度閱讀技巧的人）的大腦與認知能力不太一樣。最關鍵的點，就是文化差異是生物性的差異，但不是基因上的差異。

這只是叛逆思考直接對我們的大腦和身體產生影響的幾個例子，當然影響也發生在社會常規和機構的層面上。這些叛逆思考也形塑了我們的心理。一旦我們能夠從社交族群中取得更多資訊，比我們終其一生獨自學習所能掌握的量還要更大，物競天擇就變成去偏好那些較擅長從別的大腦中汲取想法的人，也代表有能力關注能讓自己學到最多東西的人，如同亨里奇所說：

一旦「想法」開始堆積……基因所承受的選擇壓力就開始著重於改善心理的學習、儲存、處理等能力，以及去組織那些存在於團體的其他人腦中、各式各樣提升勝任程度的技能和作法……這個過程可以被描述成是一種自催化反應（autocatalytic），意思是這個過程自己會生產出推進其前進所需的燃料。

III.

這些對於人類進化的粗略研究仍屬草率，但也提供我們個人性觀點和全面性觀點之間最終極的對比。人類的大腦令人刮目相看，但是人類這個物種的成功，是蘊藏在相互交流的精密網絡之中，這個網絡自古至今遍布全球，促使了大量的想法、科技和文化的進化。大約兩百萬年來，就是這樣子的網絡，引領了人類基因的演化、大腦尺寸的增長、心理狀態的改變、更多想法的產出作為回饋。

在這種意義上，我們這個物種是**建立在多樣性之上**。人類這個物種很獨特，不同的想法、經驗、幸運的發現以及重組，席捲了我們的社交網絡，並建立了集體大腦、讓集體智慧得以擴大，並改變了物競天擇的發展途徑。多樣化的想法使我們變得很聰明。如果被剝奪了這些不斷累積的大量想法，那麼人類的大腦本身，就沒那麼令人刮目相看了。

的確，人類學家設計了實驗，試圖要測量人類赤裸的認知能力（即大腦無法取得大量堆積的資訊時）。其中一種方式，就是比較年紀相仿的人類幼童、和猩猩以及其他靈長類之間的差異。在那個階段，人類幼童已經從父母身上吸收了一些資訊，但是比起十歲、甚至是五歲的小孩，還是相當少。位於萊比錫的進化人類學研究所進行了一項實驗，他們讓人類幼童（兩歲半）跟黑猩猩和紅毛猩猩在一場測驗中比賽，那些測試包含空間記憶（受試對象必須憶起物件的所在）、因果關係測試（評估形狀和聲音）還有其他認知型的任務。在各項挑戰上的結果都幾乎一樣。人類和黑猩猩的表現差不多同等級，紅毛猩猩則是稍微差了一點。

但人類在一項測試上有突出的表現，也就是社會學習的項目。在這項測驗中，受試者要觀察一位示範者，用一個複雜的技巧從一根細窄的管子中取出食物。人類的幼童立刻就學會了該項技巧，並且立刻就能應用。其他的靈長類則無法理解牠們眼前所見的景象、也無法付諸實行。亨里奇寫道：

> 在社會學習的這個測試項目裡，兩歲半的人類幼童大部分都拿到了一百分，然而人猿則大部分都拿到了零分。整體而言，這些發現意謂跟另外兩個人

科1的物種比起來，人類幼童唯一一項特別優秀的認知能力是社會學習，而不是空間、數量和因果關係理解。

乍聽下可能跟直覺相反，但是這跟我們所學到的內容相符。人類之所以聰明，是因為我們進化成可以跟其他大腦相互交流、連結。這也就是為什麼人類的小孩到了九歲或十歲的時候，就可以在實驗中幾乎所有認知任務裡打敗其他靈長類。他們從成人身上吸取的知識量，讓他們的大腦有著不成比例的力量。

而隨著年紀的增長，黑猩猩和紅毛猩猩並不會進步。牠們的大腦在三歲時成熟，這就是牠們所能達到的巔峰了。牠們沒有集體性大腦可以連結、沒有大量的想法、沒有持續累積的文化。就算這些東西也都存在好了，牠們也沒有發展出足夠的心智能力，讓牠們可以從其他動物身上汲取資訊，因為在牠們的演化史裡，並沒有物競天擇的壓力，迫使牠們去建立這項能力。麥可．穆蘇克里希納如此作結：「人類為什麼跟其他動物如此不同？讓我們比其他動物聰明的，不是我們的硬體，不是因為這些尺寸上來說很大型的腦。事實上，有些黑猩猩在基本的工作記憶型（working memory）任務上，是可以打敗我們的……讓我們變得跟其他動物不同的，是我們那個集體大腦。」凱文．拉蘭德寫道：「人類文明的成功，有時候會被歸功於我們所擁有的聰明才智，但是其實〔想法〕才是真正讓我們變得聰明的東西。當然，這依然跟智力有關。但真正讓我們這個物種與眾不同的，是貢獻並匯聚見解和知識的能力，以及以彼此提出的解決方法為基礎，持續發展的能力。」

這樣的分析，可能看似稍微貶低了人類個別的大腦，畢竟那可是我們已知宇宙裡，最複雜的一個實體。我們對於自己的認知和處理能力相當自豪，但是我們也可以用大腦來比喻，以說明這個基礎的論點。大腦是由無數個神經元和突觸所組成的，那是一個複雜的系統，由許許多多不同的部分所構組。然而，一顆大腦的智識並非來自於這些小小部分各自的知識，我們沒有哪個單一的神經元，要承擔製造出一個完整見解的責任；我們應該要說的是，大腦力量的基礎，就是這些小單元之間的互動。如同馬文·閔斯基（Marvin Minsky）在《心智社會》中所說的：「你可以用很多小小的部分來構成一個心智，而這些小小的部分本身，都沒有各自的心智和思考能力。」

1　譯者注：生物學分類中靈長目下的分科。

個體大腦之於集體大腦的關係，在某種程度上就很像神經元之於個別大腦的關係。這個隱喻並不精準，因為個別的大腦是真的可以獨立產生見解的；這也跟神經元有所不同，這些個體的大腦並沒有缺乏思考能力。但是概念還是一樣：無論是在一般的時間尺度（用分、小時、年和世紀來衡量）下運作，還是在演化的時間尺度下（用好幾十萬年來衡量），比起一顆一顆獨自的大腦，人類的發展更是仰賴於這些不同且多樣化的大腦之間的互動。

這賦予我們機敏精妙的眼光。我們是這個星球上，最令人望而生畏的一個物種，不是因為我們每個人各自令人敬畏，而是因為集體上來說，我們很多樣化。我們把不同的見解放在一起、促成跨世代的連結、將叛逆思考重組，我們所做出來的發明和創新，是相當令人歎為觀止的。我們的社交性促成了我們的聰明才智，而不是顛倒過來那樣。

多樣性不僅僅是驅動人類團體中集體智慧的成分，也是驅動我們這個物種特殊的進化道路的隱藏成分。引用亨里奇的話，多樣性就是成功的祕密。

IV.

全盤檢視以後，讓我們最後一次把焦點放在更多將本書所學進行實際操作的方法。要如何才能在工作和生活中駕馭多樣性呢？我們會看到三個最終的應用，三個都跟我們是怎麼生活、工作以及建構社會息息相關。

潛意識偏誤

潛意識偏誤主宰了當代對於多樣性的辯論。這裡指的是人們之所以拒絕接受一些機會，並非是因為才能的缺乏或是潛力的不足，而是因為一些隨機且專斷的因素，像是種族或是性別。

潛意識偏誤最直覺性的例子大概出現在一九七〇年代。在那個時代，美國（以及其他地方）的交響樂團都是由男性主宰，原因很簡單：進行甄選的人認為，一般而言，男人會是更好的音樂家。他們堅持這樣的做法是用人唯才。人人都稱說男性的鋼琴家、小提琴家等等，成就都更高。

但是哈佛大學的克勞蒂亞．戈爾丁（Claudia Goldin）以及普林斯頓大學的賽西麗雅．羅斯（Cecilia Rose）想到了一個點子：為什麼不在帷幕之後進行甄選呢？意思就是甄選小組可以聽到音樂，並對其品質做出評價，但看不到演奏音樂的音樂家是何種性別。開始使用這些帷幕之後，通過第一輪甄選的女性增加了百分之五十，而進入決選的女性數量則是增加了百分之三百，自那時候開始，那些重要的交響樂團中的女性音樂家所占的比例，因此從百分之五成長到百分之四十。

令人著迷的是，在引進帷幕之前，招募人員並未意識到他們在歧視女性。一直到使用了帷幕之後，他們才發現，他們先前不僅僅是以候選者的技巧來做評量，他們還透過了一層對於一位好的音樂家的形象濾鏡，來看待這些候選者。消除偏誤不僅僅是對於女性音樂家有好處，對交響樂團也是有好處的，他們招募的是有才能的人，而非長相。

當候選者之間有明顯差異的時候，潛意識偏誤通常是不會現出自己的真身的。畢竟，僱主為什麼要刻意地去選擇一個表現較差的人呢？這會傷害到組織本身。只有在候選者的能力不相上下的時候，僱主才會有心理學家所謂的「裁量空間」（discretionary space），而潛意識在其中有著極大的作用。

舉例來說，有一個針對大學生的實驗。他們得要在一份工作的應徵者之間，選出誰比較適任。當黑人候選人明顯比白人候選人好得多的時候，通常都會選上，這在白人候選人身上也是一樣。唯有當他們的履歷上顯露出來的資格不相上下時，潛意識偏誤才會開始見效。在這個時候，學生展現了小幅度卻是關鍵的傾向。他們普遍偏向白人候選人。他們並不是有意識地這麼做。當有人指出這項偏誤時，他們顯得很驚訝。若是拿任何在法庭上被挑戰過的聘僱決定來看，歧視都幾乎無法被證實。但是黑人能力比白人差的刻板印象，還是在他們處理履歷時，造成了潛意識的影響。

正是這些小小的偏誤持續累積，造成了巨大的後果，因為生活中的所有地方都要經過一系列的、可能會改變生命旅途的評選。你得要被選上學校的辯論隊、拿到暑期實習的位置、申請上大學、找到第一份工作、第一次被升職等等。這些都只是幾個重大事件的例子。評選幾乎是深植於我們日常生活中所有的互動。

但現在，算算看這樣一連串評選中的數學，假設總共有十次評選，其中每一次黑人都只承受了百分之十的偏誤，這就足以讓他們爬上頂端的可能性少了百分之九十，史考特・佩吉指出的正是這點。也請想想看，這將會創造出的反向誘因（perverse incentive）。因為要擁有資歷，本來就需要認真工作並且有所犧牲，這指的不只是在學校和大學裡面，在外面更是。成功需要大量的延遲享樂。

然而若是跟這些資歷有關的報酬會如此嚴重地被稀釋掉，那幹嘛還要大費周章地努力呢？哈佛經濟學家羅蘭・弗瑞爾（Roland Fryer）曾經解釋，對於少數族群來說，教育的報酬可能會是多麼的扭曲。而這暗示著另一個已經成為結構性偏誤的狀況：這些過去歷史留傳下來的不正義、潛意識的歧視以及偏差的誘因，如何在特定的人口族群中，不斷被加固、變成實體的堅固障礙。

如此一來，卸下潛意識偏誤的行動，就不只是進一步打造公平系統的強力手段；也有利於創造出一個集體上更加聰明的社會。讓來自不同背景的人有機會可以追求並發展自己的才華，也就會有更多人會擁有相應的知識，可以在遇到那些最為迫切的挑戰時，有所貢獻。任何政治的議程上，對抗結構性歧視都應該要被放到很優先的位置。

讓我們再回到交響樂團的帷幕甄選上，這麼做確實很有效，因為帷幕消除了招募過程中的主觀性。評選過程本身的設計就已經排除了偏誤。這些帷幕還有更進一步的效果，就是讓那些有抱負的女性音樂家，對於自己的才能會被公平評價這件事，感到更有信心——因此也就賦予了更大的誘因，讓她們從頭開始就更想去取得相關的資格。

哈佛大學學者愛芮絲．博內特（Iris Bohnet）在她的著作《哪些事情行得通》[2]中，全面性地分析了各式各樣可以提升評選客觀性的方法，其中包括「盲」履歷（把履歷中特定幾項跟族群相關的資訊給去除）、改變公司尋找新員工的方法、改變他們廣告職缺的方法、公告職缺的地方、評選應徵者的方法、以及做出最終決定的方法。

但是，雖然排除潛意識偏差是很關鍵的技巧，可以擴大集體智慧，卻依然遠遠不夠。回想一下布萊切利園的故事。假如負責招募的人熱切地想要招募數學家，那麼移除掉潛意識的偏差之後，他們所處的狀況，就可以讓他們不受腐化的刻板印象影響，成功辨認出哪些人是最頂尖的數學家。

但是即便這麼做了，也不會幫他們找到那些填字遊戲的專家，以及其他有著特異思考方式的人，而這些人最後成為了破解恩尼格瑪的關鍵。排除潛意識的偏差，會替我們找到最厲害的個體，不管他們是哪個種族、什麼性別。但光是這件事本身並不會優化認

2 譯者注：原書名：*What Works: Gender Equality by Design*。

知多樣性。這兩項挑戰在概念上就有著明顯的差異。偉大的組織兩項都必須要做到。

影子董事會

具有領頭羊地位的公司，還用了另一個方法來駕馭多樣性。他們採用了「影子董事會」，這個由年輕人所組成的組合，會在高層做出關鍵性決定和策略時提出建議，這麼做也就摘除了年齡可能會附帶的遮罩。畢竟，我們每一個人都是在某個特定的時代成長、吸收了某些特定的文化和智識上的典型。這會在各方面影響我們思考的方式，因為影響的面向太多，讓我們對於這些影響可能變得毫無意識。

這一點不管是在科學，還是在其他領域中都一樣適用。哲學家湯瑪斯·孔恩（Thomas Kuhn）指出，正在業界活躍的科學家，經常會根據一組特定的假設以及一些固有的理論來工作，這些東西可能會對於新見解的發展設下障礙，連偉大的物理學家，馬克斯·普朗克都說：「每場葬禮，都會讓科學進步一點。」

一般來說，影子董事會是由組織中各個部門裡最有能力的年輕人所組成，他們會定期對高層的決策做出貢獻，這讓高層主管可以「借用年輕族群」的見解，也可以讓高層接觸到的觀點更加多樣化。「結果驅動了更大量的叛逆思考」的流動。

任何曾經在面對新的科技時有過困難和掙扎，並且看到年輕人如此快速上手而深感驚訝不已的人，都會理解影子董事會的重要性。任何對年輕人看待老問題的看法極為不同，因而感到震驚不已的人，都會理解這個邏輯。而那些設有影子董事會、並將他們放到高層決策裡的公司，更因此獲得很大的報酬，這一點也不讓人意外。

管理學專家珍妮佛・喬丹（Jennifer Jordan）和麥可・索瑞兒（Michael Sorell）在《哈佛商業評論》上發表過一篇論文，將 Prada 和 Gucci 這兩個高級時尚品牌的財富狀況進行了對比。傳統上來說，Prada 享有很高的利潤，但是卻在二〇一四年到二〇一七年經歷了爆跌。Prada 在二〇一八年做出公開聲明，承認公司「在認知數位管道以及線上部落格這些『有影響力的網紅』的重要性上慢了一步，而這些事物改變了整個產業。」執行長派崔奇奧・貝特里（Patrizio Bertelli）說道：「我們犯了一個錯。」

至於 Gucci，他們設置了一個由年輕人所組成的影子董事會，並讓資深成員與其有持續性的互動。「他們會討論執行委員會所專注的問題，而他們的見解『對於高層來說有著敲響警鐘的作用』。」Gucci 的業績自此成長了百分之一百三十六——從三十四億九千七百萬歐元（會計年度二〇一四年）到八十二億八千五百萬歐元（會計年度二〇一八年）——這個成長，是由網路和數位兩項策略的成功所促成。而同期的Prada的業績則是掉了百分之十一點五，從三十五億五千一百萬歐元（會計年度二〇一四年）掉到三十一億四千二百萬歐元（會計年度二〇一八年）。

給予的態度

成功的協作關係需要一種特定的態度：提供自己見解的意願、願意分享自己的觀點、願意將自己的智慧傳授他人。只有透過給予，我們才會獲得收穫的機會。事實上，證明多樣性的重要性逐漸成長最有力的證據，就是保有付出態度的人，取得了空前的成功。

以下面這份研究為例，研究對象為超過六百位的醫學院學生，結果顯示那些個人主義者——專注於自己的進步，鮮少在乎別人的人——在第一年表現得非常好。這些「拿取者」很擅長從身邊的人身上汲取資訊，並且因為他們很少做出回報，於是就有辦法專注在自己的進步上。那些「給予者」，也就是比較大方、願意付出時間，並且向同學們提供自己見解的人，成績則是落後的。

但是奇怪的事情發生了，到了第二年的時候，那些比較合作的團隊跟上了。到了第三年，他們表現得比他們的同儕更好。到最後一年，給予者拿到了非常高的成績。沒錯，合作型的思維模式，對學校的成績來說是個很好的預測因素，其預測效果，比起吸菸對於肺癌率的預測還更加有力。

這是因為給予者並未改變，但是學程的結構改變了，亞當．格蘭特在著作《給予》一書中寫到：

> 學生在醫學院就讀期間逐漸成長，從獨立的課堂進展到臨床輪調見習、實習以及照護病患。愈往下發展，他們的成功就愈是得仰賴團隊合作以及服務。儘管拿取者有時候會在一些獨立的角色上取得勝利，在這些角色上，表現只關乎個人的結果；給予者則會在相互依賴的角色上快速發展，而在這些角色上，合作很重要。隨著醫學院課程結構的轉變，給予者會受益於他們更加有效地合作的這種傾向……。

這項發現在社會科學中不斷體現：採取給予態度的人會茁壯成長。這不是一個絕對的規則：我們可以想像得到，有一些人站在拿取者的角度，依然有非凡的成就。這個世界無法如此明確被分類，但是證據顯示一個普遍的規律性：那些擁有給予者態度的人，比較會成功；這也顯示，那些最成功的給予者是有在策略思考的，他們會去尋找有意義的多樣性，並且在發現自己被剝削的時候切斷合作。這讓他們可以受益於團隊合作中的好處，並且降低傷害，也就是那些搭便車的夥伴。如同一位研究者所說的：「跟社會智力連動起來的時候，給予者的態度是很有力的資產。」

願意去給予、去合作，而能得到長期的效益，這可以在羅格斯商學院的教授丹尼爾・萊文（Daniel Levin）所主持的一項實驗中看到。他要求兩百位公司高層重新活化那些三年以上未聯絡的人脈時，受試者得要從這些久未聯絡的人當中找出兩個，並且針對一項正在進行中的專案，尋求他們的建議。他們被要求要把從這些人身上所得到的跟參與該專案中另外兩個人所提出的意見進行比較，並做出評價。

哪邊的人會提供更新的見解、更好的點子、更強的解決方案呢？答案相當清楚：那些休眠已久的人脈所提供的意見，價值更高。為什麼？正是因為他們是沉睡已久的人脈，因此這些聯絡人並不是在同一個圈子裡活動。這些休眠的人脈有效地在多樣性方面產生了加分的效果——而這非常重要。

會付出的人，有能力建構多樣化的網絡，他們有各式各樣潛在的連結。他們能夠取得更大量的叛逆思考。給予者會先行付出，在重要的時刻，就可以觸及更大範圍的想法。就像某個高層所說的：「在聯絡他們之前，我以為除了我已經想到的那些之外，他們就沒什麼可給我的。但我錯了，我對於那些新穎的想法，感到相當驚喜。」

分享、提供知識與創意的意願，會在複雜世界支付你高額的紅利，這是有效合作的黏著劑，而且不止是在當下，是在長期。這些效益會變得更大。如同格蘭特寫的那樣：「大家普遍認同，成功人士都有三個共通點：動力、能力和機會……（但是）還有第四項：成功，高度仰賴我們跟別人互動的態度和方法。我們是不是在盡可能地（替自己）索取最高的價值？還是我們在貢獻價值……？最終這些選擇會對成功造成驚人的結果。」

V.

今日，我們正站在革命的邊緣。多樣性經常會被視為政治正確、讓人分散注意力的要素，那是道德和社會正義的問題，但不是表現和創新方面的問題。針對多樣性的討論，通常用的是一些很模糊的說法，還很常是在雞同鴨講。我們對於多樣性的理解並不只是不完整，經常還是有著很重大的缺陷。

只有在我們開始去吸收關於多樣性科學的事實時，我們的觀點才會開始轉變。我們不會再以為智力僅僅只是基於獨立個人的聰明才智，而更是基於集體的多樣性。我們看到創新不僅僅依靠特定人士的見解，交流的網絡也很重要，這讓這些見解可以重組。我們也看到，人類文明的成功，不是因為個體的大腦，而是跟集體大腦的蓬勃發展有關。

這些概念上的真理，也隱含實務上的意義。回想一下我們針對同質相吸的討論。我們提到，同質相吸的運作方式很像某種隱形的重力，會把團隊和機構往高度同質性拉近。當我們被想法相同的人所環繞時，會下意識感到享受。這些人跟我們有一樣的觀點，也會加強我們的偏見，這讓人感到很舒適並受到肯定，讓我們彼此都覺得自己變得更聰明，即便事實上，我們在集體上變得更笨了。

但是有沒有比了解多樣性科學還要更強力的方法，可以打擊同質相吸呢？當自己被想法類似的人包圍，會阻礙團體達成目標時，我們為什麼還是想要這麼做呢？當自己的觀點不斷地被強化，同時意謂我們並未學到任何新知時，我們為什麼還會喜歡這樣子的體驗呢？叛逆觀點能夠催化創新，但是當從眾文化都會讓這些觀點噤聲，我們為什麼會急切地渴望著從眾式的文化？

當我們開始用新的方式來思考多樣性，合作本身的意義就會改變。誠實提出的異議並非造成擾亂，而是迫切的需要。社會凝聚力並不會把意見的分歧當作一種威脅，而是對於社會的活力做出貢獻。去接觸外部人士好獲取新的想法並不是不忠的舉動，而是團結最明智的一種形式。因為一旦失去了那種由重組所驅動的創新，一個團體怎麼會有辦法在快速變化的世界裡，穩住自己的步調呢？

換句話說，只有在先理解多樣性的概念之後，才有可能建立一個多樣的文化。橋水是世界上最頂尖的避險基金之一，他們招募新人時，是以全面性的觀點為基礎。他們理解一組原則，這組原則清楚地傳達出了多樣性科學。這也就是為什麼大家在表達同意、像鸚鵡般地複誦以及認可時，並不會因此被認為是表達忠誠，而當他們誠實地表達異議、挑戰原本的想法，並且有所分歧時，才被認為是忠誠的表現。他們並不會因為嚴守組織內的界線，而獲得喝采，而是在追尋新點子時，才會獲得掌聲。如同橋水的創辦人瑞・達利歐所說的：

……偉大的文化會把問題和意見分歧帶到表面上並好好解決，且會熱愛去想像以及建造那些尚未被打造出來的偉大事物。這麼做會讓他們持續進化。以我們為例，我們之所以能做到，是透過極致的真相和極致的透明，來達成想法上的菁英制度，使之為了重要的工作和人際關係，而不斷地成長。

對於公司組織來說如此，對於社會的層級來說亦如是。當一個文化鼓勵新點子以及異議的發生，並且還有著很強的網絡，讓叛逆思考可以流動；比起從眾文化在智識上會處處受限，前者創新的速度會更快。如同亨里奇所說的：

當我們一旦理解到集體大腦的重要性，我們就會開始去檢視，為什麼現代的各個社會中展現出來的創新性如此不同，這跟個體的聰明才智無關……重要的是那些站在知識前線的大量個體，是否有意願和能力自由地互動、交換觀點、產生不同的意見、從彼此身上學習、建立合作關係、信任陌生人，以及犯錯。創新需要的不是一個天才或是一座村莊，而是一個大型的網絡，讓許多人的心智和思想可以自由地互動。

這些想法，至少可以回溯到古希臘以來的激進思想家和哲學家，但現在有正式的理論和大量的數據支持。也就是說，多樣性對於社會活力的貢獻，已經從直覺性的感受移動到了穩固的科學領域當中了。多樣性是一種材料，可以幫助我們去解決那些最急迫的問題，從氣候變遷到貧窮問題，並且會幫助我們從同溫層中解放，那些同溫層將會讓世界變得面目全非。十九世紀的英國哲學家，約翰·史都華·彌爾（John Stuart Mill）是多樣性的擁護者當中，最有說服力的人之一，他說道：

在現在這個人類發展的低潮時期，讓人類去接觸那些與自己不同的人、思考方式不同的人、會做出自己不熟悉的行動的人，這些接觸的價值，本來應該被重視……這樣子的溝通一直都是造成進步的主要來源之一，在現在這個時代尤其是。

VI.

讓我們再次回到出發點為本書作結。九一一事件之後的好幾年，中情局開始意識到具有強大破壞力的高同質性。他們有所覺醒，其中一個徵兆就是僱用了亞雅．法努西（Yaya Fanusie），他是一位在西岸長大的非裔美國人，是一位穆斯林。他從加州柏克萊大學經濟系畢業，其後榮獲傅爾布萊特獎學金，拿到了哥倫比亞大學的碩士學位。他在二十歲出頭時皈依成為虔誠的穆斯林。我在一個初春的早晨訪問他，我想要了解他在中情局的經歷。他說道：

當我在二〇〇五年加入的時候，一開始是被聘用來進行經濟分析，而不是反恐。我有經濟學的背景，在某種程度上挺合理的。僅僅因為是名穆斯林，並不代表我應該要去做對抗聖戰主義的反恐相關工作。但因為我的背景，我開始感覺我可能可以提供一些獨特的見解。在倫敦七七爆炸案[3]之後，我要求轉調到對抗蓋達組織的部門去。

法努西很快就嶄露頭角。他在一次白宮的戰情室簡報之後，對安瓦爾·奧拉基（Anwar al-Awlaki）起了疑心。他是一位在新墨西哥出生的美籍穆斯林教士，父母都是葉門人。在一九九〇年代中期至二〇〇一年之間，奧拉基在不同的地方包括丹佛、聖地牙哥以及北維吉尼亞擔任伊瑪目，[4]有幾位九一一事件的炸彈客，就是在他的清真寺中禮拜的。他在二〇〇二年離開美國之後，首先到了英國，然後到了葉門。他講道的內容變得比之前都更為極端。法努西說道：「他很會說故事，巧妙地將美式英文和古典阿拉伯文交織在一起。他的講道通常都會持續好幾個小時。他涉及二〇〇六年的綁架案，幾乎跟我轉到反恐部門的時間同時。很顯然，他特別把注意力放在跟年輕的西方穆斯林的接觸上。」法努西針對他過去的布道進行了非常詳盡且累人的調查，找出了明顯的危險徵兆。他說：

奧拉基向穆斯林們進行了清楚的論述，要他們加入聖戰主義。這些並不是像某些人以為的那樣，只是突發奇想，而是具有策略性的命令。我可以看出他把教義中的一些面向，巧妙地灌輸到千禧世代的西方穆斯林的思想和心智之中。等他從牢裡被放出來之後，他建立了自己的部落格，進入全力招募的模式，他從美國、歐洲還有其他地方以及葉門招募了年輕穆斯林，並且真的給予他們武器。

他有一個奈及利亞的追隨者，在聖誕夜的時候，在底特律的上空把內衣褲點燃，這場發生在飛機上的陰謀以失敗作收。當時情報組織尚未全面掌握到，有一位名叫尼達爾．馬利克．哈桑（Nidal Malik Hasan）的少校，對於自己在美國軍方的角色感到衝突且飽受自我折磨，是如何去尋求奧拉基的建議的。等到哈桑少校在胡德堡基地對他的部下開火、取走十三條人命、導致數十人受傷時，奧拉基在他的部落格上發表言論，表示尼達爾．馬利克．哈桑做了正確的事。

法努西作為虔誠的穆斯林以及美國的愛國者，持續分析奧拉基傳教的內容，讓大家

3 譯者注：二〇〇五年七月七日早晨，於倫敦發生的七次爆炸案。
4 譯者注：阿拉伯文的領袖之意，在伊斯蘭教中用此來稱呼地位極高之人。

明確意識到這個人啟發的威脅。「他當時透過部落格和媒體採訪來傳遞消息……但你得知道自己要找的是什麼。關鍵在於要看到有哪些事情正在發生、看到他努力的目標是什麼，因此我們就可以站在一個更好的戰略位置，可以阻止他實現他的野心。」

二〇一〇年四月，奧拉基被巴拉克．歐巴馬總統放上了中情局的暗殺名單上。二〇一一年九月三十日，中情局主導了一場突襲，讓聯合特種作戰司令部將躲藏在葉門東南部的他擊斃。那個時候，美國政府上下都將其視為世界上最危險的人物之一，並且被一家沙烏地的廣播電台形容是「網路上的賓．拉登」。

《紐約時報》的國安記者史考特．沙恩（Scott Shane），以奧拉基為主題寫了一本書，名為《特洛伊行動：一個恐怖分子、一位總統以及無人機的崛起》，沙恩在二〇一五年說道：

> 截至今日，他都是蓋達組織以及整個聖戰組織最受歡迎、最有影響力的英語招募者——他成為加入蓋達組織的人中，最有力量、意見最具說服力的人之一……他用一種極度清楚明白的方式，開創了某種自製方法……如果你需要知道怎麼製造炸彈，在這方面〔他〕有文章供閱覽。某種程度上，他開創了我們

從伊斯蘭國和 ISIS 所看到的一切，且從以前就開始鼓勵西方人不要等待指示，而是直接站出來攻擊。

我向法努西詢問了情報組織中多樣性的案例，他說：

在情報圈中常常會說，申請加入中情局的少數族群候選人太少了。而且，當一些候選人的家庭背景跟國外（非美國公民）有著大量聯繫的時候，經常就會有反向間諜的疑慮，這會影響到僱用的過程。招募者經常會選擇那些跟自己的背景有所共鳴的候選人，這通常是因為共同的經驗、文化以及展望。我是被一位黑人女性招募進來的，這並非巧合。

中情局僱用多樣的候選人是否有稀釋其素質的風險呢？法努西回答道：

你永遠都不應該單純因為一個人的文化或是民族背景來僱用他，這會是個危險的錯誤。但當你把招募網打得更開的時候，也是把局裡所具備的技能種類拓寬，這讓你有機會僱用到既傑出又具有多樣性的人們。而這會產生連鎖效應，會鼓勵愈多來自少數族群的高階人才來申請，把這座儲存技能的池子拓得更寬。

自九一一事件發生以來，中情局已經向著有意義的多樣性邁進很大的步伐，但是這個議題依然困擾著他們。二〇一五年的一份報告譴責了資深職位中多樣性的缺乏。如同當時的局長約翰．布倫南（John Brennan）所言：「研究組審視我們局裡後，得出了一個明確的結論：中情局就是必須要更努力發展出具有多樣性，並且涵蓋所有人的領導環境。這是我們的價值所必要的，也是我們的任務所必須的。」

至於法努西，他現在是保衛民主基金會中的經濟暨金融力量中心的高級院士。他是情報方面首屈一指的思想家、經常會在國際性的會議中演講，並且成立了一個podcast節目，優雅地講述他作為非裔美籍穆斯林的人生歷程，以及全球安全方面一些最迫切的議題。他是在二〇一二年離開中情局的。那時他收到了一塊牌匾，上面是前國家反恐中心主任，邁克爾．E．萊特（Michael E. Leiter）的簽名。

上面有一段文字，表達了對法努西的感謝：「你對於美國政府的最高層級，造成了多次重大的影響。」

字謎解答

1 T	R	2 O	U	3 P	E		4 S	5 H	O	6 R	T	7 C	U	8 T
I		L		S				O		E		U		A
9 P	R	I	V	E	T		10 A	R	O	M	A	T	I	C
S		V		U		11 A		D		I		T		K
12 T	R	E	A	D		13 G	R	E	14 A	T	D	E	A	L
A		O		15 O	W	E			D			R		E
16 F	E	I	G	N		17 N	E	18 W	A	19 R	K			
F		L		Y		D		R		I		20 T		21 S
			22 I	M	23 P	A	L	E		24 G	U	I	S	E
25 S		26 E			E			27 A	S	H		N		N
28 C	E	N	T	29 R	E	30 B	I	T		31 T	O	K	E	N
A		A		O		O		H		N		L		I
32 L	A	M	E	D	O	G	S		33 R	A	C	I	N	G
E		E		I		I				I		N		H
34 S	I	L	E	N	C	E	R		35 A	L	I	G	H	T

Crossword 5,062

Daily Telegraph, 13 January 1942

謝詞

我的父親在巴基斯坦出生長大、母親則來自北威爾斯，多樣性早已深深地嵌入了我的生活中。本書的概念開始於我意識到這件事的時候：多樣性不僅僅是跟種族和文化背景有關，也對所有面向從商業到政治、從歷史到演化生物學有所暗示。

我非常感謝這個多樣且美好的團隊閱讀了本書的初稿，並提供了建議，這些人包括阿迪兒・伊斯邦尼、蕾歐納・波維、尼爾・勞倫斯、大衛・巴皮挪、麥可・穆瑟克利師那、凱西・維克斯、安迪・基德、畢雅安卡・拉伊・賈斯瓦，以及迪黎斯・席德。

我也想要感謝我超棒的編輯，尼克・戴維斯，以及經紀人喬尼・格勒。還有來自《泰晤士報》一群超棒的同事們的支持，能替這樣的一份出版品工作，是很棒的一件事，我特別感謝提姆・哈勒斯，他已經當了我的編輯超過十五年了。

在智識方面啟發這本書的人，正如同你預期的，很多樣化，但是我特別想要向兩位思想家致謝。哈佛大學人類進化生物學教授約瑟夫・亨里奇，他的著作在這本書的各個方面都有很大的影響，還有在位於安娜堡的密西根大學任教的史考特・佩吉的著作亦如是，他是複雜系統、政治科學以及經濟學的教授。我想要感謝他們兩位閱讀這本書的初稿，並且花時間與我討論核心議題。

寫這類型書籍最美妙的事情之一就是可以接觸到大量且各式各樣的著作、研究報告以及案例研究，我已經替任何想要更加深入了解哪個特定議題的人，試著在注解中標注了所有的參考資料了，但是這些是影響特別大的書：《我們成功的祕密》[1]，約瑟夫・亨里奇著；《不同和多樣的加分》，史考特・E・佩吉著；《建立卡珊德拉》，米羅・瓊斯與菲利浦・席伯贊合著；《終結平庸》，陶德・羅斯著；《聖母峰之死》，強・克拉庫爾著；《X站的祕密》，麥可・史密斯著；《區域優勢》，安娜麗・薩克瑟尼安著；《同溫層》，凱斯琳・哈爾・賈米森與約瑟夫・N・卡貝拉合著；《朋友與敵人》，亞當・賈林斯基與莫里斯・史威瑟著；《被隱形的女性》，卡洛琳・克里亞朵・佩雷茲

1 譯者注：*The Secret of Our Success*，無中譯版。

著；《那些我們政府釀下的大錯》[3]，安東尼·金與伊佛爾·克里維合著，德國《明鏡週刊》出版的《九一一內幕》；《資訊烏托邦》[4]，凱斯·R·桑斯坦著；《好人總是自以為是》，強納森·海德特著；《哪些事情行得通》，愛芮絲·波內特著；《給予》，亞當·格蘭特著；《原則》，雷·達利歐著；《政治秩序的起源》，法蘭西斯·福山著；《世界，沒你想的那麼糟》，麥特·瑞德里著；《破解團體迷思》，凱斯·桑斯坦與雷德·海斯蒂合著；《第二次機器時代》，艾瑞克·布林優夫森與安德魯·麥克費著；《開啟你立刻就能活用的想像力》，約拿·雷勒著；《有創意的陰謀》[5]，蕾伊·湯普森著；《達爾文未完的交響曲》[6]，凱文·N·拉蘭德著；《超級預測》，菲利普·泰特洛克與丹·賈德納合著；《數位麵包屑裡的各種好主意：社會物理學》，艾力克斯·潘特蘭；《規模的規律和祕密》，傑弗里·魏斯特著；《刷新未來》，薩蒂亞·納德拉著；《思維的疆域》，理查·E·尼茲彼著；《從細菌到巴哈再回到細菌》[7]，丹尼爾·C·丹尼特著以及《科學發現的邏輯》[8]，卡爾·波普爾著。

我也想要感謝很多人，同意讓我為了這本書採訪他們，或是用其他的方式協助了我。這些人包括米羅·瓊斯、傑弗里·魏斯特、卡蘿·杜維克、強納森·舒茲、杜曼·巴拉米-拉德、安妮塔·伍力、羅賽·雷恩、薩蒂亞·納德拉、馬修·史蒂文森、麥可．史密斯、蕾伊．湯普森、亞雅．法努西、歐勒．彼得斯、艾力克斯．阿達母、克雷格．奈特、伊蘭．西格爾以及傑洛米．莫格福特。還有老銀行酒店那群很棒的職員們。史都華．簡特啟發了我在第二章中使用圖表的想法。阮正詩這位優秀的哲學家和心理學家安潔拉．巴恩所做的研究，對第五章有著很大的影響，還有伊萊．薩斯洛所著的《從仇恨中崛起》這本書也是。我最想要感謝的是我的太太凱西，我的孩子們艾薇和泰迪，我的父母阿巴斯和狄莉絲。

3 譯者注：*The Blunders of Our Governments*，無中譯本。
4 譯者注：*Infotopia*，無中譯本。
5 譯者注：*Creative Conspiracy*，無中譯本。
6 譯者注：*Darwin's Unfinished Symphony*，無中譯本。
7 譯者注：*From Bacteria to Bach and Back*，無中譯本。
8 譯者注：*The Logic of Scientific Discovery*，無中譯本。

big 345

叛逆者團隊：激發多元觀點，挑戰困難任務的工作組合

作　者—馬修．席德（Matthew Syed）
譯　者—陳映竹
主　編—陳家仁
編　輯—黃凱怡
企劃編輯—藍秋惠
協力編輯—周翰廷
封面設計—陳恩安
內頁設計—李宜芝
總 編 輯—胡金倫
董 事 長—趙政岷
出 版 者—時報文化出版企業股份有限公司
發行專線—（02）2306-6842
讀者服務專線—0800-231-705（02）2304-7103
讀者服務傳眞—（02）2302-7844
郵撥—19344724 時報文化出版公司
信箱—10899 臺北華江橋郵政第 99 信箱
時報悅讀網—http://www.readingtimes.com.tw
法律顧問—理律法律事務所 陳長文律師、李念祖律師
印刷—勁達印刷有限公司
初版一刷—二〇二一年一月二十二日
定價—新台幣四五〇元
（缺頁或破損的書，請寄回更換）

時報文化出版公司成立於一九七五年，
並於一九九九年股票上櫃公開發行，於二〇〇八年脫離中時集團非屬旺中，
以「尊重智慧與創意的文化事業」爲信念。

叛逆者團隊：激發多元觀點，挑戰困難任務的工作組合 / 馬修．席德 (Matthew Syed) 著；陳映竹譯. -- 初版. -- 臺北市：時報文化出版企業股份有限公司, 2021.01
376 面； 14.8x21 公分. -- (big ; 345)

譯自：Rebel ideas : the power of diverse thinking.

ISBN 978-957-13-8474-0(平裝)

1. 叛逆性 2. 創造性思考 3. 職場成功法

176.4　　109018635

ISBN 978-957-13-8474-0
Printed in Taiwan